Praxisratgeber Entrepreneurship

Yngve Dahle · Kevin Reuther

Praxisratgeber Entrepreneurship

Mit der SEAM-Methode zu erfolgreicher Unternehmensgründung und -entwicklung

Übersetzt von Sophie Christine Kesy

Yngve Dahle
Entreprenerdy AS
Bergen, Norwegen

Kevin Reuther
Universität Leipzig
Leipzig, Deutschland

ISBN 978-3-658-36710-7   ISBN 978-3-658-36711-4 (eBook)
https://doi.org/10.1007/978-3-658-36711-4

Die Deutsche Nationalbibliothek verzeichnet diese Publikation in der Deutschen Nationalbibliografie; detaillierte bibliografische Daten sind im Internet über http://dnb.d-nb.de abrufbar.

Springer Gabler
© Der/die Herausgeber bzw. der/die Autor(en), exklusiv lizenziert an Springer Fachmedien Wiesbaden GmbH, ein Teil von Springer Nature 2022
Deutsche Übersetzung der 1. norwegischen Originalauflage erschienen bei Universitetsforlaget AS (Scandinavian University Press), Oslo, Norwegen, 2020
0. Auflage: © Universitetsforlaget AS 2020
Das Werk einschließlich aller seiner Teile ist urheberrechtlich geschützt. Jede Verwertung, die nicht ausdrücklich vom Urheberrechtsgesetz zugelassen ist, bedarf der vorherigen Zustimmung des Verlags. Das gilt insbesondere für Vervielfältigungen, Bearbeitungen, Mikroverfilmungen und die Einspeicherung und Verarbeitung in elektronischen Systemen.
Die Wiedergabe von allgemein beschreibenden Bezeichnungen, Marken, Unternehmensnamen etc. in diesem Werk bedeutet nicht, dass diese frei durch jedermann benutzt werden dürfen. Die Berechtigung zur Benutzung unterliegt, auch ohne gesonderten Hinweis hierzu, den Regeln des Markenrechts. Die Rechte des jeweiligen Zeicheninhabers sind zu beachten.
Der Verlag, die Autoren und die Herausgeber gehen davon aus, dass die Angaben und Informationen in diesem Werk zum Zeitpunkt der Veröffentlichung vollständig und korrekt sind. Weder der Verlag, noch die Autoren oder die Herausgeber übernehmen, ausdrücklich oder implizit, Gewähr für den Inhalt des Werkes, etwaige Fehler oder Äußerungen. Der Verlag bleibt im Hinblick auf geografische Zuordnungen und Gebietsbezeichnungen in veröffentlichten Karten und Institutionsadressen neutral.

Planung/Lektorat: Ulrike Lörcher
Springer Gabler ist ein Imprint der eingetragenen Gesellschaft Springer Fachmedien Wiesbaden GmbH und ist ein Teil von Springer Nature.
Die Anschrift der Gesellschaft ist: Abraham-Lincoln-Str. 46, 65189 Wiesbaden, Germany

Vorwort

Die Geschichte zum Ursprung dieses Buches beginnt mit dem ungewöhnlichen Hintergrund und Lebensweg des ersten Autors Yngve Dahle. Yngve hat im Alter von 52 Jahren an der Norwegian University of Science and Technology seinen Doktortitel in Entrepreneurship erworben, nachdem er zuvor an neun verschiedenen Startups beteiligt war, von denen acht verkauft wurden. Das neunte ist *Entreprenerdy*, auf welches wir später in diesem Buch zurückkommen werden. Damit ist Yngve eine ungewöhnliche Mischung aus Akademiker und Entrepreneur und hält möglicherweise Eindrücke und Beiträge aus einer anderen Sichtweise bereit.

Als Yngve 2010 gebeten wurde, einen Kurs an der Universität in *Practical Entrepreneurship* zu unterrichten, bestärkte ihn das in der Idee, dass die Erfahrungen einer Person, die nicht ihr ganzes Leben in einem Klassenzimmer verbracht hatte, erfrischend sein könnten. Eine Herausforderung war es allerdings, ein geeignetes Lehrbuch für diesen Kurs zu finden. Die meisten waren amerikanische Wälzer, in denen es um kleine und mittlere Unternehmen mit weniger als 200 Mitarbeitern ging oder Selbsthilfebücher, die einem vermitteln wollten, wie man „reich und glücklich wird, ohne es überhaupt zu versuchen". Als Yngve sich darüber beklagte, war die einzige Rückmeldung der Vorschlag, doch ein eigenes Buch zu schreiben, „wenn er der Meinung wäre, das sei so einfach". Also zog Yngve alle Co-Autoren heran, die ihm einfielen, und machte sich an die Arbeit. Diese Bemühungen führten bereits zu drei Lehrbüchern sowie einer digitalen Plattform, die den Inhalt der Bücher für Entrepreneure und ihre Unterstützer zugänglicher und verfügbarer machen sollte.

2016 lernte Yngve den zweiten Autor dieses Buches, Kevin Reuther, kennen. Kevin und Yngve nahmen damals an der 22. ICE/IEEE International Technology Management Conference in Trondheim teil und präsentierten Forschungsarbeiten aus dem Feld des Entrepreneurship. Diese zufällige Begegnung war der Grundstein einer intensiven Zusammenarbeit in der Entrepreneurship-Forschung und -Praxis, in der sich die inhaltlichen Schwerpunkte und Sichtweisen der Autoren stets hervorragend ergänzen.

In der Zeit, als wir dieses Buch schrieben, wurde die digitale Plattform bereits von mehr als 25.000 Entrepreneuren und vielen Beratern wie etwa Innovationsinkubatoren, Stadtverwaltungen, Universitäten und privatwirtschaftlichen Unternehmen in mehreren

Ländern genutzt. Die Erfahrungen aus dieser Arbeit führten schließlich zu Yngves Doktorarbeit „Design and implementation of an entrepreneurship system" (Dahle 2020), die im April 2020 fertiggestellt wurde. Im Zusammenhang mit dieser Promotion entwickelten die Autoren die *Systemic Entrepreneurship Activity Method* (systemische Methode entrepreneurialer Aktivitäten), oder kurz *S-E-A-M*, und testeten sie im Rahmen von tausenden Entrepreneurship-Projekten.

Wir denken, es könnte sehr nützlich sein, Forscher, Entrepreneure und alle anderen, die Entrepreneuren helfen und sie beraten, dazu zu bringen, besser zusammenzuarbeiten. Dieses Buch ist ein Versuch, die Erfahrungen aus einem Jahrzehnt voller Entrepreneurship zu teilen und dir eine Einführung in *S-E-A-M* zu geben. Dabei haben wir versucht, unsere eigene Arbeit mit den besten Beiträgen, die wir gefunden, gelesen und von denen wir gehört haben, zusammenzuführen. Die Struktur unseres Buches ist sehr einfach und besteht aus zwei Teilen:

Teil I ist ein Versuch, dir, dem Entrepreneur, einen kurzen Einblick in die neuesten Theorien im Fachgebiet des Entrepreneurship zu geben – und einen Überblick darüber, wie du diese Theorien zur Verbesserung und Weiterentwicklung deines Projekts nutzen kannst.

Zunächst haben wir versucht, aus Zehntausenden von Artikeln und Büchern die auszuwählen, die man *wirklich* lesen sollte, bevor man ein unternehmerisches Projekt beginnt. Auf dieser Grundlage haben wir (zusammen mit einer großen Gruppe von Kollegen und Forschungspartnern) die theoretische Grundlage für *S-E-A-M* entwickelt. Sie besteht aus sechs theoretischen „Säulen", an die drei Anforderungen gestellt werden: Zuallererst muss jede Säule eine relevante und moderne Theorie enthalten, die für das Thema Entrepreneurship zentral ist. Dies bedeutet, dass sie in nahezu allen wichtigen Artikeln zitiert wird, die auf diesem Fachgebiet verfasst wurden. Die zweite Voraussetzung ist, dass diese Theorien von den Entrepreneuren in der Praxis weitgehend angewendet werden. Das bedeutet, dass bei den Theorien der Schwerpunkt auf der Verbesserung von unternehmerischen Projekten liegt und dass sie bei den Fachleuten gut bekannt sind. Die letzte Voraussetzung ist, dass die sechs Säulen in einer klaren und schlüssigen Weise miteinander verbunden sind. Das bedeutet, dass sie zusammen ein umfassendes theoretisches Paradigma der Entrepreneurship-Theorie begründen. Dieses Paradigma wird in Kap. 2 dieses Buches vorgestellt. In Kap. 3 findest du einen Überblick über die Methode, die wir *S-E-A-M* genannt haben. Diese Methode basiert auf den sechs theoretischen Säulen. *S-E-A-M* ist eine vollständige und umfassende Methode für Entrepreneurship. Die Methode besteht aus sieben Arbeitsschritten, die jeder Entrepreneur durchlaufen sollte, um so die Chancen zu erhöhen, seine selbst gesteckten Ziele zu erreichen.

Teil II ist eine detaillierte Überprüfung und Beschreibung jedes der sieben Schritte. Insgesamt bestehen diese Schritte aus 29 Elementen. Ihre detaillierte Beschreibung ist in den Kap. 4, 5, 6, 7, 8, 9 und 10 dieses Buches zu finden. Hier findest du auch die Geschichte über Maria und Tom, die die Methode anwenden, um ihren Traum von der Eröffnung eines italienischen Restaurants zu verwirklichen.

Teil I enthält die Kap. 2 und 3 und gibt einen Gesamtüberblick über die systemische Methode *S-E-A-M*. Teil II besteht aus den Kap. 4, 5, 6, 7, 8, 9 und 10 und zeigt dir, wie du die Methode bei deinem Projekt praktisch anwenden kannst. Wenn du nur daran interessiert bist, *S-E-A-M* bei deinem Projekt anzuwenden, kannst du direkt zu Teil II übergehen. Wir würden dir aber nachdrücklich empfehlen, auch Teil I zu lesen. Unserer Erfahrung nach kann es sehr inspirierend und hilfreich sein, an die Ansichten von Forschern anzuknüpfen, die sich tief in die Thematik eingearbeitet haben.

Gender Disclaimer

Zur besseren Lesbarkeit wird in diesem Buch auf die gleichzeitige Verwendung männlicher und weiblicher Sprachformen verzichtet – bei Personenbezeichnungen und personenbezogenen Hauptwörtern wird nur die männliche Form verwendet. Entsprechende Begriffe gelten im Sinne der Gleichbehandlung grundsätzlich für alle Geschlechter. Die verkürzte Sprachform dient ausschließlich der besseren Lesbarkeit und beinhaltet keine Wertung.

Bergen, Norwegen
Leipzig, Deutschland

Yngve Dahle
Kevin Reuther

Begriffe und Abkürzungen

Entrepreneurship
Wir definieren Entrepreneurship als das Finden und Nutzen von Möglichkeiten, um neue Güter oder Dienstleistungen zu schaffen (Shane und Venkataraman 2000). Demzufolge sollten sich Studien über Entrepreneurship auf Aktivitäten oder Prozesse konzentrieren und nicht auf die Charaktereigenschaften des einzelnen Entrepreneurs (Gartner 1988). Es bedeutet außerdem, dass Unternehmensgründungen keine Voraussetzung für Entrepreneurship sind.

Entrepreneurship-Projekt (oder einfach „Projekt")
In der Literatur werden der Entrepreneur, das Unternehmen und das Projekt oft synonym verwendet. Wir trennen das Projekt sowohl vom Entrepreneur/von den Entrepreneuren als auch von dem Betrieb oder der Firma (der eingetragenen juristischen Instanz des Projekts). Das Projekt ist das Konzept, das alle Aktivitäten enthält, die mit der Geschäftsidee einer unternehmerischen Initiative verbunden sind. Ein Projekt kann in einem direkten Zusammenhang mit einem Unternehmen stehen, aber es kann auch ein Unternehmen in der Vor-Gründungsphase (Pre-Seed) sein, oder es wird vielleicht letztendlich nie ein Unternehmen geben. Ein Projekt kann auch Teil einer größeren Firma sein. In diesem Fall nennen wir es oft „Intrapreneurship" (Antoncic und Hisrich 2003).

Lösung
„Lösung" wird als Sammelbegriff für alles, was ein Problem lösen kann, einschließlich eines Produkts, einer Dienstleistung oder einer Kombination aus einem Produkt und einer Dienstleistung, verwendet.

Aktivitäten
Eine Aktivität wird beschrieben als der zweckgebundene Einsatz von personellen, materiellen und/oder Kapitalressourcen, um zur Erfüllung eines Gesamtziels beizutragen (Zott und Amit 2010).

S-E-A-M (Systemic Entrepreneurial Activity Method – Systemische Methode entrepreneurialer Aktivitäten oder kurz „Activity Method")

Die *Activity Method* umfasst eine Reihe von miteinander verflochtenen Aktivitäten, in deren Mittelpunkt ein unternehmerisches Projekt steht. *S-E-A-M* ist eine normative Methode für die Entwicklung von unternehmerischen Projekten, die auf dem Verständnis und der Verbesserung der im Projekt und zwischen dem Projekt und den Helfern durchgeführten Aktivitäten beruht. *S-E-A-M* basiert auf Systemtheorie und Systemdenken sowie einer Auswahl moderner Entrepreneurship-Theorien. *S-E-A-M* besteht aus sieben Schritten und 29 Elementen. Ein Element kann durch drei Variablen beschrieben werden: Der Inhalt beschreibt, welche Aktivitäten jedes Element enthält. Die Struktur beschreibt, wie sich die Elemente zueinander verhalten, und die Steuerung zeigt an, wer die Aktivitäten ausführt (Zott und Amit 2010; Dahle et al. 2019).

Die erste Version von *S-E-A-M* wurde zwischen 2012 und 2020 an der Norwegian University of Science and Technology, Department of Industrial and Mechanical Engineering, entwickelt.

Entreprenerdy EMS (Entrepreneurship Management System)

Beim *Entreprenerdy EMS* handelt es sich um eine digitale Plattform, die auf der systemischen Methode entrepreneurialer Aktivitäten (*S-E-A-M*) basiert. Das Tool dient der Verwaltung und Dokumentation der Aktivitäten sowohl innerhalb eines Projekts als auch innerhalb des Entrepreneurial Ecosystems, welches das Projekt umgibt, insbesondere der Kommunikation zwischen dem Projekt und den Helfern.

Literatur

Antoncic B. und Hisrich R. D., „Clarifying the intrapreneurship concept", *J. Small Bus. Enterp. Dev.*, Bd. 10, Nr. 1, S. 7–24, 2003.

Dahle Y., Supphellen M., Steinert M. und Reuther K., „Extending the business model concept towards a holistic and dynamic Entrepreneurship Activity System", *Nor. Univ. Sci. Technol. Trondheim Nor.*, 2019.

Dahle Y., „The design and implementation of an entrepreneurship management system capturing activity system data from entrepreneurship support programmes", PhD-Thesis, NTNU, Norges tekisknaturvitenskapelige universitet, Trondheim, 2020.

Gartner W. B., „Who is the entrepreneur? is the wrong question", *Am. J. Small Bus.*, Bd. 12, S. 11–32, 1988.

Shane S. und Venkataraman S., „The promise of entrepreneurship as a field of research", *Acad. Manage. Rev.*, Bd. 25, S. 217–227, 2000.

Zott C. und Amit R., „Business model design: An activity system perspective", *Long Range Planning*, Bd. 43, S. 216–226, 2010.

Inhaltsverzeichnis

1	**Hintergrund und Einführung**	1
1.1	Was genau ist Entrepreneurship?	1
1.2	Die Bedeutung des Entrepreneurship	3
1.3	Warum benötigst du ein Software-Tool?	4
	Literatur	4

Teil I Die Entrepreneurship-Theorie, die du brauchst

2	**Wie viel Theorie brauchst du?**	7
2.1	Die Erschließung von Möglichkeiten	9
2.2	Ressourcenbasierte Sichtweise und Kernkompetenzen	11
2.3	Effectuation	13
2.4	Bricolage	14
2.5	Business Modelling	15
2.6	Lean Startup und Design Thinking	19
2.7	Zusammenfassung der sechs Säulen	22
	Literatur	22
3	**S-E-A-M – Die systemische Methode entrepreneurialer Aktivitäten**	25
3.1	Wie ist S-E-A-M in der Theorie verankert?	26
3.2	Sinn und Zweck	30
3.3	Ressourcen	32
3.4	Geschäftsidee	33
3.5	Geschäftsmodell	34
3.6	Ziele	40
3.7	Aufgaben	43
3.8	Forecast – Prognose der Geschäftsentwicklung	43
	Literatur	46

Teil II Eine einfache Methode zur Projektentwicklung

4 Sinn und Zweck 51
   4.1 Motivation 52
   4.2 Kernwerte 55
   4.3 Vision 57
   Literatur 59

5 Ressourcen 61
   5.1 Personelle Ressourcen 62
   5.2 Physische Ressourcen 63
   5.3 Vermarktbare Ressourcen 64
   5.4 Finanzielle Ressourcen 65

6 Geschäftsidee 67
   6.1 Kernkompetenz: Was macht dich einzigartig? 68
   6.2 Schlüsselbeitrag: Welches Problem wirst du lösen? 71
   6.3 Schlüsselmarkt: Wer wird dieses Problem haben? 73
   6.4 Vorlage zur Formulierung der Geschäftsidee 75
   6.5 Problem-Interview: Hast du eine Lösung für das Problem gefunden? 77
   Literatur 80

7 Geschäftsmodell 81
   7.1 Co-Creators: Wer werden deine ersten Kunden sein? 83
   7.2 Unique Value Proposition (UVP): Was wird dein Alleinstellungsmerkmal? ... 86
   7.3 Produktmerkmale: Welche Merkmale wird dein Produkt oder deine Dienstleistung haben? 88
   7.4 Entrepreneurial Ecosystem: Wer kann dir helfen? 90
   7.5 Vertriebsmodell: Wie solltest du vermarkten und vertreiben? ... 93
   7.6 Preismodell: Wie solltest du kalkulieren? 98
   7.7 Lösungs-Interview: Glauben deine Kunden, dass du das Problem lösen kannst? 104
   Literatur 108

8 Ziele 111
   8.1 Kompetenzen und Fähigkeiten 115
   8.2 Ziele der Produktentwicklung 116
   8.3 Marketing- und Vertriebsziele 117
   8.4 Nachhaltigkeitsziele 119
   8.5 Finanzielle Ziele 122
   Literatur 124

9 Aufgaben 125

10 Forecast – Prognose der Geschäftsentwicklung................... 133
    10.1   Einnahmen und Fördergelder................................. 135
    10.2   Wiederkehrende Kosten...................................... 137
    10.3   Aufgabenkosten... 139
    10.4   Finanzierung.. 141
    10.5   Regeln und Vorschriften..................................... 143
    Literatur... 150

Abbildungsverzeichnis

Abb. 1.1 Die Persönlichkeit eines Entrepreneurs (Barringer und Irland 2006) 2

Abb. 2.1 Sechs Säulen der modernen Entrepreneurship-Theorie 8
Abb. 2.2 Das VRIO-Modell (In Anlehnung an Jay Barney 1991) 12
Abb. 2.3 Fünf Prinzipien des Entrepreneurship (Sara Sarasvathy 2006) 14
Abb. 2.4 Drei Voraussetzungen für Bricolage (Baker und Nelson 2005) 15
Abb. 2.5 Vorlagen für das Geschäftsmodell (In Anlehnung an Osterwalder und Pigneur 2010; Maurya 2012 und Morris et al. 2005) 17
Abb. 2.6 Das Customer-Development-Model (In Anlehnung an Steve Blank 2007) . . . 20
Abb. 2.7 Design Thinking (In Anlehnung an Stanford University d.school 2019) . . . 21

Abb. 3.1 Nachhaltigkeitsziele der UN (Bundesregierung 2021) 29
Abb. 3.2 S-E-A-M. Die systemische Methode entrepreneurialer Aktivitäten 30
Abb. 3.3 Tripelhelix (In Anlehnung an Etzkowitz und Leydesdorff 1995) 36
Abb. 3.4 Sieben Stufen eines effizienten Support-Programms 37
Abb. 3.5 Die Customer Factory (In Anlehnung an Ash Maurya 2012) 38
Abb. 3.6 Die fünf Zielkategorien 42
Abb. 3.7 Case Informationen 46

Abb. 4.1 Get, give, make, live 53
Abb. 4.2 Kombinationen von get, give, make, live 54

Abb. 6.1 Yao Ming (© AFP/Scanpix) 69
Abb. 6.2 Milchshake (© ganzoben/iStock) 72
Abb. 6.3 Sam McCracken und Nike Air Native N7 (© Don Ryan/AP/Scanpix) 74
Abb. 6.4 Geschäftsidee 76
Abb. 6.5 Das Problem-Interview (In Anlehnung an Steve Blank 2007) 78

Abb. 7.1 The Chasm (In Anlehnung an Geoffrey Moore 1995) 83
Abb. 7.2 Dimensionen innerhalb des Vertriebsmodells 94

Abb. 7.3	Drei Arten von Vertriebsschwerpunkten	95
Abb. 7.4	Sechs Möglichkeiten der Preisgestaltung deines Produkts oder deiner Dienstleistung	99
Abb. 7.5	Das Lösungs-Interview (In Anlehnung an Steve Blank 2007)	104
Abb. 7.6	Entwurf eines Geschäftsmodells	108
Abb. 8.1	Messbar, zeitspezifisch und dynamisch	113
Abb. 8.2	Nachhaltigkeitsziele	121
Abb. 9.1	Gantt-Diagramm	126
Abb. 9.2	Ein Beispiel für Kanban	127
Abb. 9.3	Aufgaben	131
Abb. 10.1	Forecast Einnahmen und Zuschüsse	137
Abb. 10.2	Forecast wiederkehrende Kosten	139
Abb. 10.3	Forecast Aufgabenkosten	141
Abb. 10.4	Forecast Finanzierung	143
Abb. 10.5	Forecast Steuersätze und Zahlungsbedingungen	147
Abb. 10.6	Forecast Gesamtaufstellung	148
Abb. 10.7	Cashflow	149

Tabellenverzeichnis

Tab. 4.1 Die vier Arten von Motivation (Toscher et al. 2019) 52

Hintergrund und Einführung

1

> **Zusammenfassung**
>
> Kap. 1 liefert zunächst einen kurzen Überblick zur Bedeutung des Entrepreneurship-Begriffs sowie der Rolle des Entrepreneurship für Wirtschaft und Gesellschaft. Zudem werden Gründe genannt, warum eine digitale Plattform beziehungsweise ein Software-Tool sinnvolle und hilfreiche Werkzeuge für Entrepreneure sein können, um ihre Projekte zu organisieren.

1.1 Was genau ist Entrepreneurship?

Die ursprüngliche Bedeutung des Wortes stammt aus dem Französischen und ist fast 1000 Jahre alt. Die *wissenschaftliche* Definition von Entrepreneurship lautet: „Das Finden und Nutzen von Möglichkeiten, um neue Güter oder Dienstleistungen zu schaffen" (Shane und Venkataraman 2000). Dies bedeutet, dass Entrepreneurship nicht die Gründung neuer Firmen einschließen muss. Die genannten Möglichkeiten können genauso gut in etablierten Unternehmen gefunden und genutzt werden oder bereits bevor man ein Unternehmen gegründet hat. In diesem Sinne beschreibt der Begriff „Start-up" nicht dasselbe wie Entrepreneurship. Wenn jemand von „Start-up" spricht, meint er damit oft jemanden, der gerade ein neues Unternehmen gründen will oder gerade gegründet hat. Dies ist nicht zwingend das, was ein Entrepreneur tut.

Entrepreneurship unterscheidet sich auch von Innovation. Zugegeben, „das Finden und Nutzen von Möglichkeiten, um neue Güter oder Dienstleistungen zu schaffen" erfordert sehr oft Kreativität und Innovation. Es ist jedoch durchaus möglich, ein unternehmerisches Projekt zu erarbeiten, ohne innovativ zu sein. Wenn du in der Stadt, in der du lebst, an-

© Der/die Autor(en), exklusiv lizenziert durch Springer Fachmedien Wiesbaden GmbH, ein Teil von Springer Nature 2022
Y. Dahle, K. Reuther, *Praxisratgeber Entrepreneurship*,
https://doi.org/10.1007/978-3-658-36711-4_1

fängst, ein Starbucks-Franchise zu betreiben, wird im Vertrag festgeschrieben, dass du dasselbe tust, was Tausende von Franchisenehmern auf der ganzen Welt vor dir getan haben. Dennoch wird niemand bestreiten, dass die Eröffnung dieses Franchise als Entrepreneurship gilt.

All dies bedeutet, dass Entrepreneurship ein eigenständiges Forschungsfeld ist. Es ist keine reduzierte Variante des strategischen Managements oder der Wirtschaftswissenschaften. Man kann General Motors nicht einschrumpfen und heraus kommt ein typisches unternehmerisches Projekt. Es ist für Entrepreneure oft verwirrend, dass einige Ratgeber die Theorien aus dem Forschungsfeld des Entrepreneurship verwenden, während andere Theorien aus den Bereichen Finanzwesen und strategisches Management aufgreifen. Im nächsten Kapitel werden wir versuchen, diese Unterschiede zu erklären.

> Das meiste, was man über Entrepreneurship hört, ist falsch. Es ist nicht magisch, es ist nicht geheimnisvoll, und es hat nichts mit Genetik zu tun. Es ist ein Fachgebiet und wie alle anderen Fachgebiete kann es erlernt werden. (Peter Drucker)

Vorerst können wir diese Erkenntnis von Peter Drucker (1985) aufgreifen. Die Tatsache, dass Entrepreneurship ein Fachgebiet ist, bedeutet, dass es wie jedes andere Fachgebiet behandelt werden kann. Es bedarf keiner Zauberformel oder einer gänzlich einzigartigen Reihe übermenschlicher Fähigkeiten. Abb. 1.1 stellt Persönlichkeitsmerkmale von Entrepreneuren dar. Man muss nicht Elon Musk, Richard Branson oder Mary Kay Ash sein, um ein Entrepreneur zu werden. Tatsächlich sind die meisten Entrepreneure verhältnismäßig unauffällige Menschen. Sie sind nicht besonders jung, ruhmsüchtig oder risikofreudig. Ein durchschnittlicher Entrepreneur ist in seinen Vierzigern und hat eine unterdurchschnitt-

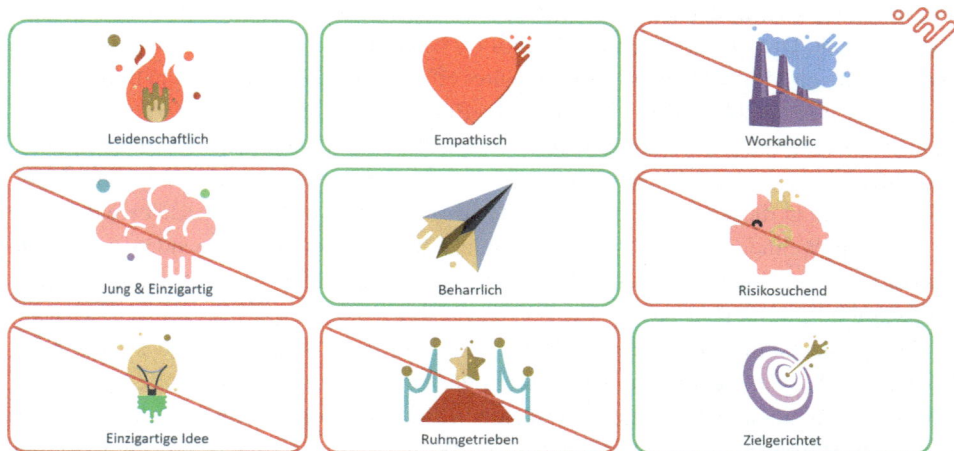

Abb. 1.1 Die Persönlichkeit eines Entrepreneurs (Barringer und Irland 2006)

liche Bereitschaft, Risiken einzugehen oder nach Ruhm zu streben. Auf der anderen Seite ist er meist gut darin, die Situation der Kunden zu verstehen. Obwohl Entrepreneure oft leidenschaftlich gern ihrer Arbeit nachgehen, zielstrebig und im hohen Maß in der Lage sind, Aufgaben tatsächlich auszuführen – sie arbeiten nicht gerne ausschließlich um der Arbeit willen (Barringer und Irland 2006).

Du musst nicht von Anfang an eine narrensichere Geschäftsidee haben. Die meisten erfolgreichen Projekte waren anfangs etwas völlig anderes als das, was am Ende aus ihnen wurde. Starbucks verkaufte Kaffeebohnen und Kaffeemaschinen, Slack war zunächst ein Onlinegame. Letztendlich erkannten diese Firmen, dass der wahre Wert, den sie bieten konnten, ein wenig neben der ursprünglichen Idee lag, und die zweite, dritte oder vierte Variante ihrer Geschäftsidee legte schließlich den Grundstein für den Erfolg.

Also – jeder kann ein Entrepreneur werden – auch du! Im nächsten Abschnitt werden wir uns damit befassen, warum sich Menschen unternehmerisch betätigen sollten und warum Entrepreneurship sowohl für den Einzelnen als auch für die Gesellschaft als Ganzes bedeutsam ist.

1.2 Die Bedeutung des Entrepreneurship

In erster Linie trägt Entrepreneurship in hohem Maße zum wirtschaftlichen Wachstum der Welt bei. Eine Zunahme von unternehmerischen Projekten schafft mehr Wirtschaftswachstum als eine Zunahme der allgemeinen Geschäftstätigkeit (Mueller 2007) und das Wirtschaftswachstum in den Industrieländern hängt stark vom Grad des dort verorteten Entrepreneurship ab (Stel et al. 2005). Ein gutes Beispiel hierfür ist, dass das starke Wirtschaftswachstum, das Ende des neunzehnten Jahrhunderts in den Vereinigten Staaten zu beobachten war, weitgehend Entrepreneurship-Projekten zu verdanken war (Acs und Szerb 2007).

Neben der Schaffung von Wachstum wird innovatives Entrepreneurship auch zur Sicherung einer nachhaltigen Weltwirtschaft beitragen. Die OECD (2007) drückt es so aus: „Bei den Entscheidungsträgern wächst die Gewissheit, dass Innovationstätigkeit den größten Beitrag zur wirtschaftlichen Wertschöpfung und zum Wohlstand leistet und darüber hinaus ein wichtiger Faktor bei der Bewältigung globaler Herausforderungen in den Bereichen Umweltschutz, Gesundheit, Klimawandel und Nachhaltigkeitsförderung ist."

Wir sehen auch eine Tendenz, dass Selbstständige oft zufriedener mit ihrer Arbeit sind als normale Angestellte (Acs und Szerb 2007; OECD 2007; Bradley und Roberts 2004). Hinzu kommt, dass viele Menschen aufgrund ihres Wohnortes oder der Qualifikation, die sie zum jeweiligen Zeitpunkt vorweisen können, nicht in der Lage sind, eine geregelte Arbeitsstelle zu finden. Somit haben sie keine andere Wahl, als sich selbstständig zu machen. Dies kann insbesondere in Schwellenländern oder für Künstler oder andere Personen gelten, die ihre Talente normalerweise auf dem freiberuflichen Markt anbieten (Gangi 2015).

1.3 Warum benötigst du ein Software-Tool?

Um dir *S-E-A-M* zur Verfügung zu stellen, haben wir uns dazu entschieden, die Methode in eine digitale Plattform zu integrieren. Dafür gibt es drei Gründe: In erster Linie ist es viel einfacher, eine Methode zu verwenden, wenn sie in eine technologiebasierte Lösung eingebaut ist. Zum Beispiel *könntest* du deine Buchhaltung nur mit einem Lehrbuch, einem Stift und Papier erledigen – aber es ist viel bequemer, eine Buchhaltungssoftware zu verwenden. Dasselbe gilt für die Arbeitsschritte innerhalb eines unternehmerischen Projekts. Der zweite Grund ist, dass die technische Lösung die Interaktion sowohl mit deinen Kollegen als auch mit den verschiedenen Beratern und Unterstützern viel einfacher macht, da alle Informationen an einer Stelle zur Verfügung stehen, zu der sie alle Zugang haben. Der dritte Grund ist, dass du durch die Dokumentation deines Vorgehens in einem System daraus lernen und es verbessern kannst, während du dein Projekt weiterentwickelst, das in der Cloud gespeichert ist.

Du kannst jedes beliebige Entrepreneurship-Management-System verwenden. Wir haben ein solches System zur Unterstützung von *S-E-A-M* entwickelt und es *Entreprenerdy EMS* genannt. Es ist für Entrepreneure kostenlos und du findest es auf www.entreprenerdy.com. Das System ist in verschiedenen Versionen erhältlich, die von verschiedenen Entrepreneurship-Support-Programmen verwendet werden.

Literatur

Acs Z. und Szerb L., „Entrepreneurship, economic, growth and public policy", *Small Bus. Econ.*, Bd. 28, Nr. 2, S. 109–122, März 2007, https://doi.org/10.1007/s11187-006-9012-3

Barringer B. R. und Irland R. D., *Successfully Launching New Ventures*. Pearson Education, Inc., New Jersey, 2006.

Bradley D. und Roberts J., „Self-employment and job satisfaction: Investigating the role of self-efficacy, depression, and seniority", *J. Small Bus. Manag.*, Bd. 42, Nr. 1, S. 37–58, Jan. 2004, https://doi.org/10.1111/j.1540-627X.2004.00096.x

Drucker P., *Innovation and Entrepreneurship*, 1st ed. New York, NY, USA: Harper & Row, 1985.

Gangi J., „The synergies of artistic and entrepreneurial action", *J. Arts Manag. Law Soc.*, Bd. 45, S. 247–254, 2015.

Mueller P., „Exploiting entrepreneurial opportunities: The impact of entrepreneurship on growth", *Small Bus. Econ.*, Bd. 28, S. 355–362, 2007.

OECD (Organisation for Economic Co-Operation and Development), „Innovation and Growth: Rationale for an Innovation Strategy", Statistical Office of the European Communities, Luxemburg, 2007.

Shane S. und Venkataraman S., „The promise of entrepreneurship as a field of research", *Acad. Manage. Rev.*, Bd. 25, S. 217–227, 2000.

Stel A., Carree M., und Thurik R., „The effect of entrepreneurial activity on national economic growth", *Small Bus. Econ.*, Bd. 24, Nr. 3, S. 311–321, Apr. 2005, https://doi.org/10.1007/s11187-005-1996-6

Teil I
Die Entrepreneurship-Theorie, die du brauchst

Wie viel Theorie brauchst du? 2

> **Zusammenfassung**
>
> In Kap. 2 werden sechs einflussreiche Entrepreneurship Theorien vorgestellt, die für die Entrepreneurship Praxis von Bedeutung sind und auf die im Verlauf des Buches immer wieder zurückgegriffen wird. Diese Theorien sind 1) die Erschließung von Möglichkeiten, 2) die Ressourcenbasierte Sichtweise, 3) Effectuation, 4) Bricolage, 5) Business Modelling sowie 6) Lean Startup und DesignThinking.

Wenn du in der Wissenschaftsdatenbank Scopus nach den Begriffen „Entrepreneurship" oder „Start-up" suchst, erhältst du 92.687 Treffer (Stand Mai 2021). Wenn du an fünf Tagen in der Woche zwei Artikel lesen und jedes Jahr vier Wochen Urlaub nehmen würdest, wärst du in 193 Jahren fertig. Das ist offensichtlich absurd. Obwohl man dieses Niveau an theoretischem Einblick nicht braucht, um ein Entrepreneur zu werden, ist es sinnvoll, von der Wissenschaft zu lernen. Niemand käme auf die Idee, Patienten zu operieren, ohne die medizinische Wissenschaft als Ausgangspunkt zu nehmen, oder eine Brücke zu bauen, ohne sich dabei auf die Ingenieurwissenschaft zu stützen. Das Geheimnis liegt einfach darin, die Theorien auszuwählen, die für dich als Entrepreneur am relevantesten sind.

Konzentriere dich zunächst auf die Forschung, die dir vermittelt, *was du tun solltest*. Ein großer Teil der Forschung über Entrepreneurship ist deskriptiver Natur. Das heißt, sie beschreibt, was Entrepreneure tun oder wer ein Entrepreneur ist. Das ist interessant für Sozialwissenschaftler, aber nicht sehr nützlich für dich. Du solltest versuchen, das zu finden, was wir normative Forschung nennen. Dieser Teil der Forschung beschreibt, welche Aktivitäten die Wahrscheinlichkeit erhöhen, dass du deine Ziele als Entrepreneur erreichst.

Was diese Ziele sind, das musst du entscheiden. Vielleicht möchtest du so viel Geld wie möglich verdienen, aber es ist auch möglich, dass du dein Projekt aus Idealismus oder rein aus kreativer Leidenschaft heraus beginnst (Toscher et al. 2019). So oder so – du möchtest wissen, was du tun musst, um dieses Ziel zu erreichen.

Der nächste Hinweis darauf, dass eine Theorie nützlich ist, ist, dass sie von vielen Menschen verwendet wird. Wissenschaftler messen die Relevanz einer Lehrmeinung, indem sie messen, wie oft sie in anderen Artikeln zitiert wird. Darüber hinaus lässt sich leicht herausfinden, welche Theorien von tatsächlichen Entrepreneuren und ihren Beratern am häufigsten verwendet werden. Werden sie sowohl von Forschern weithin zitiert als auch von Praktikern häufig verwendet, sind sie wahrscheinlich einen Blick wert.

Wir haben versucht, anhand dieser Kriterien das auszuwählen, was wir „die sechs Säulen der modernen Entrepreneurship-Theorie" (Dahle et al. 2019) nennen (Abb. 2.1). Diese Säulen erfüllen beide oben genannten Kriterien. Sie gehören alle zu den meistzitierten Theorien, die es gibt, und alle werden von praktischen Entrepreneuren und ihren Beratern häufig verwendet. Darüber hinaus konzentrieren sich all diese Theorien auf die Beschreibung von Aktivitäten, die ein Entrepreneur ausführen sollte, um sein Projekt zum Erfolg zu führen.

Ein dritter Vorteil an den sechs Säulen ist, dass sie miteinander verbunden sind und viele gleiche Ideen teilen. Im weiteren Verlauf dieses Kapitels werden die sechs Säulen im Detail beschrieben.

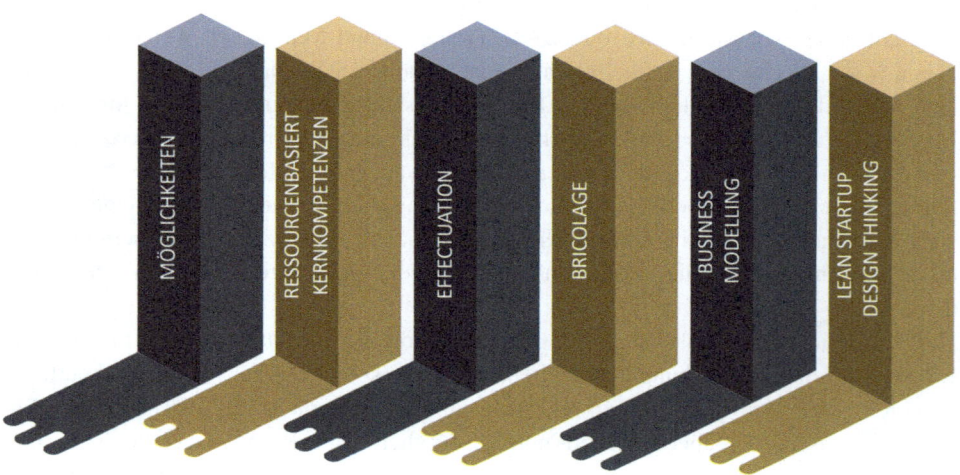

Abb. 2.1 Sechs Säulen der modernen Entrepreneurship-Theorie

2.1 Die Erschließung von Möglichkeiten

Der vielleicht wichtigste wissenschaftliche Artikel auf dem Gebiet des Entrepreneurship wurde vor zwanzig Jahren von Shane und Venkataraman (2000) geschrieben und heißt „The promise of entrepreneurship as a field of research". Dieser Artikel gibt drei wichtige Meilensteine vor:

Erstens definiert er Entrepreneurship als ein unabhängiges Forschungsgebiet. Vor diesem Artikel glaubte man, dass Entrepreneurship eine Unterkategorie entweder des strategischen Managements oder der allgemeinen Wirtschaftswissenschaft sei. Obwohl bereits in den 1980er-Jahren ein starker Anstieg der Zahl an wissenschaftlichen Zeitschriften zum Thema Entrepreneurship zu verzeichnen war, zeigt dieser Aufsatz eine Verlagerung des Schwerpunktes der wissenschaftlichen Forschung innerhalb dieses Fachgebiets auf.

Zweitens konzentriert sich der Artikel auf das, „was ein Entrepreneur tut", und nicht darauf, „wer ein Entrepreneur ist" (Gartner 1988). Bis zu dieser Abhandlung war wenig Forschungsarbeit zu tatsächlichen Aktivitäten des Entrepreneurship geleistet worden. Der größte Teil der bereits vorhandenen Forschung war personenbezogen und versuchte herauszufinden, welche Persönlichkeitstypen sich als Entrepreneure am besten eignen würden. Diese neue, aktivitätsbasierte Forschung hat sich als sehr bedeutsam erwiesen, besonders für unsere Befähigung, Entrepreneuren gute Ratschläge zu geben.

Drittens schuf der Artikel die Definition von Entrepreneurship, die seither weit verbreitet ist. Diese Definition lautet: „Das Finden und Nutzen von Möglichkeiten, um neue Güter oder Dienstleistungen zu schaffen." Die Definition wird dann um die Antworten auf die drei folgenden zusammenhängenden Fragen erweitert:

Warum, wann und wie:

1. ... ergeben sich Möglichkeiten zum Finden und Schaffen von neuen Gütern und Dienstleistungen?
2. ... entdecken manche Menschen diese Chancen und ziehen ein Nutzen daraus, andere nicht?
3. ... werden unterschiedliche Ressourcen eingesetzt, um einen Nutzen aus diesen Möglichkeiten zu ziehen?

Anhand dessen wird nach einem Verständnis dafür gesucht, was genau solche Möglichkeiten ausmacht, welchen Charaktertypen die Menschen, die sich üblicherweise diese Chancen zunutze machen, zuzuordnen sind, und auf welche Weise sie sie nutzen. Es ist auch klar, dass der Zweck des Verständnisses dieser Dinge darin besteht, herausfinden zu können, was erfolgreiche Entrepreneure tun, damit andere ihrem Beispiel folgen können. Shane (2012) schreibt:

> Wir wollten damit nicht sagen, dass der unternehmerische Prozess rational, geplant, strategisch oder strukturiert ist, sondern nur, dass er aus Teilprozessen besteht. Vielleicht gibt es keinen optimalen unternehmerischen Prozess, aber viele Ansätze, die gleichermaßen effektiv

sind. Es ist auch möglich, dass ein Ansatz optimal ist, aber dass viele Entrepreneure den Prozess nicht auf die ‚beste Weise' angehen. Dies sind wichtige Fragen, die dieses Fachgebiet untersuchen sollte.

Das bedeutet, dass ein wichtiger Teil des Verständnisses von Entrepreneurship darin besteht, zu verstehen, welche Aktivitäten ein Entrepreneur ausführen sollte, um Chancen optimal finden und nutzen zu können, und in welcher Reihenfolge diese Aktivitäten durchgeführt werden sollten. Was die richtigen Aktivitäten und die richtige Reihenfolge sind, wird von Situation zu Situation unterschiedlich sein.

Der Begriff „Möglichkeiten" kann auf mindestens zwei Arten interpretiert werden:

Das Lehrbuchverständnis ist ziemlich positiv. Eine Möglichkeit ist etwas Gutes, das dir passiert. Innerhalb der Wertschöpfungskette, an der du interessiert bist, ändert sich (Eckhardt und Shane 2003) etwas, sodass die bestehenden Lösungswege für ein Problem nicht mehr ausreichend sind. Das gibt dir die Möglichkeit, deinen Beruf aufzugeben und diese Gelegenheit zu nutzen, um Mehrwert und Wohlstand zu schaffen. Schumpeter (1934) zählt fünf verschiedene Kategorien solcher Veränderungen auf: (1) jemand erfindet neue Waren oder Dienstleistungen, (2) es werden neue geografische Märkte erschlossen, (3) jemand erzeugt oder entdeckt neue Rohstoffe, (4) jemand erfindet neue Produktionsmethoden oder (5) jemand entdeckt neue Wege, das Business zu organisieren. Wenn du dir eine dieser Veränderungen zunutze machst, macht dich das zu einem typischen „Opportunity Entrepreneur".

In vielen Gegenden der Welt und in vielen Branchen wird Entrepreneurship jedoch durch den Mangel an verschiedenen sinnstiftenden Beschäftigungen angeregt. Wenn du in einem Township in Südafrika lebst, gibt es nur wenige traditionelle Arbeitsplätze. Du wirst keine andere Möglichkeit haben, deinen Lebensunterhalt zu verdienen, als dein eigenes Unternehmen zu gründen. In gleicher Weise sind viele Branchen so organisiert, dass es nur wenige Chancen gibt, eine Anstellung zu finden. Wenn du Marimba spielst oder Bilder malst, gibt es nicht viele Beschäftigungsmöglichkeiten. Dasselbe gilt für eine ständig wachsende Zahl von freiberuflichen Tätigkeiten (Gangi 2015) wie zum Beispiel Spieleentwickler oder Grafikdesigner. All diese Gruppen bilden die, wie wir sie nennen, „Necessity Entrepreneurs". Sich selbstständig zu machen, ist eine Notwendigkeit, die sich aus der Situation ergibt, in der sich die Entrepreneure befinden.

Dass wir die Interpretation von Entrepreneurship als Nutzung von Möglichkeiten (Shane und Venkataraman 2000) als erste „Säule" (siehe Abb. 2.1) in unserer zusammenfassenden Entrepreneurship-Theorie ausgewählt haben, beruht darauf, dass die anderen fünf Säulen auf dieser Definition basieren. Sowohl die ressourcenbasierte Sichtweise (Barney 1991; Wernerfelt 1984; Prahalad und Hamel 1990), Effectuation (Sarasvathy 2001) als auch Bricolage (Baker und Nelson 2005) basieren auf der Beschreibung von Entrepreneurship als Erkennen und Nutzen von Möglichkeiten. In ähnlicher Weise kann ein Geschäftsmodell als eine Kategorisierung verschiedener Chancen (Ghezzi und Cavallo 2018) beschrieben werden und Lean Startup (Ries 2011; Blank 2007) kann als eine schrittweise Verbesserung der Art und Weise, wie man sich diese Möglichkeiten zunutze macht, betrachtet werden.

2.2 Ressourcenbasierte Sichtweise und Kernkompetenzen

Wenn es darum geht, zu verstehen, was Entrepreneurship ist und was ein Entrepreneur tun sollte, gibt es zwei Hauptparadigmen. Beide basieren darauf, dass Entrepreneurship daraus entsteht, ein Problem für eine bestimmte Zielgruppe mit den dir zur Verfügung stehenden Ressourcen zu lösen. Worin sie sich unterscheiden, ist das Verständnis der Reihenfolge, in der diese Ereignisse stattfinden sollten.

Die traditionelle Sichtweise wird als „Market-based View" (marktorientierte Sichtweise) bezeichnet. Diese Sichtweise ist eng verbunden mit einem der bekanntesten Modelle aus dem Bereich des strategischen Managements, Michael Porters (2008) „Five Force Model" (Fünf-Kräfte-Modell). Kurz gesagt, fordert die marktorientierte Sichtweise, dass ein Entrepreneur damit *beginnen* sollte, ein Problem zu finden, das er für eine bestimmte Zielgruppe lösen kann. Dann muss er die Ressourcen finden, die er zur Lösung dieses Problems benötigt. Diese Reihenfolge veranlasst diejenigen, die diesen Ansatz unterstützen, sich in erster Linie auf die Analyse von externen Möglichkeiten und Bedrohungen für den Betrieb zu konzentrieren. Wenn du mit der SWOT-Analyse (Stärken, Schwächen, Chancen, Risiken) vertraut bist, dann interessierst du dich dabei am meisten für die letzten beiden Begriffe, Chancen und Bedrohungen.

Das modernere Konzept ist die sogenannte „Resource-based View" (ressourcenbasierte Sichtweise) (Toscher et al. 2019; Dahle et al. 2019). Bei diesem Ansatz wird es vorgezogen, mit den Ressourcen zu beginnen, die dir zur Verfügung stehen, und *auf deren Grundlage* ein Problem zu finden, das du lösen kannst, und eine Zielgruppe, die dieses Problem hat. Dabei werden die Probleme (oder Märkte) vernachlässigt, die du mit den dir zur Verfügung stehenden Ressourcen nicht abdecken kannst. Wenn wir uns SWOT noch einmal ansehen, konzentriert sich die ressourcenbasierte Sichtweise hauptsächlich auf die ersten beiden Punkte, nämlich Stärken und Schwächen.

Beide Ansätze haben ihre Vorteile und sicher hätte eine Kombination von beiden vieles zu bieten. Dennoch denken wir, dass sich die ressourcenbasierte Sichtweise am besten für innovative Entrepreneurship-Projekte eignet. Wenn wir Ressourcen als die Summe von „Vermögen, Fähigkeiten, Organisationsprozessen, Unternehmensattributen, Informationen und Wissen" (Barney 1991) des Entrepreneurs definieren, dann hast du wahrscheinlich die besten Chancen, ein lösbares Problem zu finden, wenn du dich auf deine Fähigkeiten und dein Wissen stützt.

Wenn du gerade deinen Doktortitel in Meeresbiologie erworben hast, hat dein Projekt wahrscheinlich etwas mit Gewässern und Fischen zu tun, oder wenn du der weltbeste Schlagzeuger bist, solltest du eine Musikkarriere verfolgen. Es scheint nicht logisch, eine allgemeine Analyse von Problemen vorzunehmen, bei denen diese Kompetenzen *nicht* genutzt werden können. In gleicher Weise werden dein Vermögen und die Projektattribute oft auf die Probleme hinweisen, die du zu lösen versuchst. Wenn du gerade eine Möbelfabrik übernommen hast, wäre es dann nicht sinnvoll, nach Problemen zu suchen, bei denen dein Betrieb ein Teil der Lösung sein kann?

Eine interessante Variante einer Ressource sind Motivation oder Leidenschaft. Wir hatten das große Vergnügen, in den letzten Jahren mit vielen künstlerischen Entrepreneuren zusammenzuarbeiten. Hier begegneten wir oft einer Diskussion, die mit so etwas anfing wie: „Wir haben es satt, dass Ökonomen uns sagen, wir sollen uns an den Markt anpassen. Ich bin nicht Musiker geworden, um Musik zu spielen, die ich nicht mag!" Wenn wir die Leidenschaft als Voraussetzung dafür betrachten, für die Lösung welches Problems man sich entschieden, wird es einfacher sein, damit umzugehen. Wenn du ein ehemaliger Schlagzeuger von Iron Maiden bist und du dich stark für Heavy Metal-Musik begeisterst, solltest du versuchen, ein Problem zu finden, bei dem diese Leidenschaft nützlich ist. Wenn es eine freie Stelle in einer Elektropop-Tanzkapelle gibt, ist das vielleicht keine Chance, die du ergreifen solltest!

Wie Abb. 2.2 zeigt, stellt Barney (1991) vier Fragen, um zu bewerten, ob eine Ressource für dein Projekt nützlich ist oder nicht: Ist die Ressource (1) wertvoll? (2) selten? (3) unmöglich zu kopieren? und (4) ist dein Projekt so organisiert, dass du diese Ressource nutzen kannst? Dieses Modell wird als VRIO-Modell (*Valuable – Rare – Imitable – Organized*) bezeichnet und es hat sich für viele Entrepreneure als nützlich erwiesen.

Prahalad und Hamel (1990) haben das Ressourcenkonzept mit ihrer Theorie der „Core Competence" (Kernkompetenz) einen Schritt weitergeführt. Diese Kompetenz kann man als die Ressource beschreiben, die das „einzigartige Wissen" im Projekt ausmacht, oder als das, was du so gut kannst, dass niemand sonst auf dem Markt es kopieren kann. Wenn es dir gelingt, dein Projekt auf einer Kernkompetenz aufzubauen, die keiner deiner Konkurrenten vorweisen kann, wird es ihnen schwerfallen, dich nachzuahmen.

Da es die Kernkompetenz ist, die ein Projekt einzigartig macht, wird es viel einfacher sein, den Wettbewerbsvorteil deines Projekts zu verstehen, wenn du deine Kernkompetenz

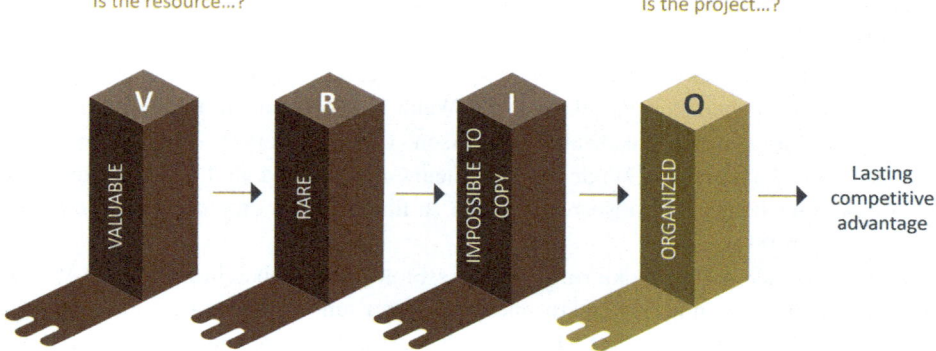

Abb. 2.2 Das VRIO-Modell (In Anlehnung an Jay Barney 1991)

kennst, als wenn du versuchen würdest, diesen durch die Analyse deiner Produkte oder Dienstleistungen zu finden. Der Computerhersteller Dell, der in den 90er-Jahren seine Blütezeit hatte, kann hier als Beispiel dienen. Es ist unmöglich, den Erfolg von Dell anhand der von ihnen verkauften Computer zu verstehen. Die Geräte hatten die gleichen Spezifikationen wie die Geräte der Hauptkonkurrenten. Dell verkaufte aber auf eine völlig andere Art und Weise. Während du in ein Geschäft gehen und die Computer der Konkurrenten aus einem Regal nehmen musstest, ermöglichte Dell es, auf eine Website zu gehen und anzugeben, wie genau dein PC ausgestattet sein sollte. Erst nachdem man das getan hatte, wurde das Gerät produziert und einige Tage später bekam man es genauso geliefert, wie man es wollte. Auf diese Weise reduzierte Dell Abfall und Lagerkosten und gab den Kunden gleichzeitig genau das, was sie wollten. Man kann leicht zustimmen, dass es genau diese effiziente und innovative Logistik war, die Dell auf dem Markt herausstechen ließ.

2.3 Effectuation

Nach einer traditionellen, kausalen Logik des Entrepreneurship beginnt ein Entrepreneur sein Projekt mit der Definition einiger klarer Ziele oder Ursachen. Diese Ziele können darin bestehen, eine bestimmte Gewinnspanne oder einen bestimmten Marktanteil erreichen zu wollen. Auf dieser Grundlage findet man dann die richtigen Mittel oder Ressourcen, um diese Ziele zu erreichen.

Sara Sarasvathy (2001), die die Idee der „Effectuation" entwickelt hat, steht der traditionellen, kausalen Logik, wie ein Entrepreneur sein Projekt entwickeln sollte, kritisch gegenüber.

Sarasvathy behauptet, dass die Kausalität dem widerspricht, wie Entrepreneure sich verhalten und wie sie sich verhalten sollten. Sie behauptet, dass ein Entrepreneur sein Projekt mit einigen übergreifenden Motiven statt mit klaren Zielen beginnt. Beispiele für solche Motive können „der Wunsch, viel Geld zu verdienen" oder einfach „eine interessante Idee zu verfolgen" sein. Das bedeutet, dass der Entrepreneur seinen Prozess mit den Mitteln beginnt, die ihm zur Verfügung stehen und dann herausfindet, was er mithilfe dieser Mittel erreichen kann. Dieses Vorgehen wird „Effectuation" genannt, da der Entrepreneur mit den Mitteln beginnt und nach den Effekten sucht.

Sarasvathy (2006) setzt dies mit ihren fünf Prinzipien des Entrepreneurship fort, die sie als „fünf Dinge, die sehr effektive Entrepreneure tun" vorstellt (Abb. 2.3). Sie lauten: (1) *Spatz in der Hand:* Du solltest mit dem beginnen, was du hast oder bist. Du solltest Fragen stellen wie: „Welche Qualitäten habe ich?", „Was kann ich gut?" und „Wen kenne ich?" (2) *Flickenteppich:* Suche Verbindungen zu Menschen, die dir helfen können. (3) *Akzeptabler Verlust:* Du solltest nicht mehr in das Projekt investieren, als du dir leisten kannst zu verlieren. (4) *Limonade:* Wenn du einen Rückschlag einstecken musst, versuche, ihn in

Abb. 2.3 Fünf Prinzipien des Entrepreneurship (Sara Sarasvathy 2006)

eine Möglichkeit zu verwandeln. (5) *Pilot statt Passagier:* Übernimm Verantwortung, indem du die anderen vier Prinzipien kombinierst, um dein Projekt zu verwirklichen.

2.4 Bricolage

Eine weitere wichtige Theorie innerhalb des Entrepreneurship ist die „Bricolage" (Baker und Nelson 2005). Hier verwenden wir den französischen Begriff, da es keine gute deutsche oder englische Entsprechung gibt. Der französische Begriff kommt von „bricoleur", was eine Art Handwerker bezeichnet, und wird verwendet, wenn man Essen aus Resten herstellt (kulinarische Bricolage) oder wenn man einen Computer aus alten Teilen anderer Maschinen zusammenbaut (technische Bricolage). Eine Möglichkeit, dies auf Deutsch auszudrücken, wäre: „Nutze, was du hast!"

Innerhalb des Entrepreneurship wird der Begriff verwendet, um eine weitere Art und Weise zu beschreiben, in der sich Entrepreneurship von der traditionellen Wirtschaftswissenschaft unterscheidet. Die traditionelle Wirtschaftstheorie geht davon aus, dass Menschen rational sind und immer vollen Zugang zu allen relevanten Informationen haben. Dies bedeutet, dass jedes Projekt, das eine akzeptable Kapitalrendite aufweisen kann, die notwendige Finanzierung erhält, um alle dafür benötigten Ressourcen zu kaufen. Wenn du nachweisen kannst, dass dein Projekt im Rahmen seiner Laufzeit einen Gewinn von 100 Millionen erwirtschaften wird, hättest du die Garantie, dass dir die Investoren den vollen Betrag abzüglich Zinsen zur Verfügung stellen.

Das Problem ist, dass dies nicht der Realität des Entrepreneurship entspricht. Die meisten Projekte haben gewöhnlich Schwierigkeiten, Investoren zu finden. Vielleicht können die Entrepreneure die Investoren nicht davon überzeugen, dass das Projekt gut ist. Vielleicht wollen sie ihre Eigentümerschaft nicht schwächen. Deshalb kommen sie ohne Finanzierung aus und setzen Kreativität und gesunden Menschenverstand ein, um ihre Ziele zu erreichen. Dieses Verhalten hängt mit dem Begriff „Bootstrapping" zusammen, der den Versuch bezeichnet, so lange wie möglich ohne externe Finanzierung zu überleben.

Bricolage (Abb. 2.4) wird definiert als das Managen durch die Kombination der zur Verfügung stehenden Ressourcen, um neue Probleme zu lösen und neue Möglichkeiten zu schaffen (Baker und Nelson 2005).

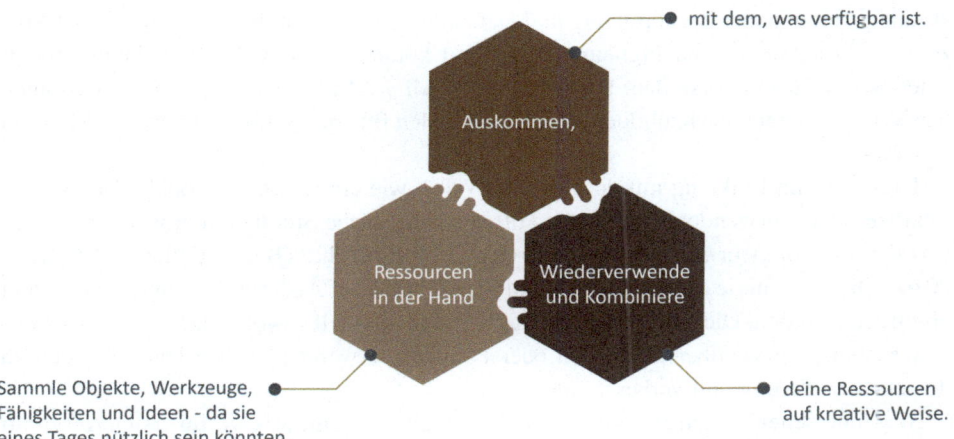

Abb. 2.4 Drei Voraussetzungen für Bricolage (Baker und Nelson 2005)

Diese Definition beruht auf drei Konzepten (Levi-Strauss 1967). Das erste lautet: „Auskommen, mit dem, was vorhanden ist", wobei der Entrepreneur mit den verfügbaren Ressourcen, egal welche das sind, auskommen muss. Erkennst du, dass dies sowohl zur ressourcenbasierten Sichtweise als auch zur Effectuation passt?

Das zweite Prinzip lautet: „Ressourcen an der Hand", was bedeutet, dass der Entrepreneur physische Objekte, Fähigkeiten oder Ideen nach dem Prinzip sammelt, dass „sie sich jederzeit als nützlich erweisen können", anstatt sie als Teil eines vordefinierten Plans zu betrachten. Die Forschung bezüglich Bricolage hat gezeigt, dass Entrepreneure dazu neigen, Werkzeuge, Einzelteile und andere physische Ressourcen zu sammeln, für die sie keinen unmittelbaren Bedarf haben, und dass sie oft mit diesen Ressourcen experimentieren.

Schließlich haben wir „Wiederverwenden und Kombinieren", was bedeutet, dass vorhandene Ressourcen kombiniert und auf neue kreative Weise wiederverwendet werden können. Diese „künstlerische Improvisation" scheint eng mit der Denkweise verknüpft zu sein, die auch bei Effectuation zum Tragen kommt.

2.5 Business Modelling

An dieser Stelle nickst du vielleicht und denkst: „Das erkenne ich wieder." Das liegt daran, dass Business Modelling in den letzten zehn Jahren sehr viel Anwendung fand, insbesondere durch Entrepreneurship-Support-Programme.

Um die Konzepte hinter Business Modelling zu verstehen, kann es hilfreich sein, den Begriff in zwei Teile zu untergliedern: Das Wort „Business" sagt uns offensichtlich, dass wir über etwas sprechen, das mit Geschäften zu tun hat. Das Wort „Modell" wird definiert als „eine vereinfachte Beschreibung und Darstellung eines komplexen Gebildes oder Prozesses" (Osterwalder und Pigneur 2010). Man könnte sich ein Schiffs-Miniaturmodell eines Schiffsbauers vorstellen. Ein solches Modell wird oft verwendet, um Änderungen und Verbesserungen nachzubilden, bevor man in den Bau des Schiffes im großen Maßstab investiert.

Dies steht im Einklang mit der Art und Weise, wie ein Business Model, also ein Geschäftsmodell, verwendet wird. Es wird oft als theoretische Simulation dessen verwendet, was der Entrepreneur mit seinem Unternehmen tun möchte (Baden-Fuller und Morgan 2010). Die Ergebnisse aus diesen Simulationen können auf Änderungen am realen Projekt übertragen werden. Dies bedeutet, dass das Geschäftsmodell sowohl zur Beschreibung des Unternehmens gegenüber Investoren oder Partnern verwendet werden kann als auch zu dessen Veränderung und Verbesserung.

Wie unterscheidet sich also ein Geschäftsmodell von dem, was wir im ersten Abschnitt dieses Kapitels als „das Finden und Nutzen von Möglichkeiten, um neue Güter und Dienstleistungen zu schaffen" bezeichnet haben?

Während eine „Möglichkeit" eine Situation ist, in der Ressourcen kombiniert werden können, um Nutzen zu erzeugen, ist das Geschäftsmodell die Interpretation des Entrepreneurs, *wie* diese Ressourcen am besten genutzt werden sollten (Eckhardt und Shane 2003).

Wenn du zum Beispiel ein Elektrotechniker mit speziellem Fachwissen über Elektromotoren bist, ist der zunehmende Ausbau der Elektromobilität deine große Chance. Dein Plan, wie du eine Kfz-Werkstatt für Elektroautos eröffnen, wie du sie verkaufen und aufladen und welche Dienstleistungen du anbieten könntest, ist das Geschäftsmodell.

Insbesondere das Business Model Canvas (BMC) von Osterwalder und Pigneur (2010) ist zu einem modernen Standard für die strategische Entwicklung eines Entrepreneurship-Projekts geworden. Sie beginnen mit der Definition eines Geschäftsmodells als „ein konzeptionelles Werkzeug, das eine Reihe von Objekten, Konzepten und ihre Beziehung zu dem Ziel, die Geschäftslogik eines Unternehmens auszudrücken, enthält" (Osterwalder et al. 2005). Allgemein formuliert, ist es eine Art vereinfachtes Modell oder vereinfachte Simulation eines Projekts, bei dem der Entrepreneur verschiedene Ressourcen kombinieren kann, um seinen Kunden einen Mehrwert zu bieten. Das Business Model Canvas ist eine konkrete Struktur zur Erstellung solcher Modelle. Hierbei werden neun verschiedene „Elemente" auf unterschiedliche Weise kombiniert, um das beste Muster für ein bestimmtes Projekt zu finden.

Das erste Element ist das Kundensegment, in dem du beschreibst, für wen dein Projekt Nutzen erzeugen wird. Dann kommt das Wertversprechen, durch welches du verdeutlichst, welchen Mehrwert genau du für den Kunden schaffen möchtest. Die Schlüsselkanäle beschreiben, wie du mit deinen Kunden kommunizierst. Die Kundenbeziehung stellt das Verhältnis dar, das du dank deiner Kanäle zu den Kunden unterhältst. Die Ertragsströme beschreiben, wie genau du bezahlt wirst. Die Schlüsselressourcen bezeichnen die Art der Mittel, die das Unternehmen benötigt, um für den Kunden Mehrwert zu schaffen. Schlüsselaktivitäten beschreiben die Tätigkeiten, die du durchführen musst, um diese

2.5 Business Modelling

Werte zu schaffen, und Schlüsselpartner sind Verbündete, die dazu beitragen, das Wertangebot zu ermöglichen. Zuletzt werden die wichtigsten Kostentreiber des Projekts angesprochen.

Obwohl diese Unterteilung die am häufigsten verwendete Gliederung zum Business Modelling ist, gibt es noch über 80 weitere Optionen. Zwei der bekanntesten sind Ash Maurya's (2012) „Lean Canvas" und Morris' „Business Model" (Morris et al. 2005).

Auch „Lean Canvas" hat neun Elemente, unterscheidet sich aber in vier Punkten von dem Business Model Canvas: Schlüsselpartner werden durch Probleme ersetzt, Schlüsselaktivitäten durch Lösungen, Kundenbeziehungen durch unlauteren Vorteil und Schlüsselressourcen durch Schlüsselmetriken.

Morris' „Business Model" (Abb. 2.5) besteht aus sechs Elementen (Morris et al. 2005): Wie wird das Projekt Nutzen erzeugen? Für wen wird das Projekt einen Mehrwert schaffen? Was verschafft dem Projekt einen Vorteil? Wie wird sich das Projekt auf dem Markt positionieren? Wie wird das Projekt Geld einbringen? Zuletzt – was sind die Ambitionen des Entrepreneurs in Bezug auf Zeit, Geltungsbereich und Größe?

All diese Methoden (neben etwa 77 anderen) haben dazu beigetragen, dass Strategien flexibler und dynamischer funktionieren und vor allem besser geeignet sind, Veränderungen im Umfeld abzufangen. Wenn sich das Kundensegment ändert, sollte sich vielleicht auch das Wertversprechen ändern. Sowohl BMC, Lean Canvas als auch das Geschäftsmodell helfen dir dabei, das zu erkennen, sodass du alle anderen Elemente so verändern kannst, dass du dem neuen Kundensegment gerecht werden kannst.

Es besteht auch eine starke Verbindung zwischen Geschäftsmodellen und Geschäftsideen beziehungsweise Missionen des Unternehmens (Moore 1995). Wir würden sagen, dass sie in einer größeren Einheit zusammengehören, in der die Geschäftsidee den „externen" oder kundenorientierten Teil des Geschäftsmodells darstellt.

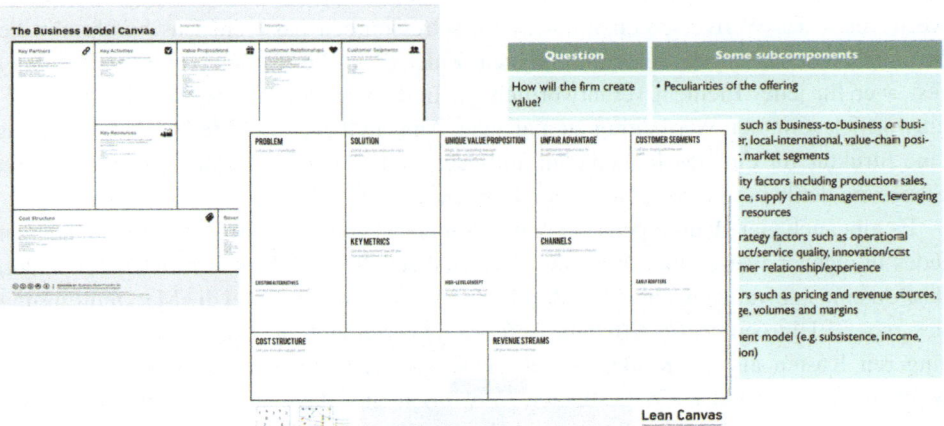

Abb. 2.5 Vorlagen für das Geschäftsmodell (In Anlehnung an Osterwalder und Pigneur 2010; Maurya 2012 und Morris et al. 2005)

Die Geschäftsidee besteht aus der Antwort auf drei Fragen:

- Schlüsselbeitrag: Welches Problem löst du?
- Schlüsselmarkt: Wer ist die Zielgruppe, die dieses Problem hat?
- Kernkompetenz: Welche einzigartige Kompetenz ermöglicht es dir, das Problem zu lösen?

Dies schafft eine logische Unterscheidung zwischen den internen und externen Elementen des Geschäftsmodells. Der externe Teil (Geschäftsidee) soll die Welt aus der Kundenperspektive betrachten und beschreiben, was das Projekt leisten sollte. Das interne Geschäftsmodell (das traditionelle Geschäftsmodell) veranschaulicht, wie der Entrepreneur seine Aktivitäten organisieren sollte. Die Verwendung beider Begriffe erleichtert die Unterscheidung zwischen dem Problem, das du lösen sollst, einerseits und der Lösung dieses Problems andererseits.

Nachdem wir uns drei Vorlagen für die Erstellung eines Geschäftsmodells angesehen haben (BMC, Lean Canvas und Geschäftsmodell), ist es an der Zeit, dieses Phänomen etwas grundlegender zu diskutieren. Das Business Modelling hat seinen Ursprung im Systemdenken (Bertalanffy 1951), wo verschiedene Phänomene als zusammengesetzte Systeme betrachtet werden.

Amit und Zott haben ein solches System für Geschäftsmodelle entwickelt (Zott und Amit 2010, 2013; Zott et al. 2011). Sie beschreiben ein Geschäftsmodell als ein System von „Elementen". Zum Beispiel haben BMC und Lean Canvas jeweils neun Elemente, während das Geschäftsmodell sechs Elemente hat. Jedes dieser Elemente hat drei Eigenschaften: (1) Der Inhalt *(content)* beschreibt, woraus jedes Element besteht. Der Wertbeitrag im BMC enthält zum Beispiel eine Beschreibung, inwiefern die Lösung (Produkt oder Dienstleistung) im Projekt einzigartig und kaufenswert ist. (2) Die Struktur *(structure)* sagt aus, wie die verschiedenen Elemente miteinander verbunden sind. Beispielsweise muss das Wertversprechen auf Schlüsselressourcen basieren. Das beschreibt die Struktur zwischen diesen beiden Elementen. Zuletzt legt die (3) Steuerung *(governance)* fest, wer für jedes Element verantwortlich ist. In deinem Projekt könntest du dafür verantwortlich sein, den Wertbeitrag zu managen. Anhand dieser drei Merkmale können wir eine Struktur für ein Geschäftsmodell aufbauen, indem der Inhalt, die Struktur und die Steuerung der benötigten Elemente beschrieben werden.

Es gibt auch vier Haupttypen (Amit und Zott 2001) von Geschäftsmodellen, von denen jedes in eigener Weise einen Wettbewerbsvorteil schafft: (1) Neuheit *(novelty)* bedeutet, dass du eine innovative Art hast, ein Problem zu lösen – zum Beispiel die Markteinführung des ersten Elektroautos. (2) Effizienz *(efficiency)* beschreibt, dass du das Problem zu geringeren Kosten als die Konkurrenz lösen kannst. IKEA versucht beispielsweise, die Möbelpreise zu senken. (3) Festhalten *(lock-in)* meint, dass du es deinen Kunden erschwerst, zu einem Konkurrenten zu wechseln. Wenn zum Beispiel alle deine Freunde Facebook nutzen, wird es schwierig, zu einer anderen Social-Media-Plattform zu wechseln. (4) Komplementarität *(complementarity)* beschreibt die Verknüpfung deines Produkts oder deiner Dienstleistung mit einer anderen Lösung, die der Kunde bereits schätzt: wenn zum Beispiel eine Website für die Buchung von Flügen auch die Reservierung von Hotels und Mietwagen umfasst. Die meisten Geschäftsmodelle kombinieren diese vier Arten von Effekten, um ein wettbewerbsfähiges Projekt zu kreieren.

2.6 Lean Startup und Design Thinking

Lean Startup (Ries 2011; Blank 2007) basiert auf den drei Fragen, die wir aus Abschn. 2.1 kennen (Shane und Venkataraman 2000):
Warum, wann und wie

1. … ergeben sich Möglichkeiten, neue Güter und Dienstleistungen zu schaffen?
2. … entdecken und nutzen manche Menschen diese Chancen, andere nicht?
3. … werden unterschiedliche Ressourcen eingesetzt, um diese Möglichkeiten zu nutzen?

Die Lean Startup-Denkweise legt großen Wert darauf, im Dialog zwischen dem Entrepreneur und den potenziellen Kunden Chancen zu finden und zu nutzen, wobei die drei oben genannten Fragen wiederholt gestellt werden, während die Antworten ständig weiterentwickelt und verbessert werden. Sowohl die Probleme, die du zu lösen versuchst, als auch die möglichen Lösungen, die es gibt, ändern sich ständig. Das bedeutet, dass Entrepreneurship im Kern mit großer Unsicherheit verbunden ist. Daher solltest du keine Ressourcen für die Vervollständigung der Lösung und des Geschäftsmodells aufwenden, bis du die Antworten auf zwei wichtige Fragen erhalten hast:

Die erste Frage ist, ob du wirklich ein Problem gefunden hast, das es wert ist, gelöst zu werden? Wird das Problem, das du lösen willst, als groß und wichtig wahrgenommen und sind deine potenziellen Kunden bereit, dafür zu bezahlen, dass es gelöst wird? Eine einfache Befragung deiner potenziellen Kunden, bei der du sie bittest, die verschiedenen Probleme, die du gern lösen möchtest, von unwichtig bis wichtig zu ordnen, kann dich davor bewahren, Produkte und Dienstleistungen zu entwickeln, die niemand will.

Die zweite Frage ist, ob die Lösung, die du entwickelt hast, das Problem wirklich löst. Um zu vermeiden, dass Zeit und Ressourcen für die Schaffung von Produkten und Dienstleistungen verschwendet werden, die auf dem Markt nicht gefragt sind, schlägt Eric Ries (2011) vor, dass du ein, wie er es nennt, „Minimum Viable Product (MVP)" (minimal brauchbares oder existenzfähiges Produkt) entwickelst. Dies kann zum Beispiel eine Art Prototyp sein, der gerade genug Funktionalität hat, um auf dem Markt getestet zu werden, dessen Entwicklung aber nicht allzu viel kostet. Der Prototyp wird auf dem Markt veröffentlicht und dann schrittweise durch eine Reihe von Verbesserungen auf Grundlage des Feedbacks der ersten Kunden weiterentwickelt. Wenn sich herausstellt, dass die erste Lösung nicht funktioniert, kannst du das implementieren, was Eric Ries einen „Pivot" nennt.

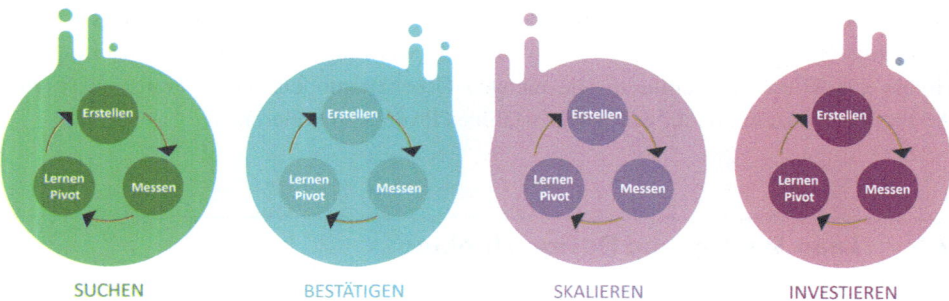

Abb. 2.6 Das Customer-Development-Model (In Anlehnung an Steve Blank 2007)

Ein Pivot ist eine klare Änderung der Geschäftsidee auf der Grundlage dessen, was du von deinen ersten Kunden gelernt hast.

Steve Blank's (2007) „Customer-Development-Model" beschreibt diese Tests. Der Name der Methode impliziert, dass du zur selben Zeit Kunden gewinnen und die Lösung entwickeln musst. Dies geschieht in vier Schritten (Abb. 2.6): Der erste Schritt besteht darin, die Kunden *zu finden* oder einige mitgestaltende Konsumenten für deine Geschäftsidee auszuwählen. In dieser Phase musst du keine Zeit dafür aufwenden, mit vielen Kunden zu arbeiten. Wenn eine Handvoll Verbraucher ein Problem hat, das du lösen kannst, ist es wahrscheinlich, dass du später noch mehr Kunden finden wirst, die das gleiche Problem haben. Schritt zwei besteht darin, *zu bestätigen*, dass das Problem gelöst wurde. Dies geschieht, indem du entscheidest, welche Lösung du der Zielgruppe anbietest und wie du sie ihnen verkaufst, sie belieferst und wie viel du ihnen dafür berechnen möchtest. Wenn du bestätigen kannst, dass deine Lösung das Problem löst, kannst du mit dem dritten Schritt fortfahren, der darin besteht, *anzupassen*. Das bedeutet, so viele Vertreter der Zielgruppe wie möglich zu finden. Erst in diesem Schritt baust du angemessene Vertriebs- und Verkaufsbemühungen auf. Da du bereits Kundschaft gefunden und dein Geschäftsmodell getestet hast, ist die Wahrscheinlichkeit geringer, dass dieses Marketing scheitert. Der vierte Schritt ist, in das Projekt *zu investieren*. In dieser Phase baust du eine professionelle Organisierung und Routinen auf.

Die Unsicherheit eines Entrepreneurship-Projekts bedeutet, dass es schwierig ist, langfristige Pläne und Ziele zu formulieren. Daher lautet die Empfehlung, dein Projekt als ein fortlaufendes Experiment zu behandeln, bei dem du so wenige Ressourcen wie möglich einsetzt. Das bedeutet, eng mit Kunden zusammenzuarbeiten (Blank 2007), kleine und bezahlbare Experimente auf der Grundlage von Prototypen oder „MVPs" (Ries 2011) zu entwerfen und dann zu versuchen, „schnell zu scheitern", indem man zuerst die riskantesten Optionen ausprobiert (Maurya 2012).

Wenn du auf diese Weise arbeitest, müssen die Ressourcen deinen Ausgangspunkt darstellen (Barney 1991; Wernerfelt 1984), insbesondere deine Kernkompetenz (Prahalad und Hamel 1990). Diese Philosophie ist auch in der Effectuation verwurzelt (Sarasvathy

2.6 Lean Startup und Design Thinking

2001), da die Ziele entwickelt werden, während das Projekt Gestalt annimmt und weil die Methode explorativ und kreativ und nicht analytisch ist.

Lean Startup scheint auch gut zu den drei Konzepten der Bricolage zu passen: Wenn du nach der Methode des Lean Startup arbeitest, musst du in der Regel „mit dem auskommen, was du hast". Du musst ständig „Ressourcen neu kombinieren und wiederverwenden" und „Ressourcen sammeln, die sich als nützlich erweisen können, anstatt Teil eines vordefinierten Plans zu sein" (Baker und Nelson 2005). Schließlich ist Lean Startup eng mit dem Business Modelling verbunden, wobei insbesondere das Business Model Canvas ein integraler Bestandteil der Methode ist. Diese Verbindung zwischen Lean Startup auf der einen Seite sowie Effectuation, Bricolage und Business Modelling auf der anderen Seite wird auch von Ghezzi beschrieben: „Die Umsetzung eines Lean Startup hat Entrepreneure bei vielen Gelegenheiten dazu gebracht, einen Effectuation- oder Bricolage-Standpunkt zu wählen" (Ghezzi 2018; Ghezzi und Cavallo 2018).

Design Thinking (Abb. 2.7) ist ein Toolkit, das entwickelt wurde, um Lösungen für diese sich ständig verändernden Probleme zu finden. Die Methode wurde in den frühen 2000er-Jahren von der Stanford University d.school entwickelt (Brown und Katz 2011; Brown 2008). Sie basiert darauf, die Bedürfnisse der Menschen bestmöglich zu verstehen und sich in sie einzufühlen. Das soll ermöglicht werden, indem man zwischen fünf sich überlappenden Phasen wiederholt hin und her springt (Stanford University d.school 2019): (1) *Empathie:* Die Probleme, die du zu lösen versuchst, sind selten deine eigenen, sie zählen für andere Menschen, nennen wir sie „Anwender". Versuche, diese Menschen zu verstehen, indem du ihre Werte kennenlernst. (2) *Definition:* Definiere das Problem, das du zu lösen versuchst, klar, basierend auf deiner Erkenntnis über den Anwender und seine Situation. (3) *Idee:* Erstelle eine Reihe von radikalen Lösungsvorschlägen für das Problem. Dabei ist es wichtig, eine Vielzahl von Ideen einzubeziehen. Aus diesem Ideenarchiv kannst du Prototypen erstellen, die von Anwendern getestet werden können. (4) *Prototyp:* Konkretisiere deine Ideen in Form von Prototypen. Ein Prototyp kann ein 3D-Druckmodell sein, etwas, das du aus Gaffa-Band und Draht improvisiert hast oder auch ein Rollenspiel. Wenn du Software herstellst, kann es eine grobe Skizze oder ein Video sein. Ein Prototyp ist das Gleiche wie das, was Ries (2011) ein „Minimum Viable Product"

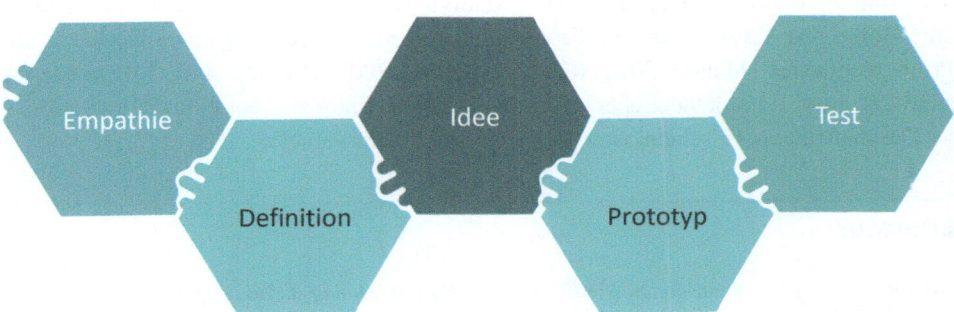

Abb. 2.7 Design Thinking (In Anlehnung an Stanford University d.school 2019)

nennt. (5) *Test:* Dieser bietet dir die Chance, Feedback zu sammeln, Lösungen zu verfeinern und weiterhin Erkenntnisse über deine Anwender zu gewinnen. Der Test findet statt, indem einfache Prototypen in einer Situation vor dem Anwender platziert werden, in der er das Problem hat. Dabei wird dokumentiert, wie die Prototypen das Problem lösen.

Design Thinking erhöht die Wahrscheinlichkeit, dass neue Produkte oder Dienstleistungen wirklich benötigt werden und erwünscht sind und dass deine Lösung den tatsächlichen Bedürfnissen der Nutzer entspricht. Dies wiederum bietet dir eine größere Chance, auf dem Markt erfolgreich zu sein.

2.7 Zusammenfassung der sechs Säulen

Seit der Veröffentlichung von „The promise of entrepreneurship as a field of research" (Shane und Venkataraman 2000) haben mehrere neue und moderne Publikationen einen Typus des Entrepreneurs beschrieben, der sich völlig anders verhält als der rationale Akteur, den wir aus dem Bereich der klassischen Wirtschaftswissenschaft kennen:

Zunächst analysiert der Entrepreneur die ihm zur Verfügung stehenden Ressourcen, bevor er sich mit den möglichen Bedürfnissen des Marktes befasst (Barney 1991; Wernerfelt 1984; Prahalad und Hamel 1990). Das bedeutet, dass Entrepreneure nur dann „Gelegenheiten finden und nutzen", um die Bedürfnisse des Marktes zu befriedigen, wenn sie einen Vorteil durch ihre eigenen Fähigkeiten, Motivationen, Vermögenswerte oder ihr Netzwerk haben. Es bedeutet auch, dass sie sich auf die Ressourcen oder Mittel stützen und dann zwischen den möglichen Effekten wählen, die mithilfe dieser Mittel erreicht werden können (Sarasvathy 2001).

Zweitens hat der Entrepreneur keinen unbegrenzten Zugang zu Ressourcen (Baker und Nelson 2005), sondern muss „mit dem auskommen, was er hat", die Ressourcen sammeln, zu denen er Zugang hat, und neue, kreative Wege finden, um diese Mittel zu nutzen und zu kombinieren.

Zuletzt wird der Entrepreneur ein bewegliches und sich ständig veränderndes Geschäftsmodell entwickeln, statt eines statischen Geschäftsplans, der sich nie ändert (Zott und Amit 2010; Osterwalder et al. 2005; Maurya 2012). Dieses Geschäftsmodell erfährt eine Reihe von Verbesserungen, die darauf beruhen, dass Kunden kontinuierlich neue Prototypen testen (Maurya 2012; Ries 2011; Blank 2007; Doorley et al. 2018). Wie du siehst, ist unser Entrepreneur eher ein kreativer Improvisator als ein rationaler und normaler Geschäftsmann. Er scheint eher Jazz statt Sinfonien zu spielen.

Literatur

Amit R. und Zott C., „Value creation in E-business", *Strateg. Manag. J.*, Bd. 22, Nr. 6–7, S. 493–520, Jun. 2001, https://doi.org/10.1002/smj.187

Baden-Fuller C. und Morgan M. S., „Business models as models", *Long Range Plann.*, Bd. 43, S. 156–171, 2010.

Baker T. und Nelson R., „Creating something from nothing: Resource construction through entrepreneurial bricolage", *Adm. Sci. Q.*, Bd. 50, S. 329–366, 2005.

Barney J., „Firm resources and sustained competitive advantage", *J. Manag.*, S. 99–120, 1991.

Bertalanffy L., „General system theory – A new approach to unity of science", *Hum. Biol.*, Bd. 23, S. 303–361, 1951.

Blank S., *Four Steps to the Epiphany: Successful Strategies for Products that Win*, 3. Aufl. Kalifornien: S. G. Blank, 2007.

Brown T. und Katz B., „Change by design", *J. Prod. Innov. Manag.*, Bd. 28, Nr. 3, S. 381–383, 2011.

Brown T., „Design Thinking", *Harv. Bus. Rev.*, Bd. 86, Nr. 6, S. 84, 2008.

Dahle Y., Anh N. D., Steinert M. und Reuther K., „Six pillars of modern entrepreneurial theory and how to use them (in press)", in *Fundamentals of Software Startups: Concepts, Methods and Case Studies*, New York, NY: Springer, 2019.

Eckhardt J. T. und Shane S. A., „Opportunities and entrepreneurship", *J. Manag.*, Bd. 29, Nr. 3, S. 333–349, Jun. 2003, https://doi.org/10.1177/014920630303302900304

Gangi J., „The synergies of artistic and entrepreneurial action", *J. Arts Manag. Law Soc.*, Bd. 45, S. 247–254, 2015.

Gartner W. B., „Who is the entrepreneur? is the wrong question", *Am. J. Small Bus.*, Bd. 12, S. 11–32, 1988.

Ghezzi A. und Cavallo A., „Agile business model innovation in digital entrepreneurship: Lean Startup approaches", *J. Bus. Res.*, Jun. 2018, https://doi.org/10.1016/j.jbusres.2018.06.013

Ghezzi A., „Digital startups and the adoption and implementation of Lean Startup approaches: Effectuation, bricolage and opportunity creation in practice", *Technol. Forecast. Soc. Change*, Sep. 2018, https://doi.org/10.1016/j.techfore.2018.09.017

Hasso Plattner Institute of Design at Stanford University, „Design thinking bootleg", *Stanford d.school* [Online]. Verfügbar: https://dschool.stanford.edu/resources/design-thinking-bootleg. Zugegriffen: 29. März 2019.

Levi-Strauss C., The Savage Mind. Chicago: University of Chicago Press., 1967.

Maurya A., *Running Lean*. Sebastopol, Kalifornien: O'Reilly, 2012.

Moore G., *Crossing the chasmt*. New York, NY, USA: HarperCollins Publishers, 1995.

Morris M., Schindehutte M. und Allen J., „The entrepreneur's business model: Toward a unified perspective", *J. Bus. Res.*, Bd. 58, S. 726–735, 2005.

Osterwalder A. und Pigneur Y., *Business Model Generation*. Hoboken, New Jersey: Wiley, 2010.

Osterwalder A., Pigneur Y. und Tucci C. L., „Clarifying business models: Origins, present, and future of the concept", *Commun. AIS*, Bd. 15, 2005.

Porter M., „The five competitive forces that shape strategy", *Harv. Bus. Rev.*, 2008.

Prahalad C. und Hamel G., „The core competence of the corporation", *Harv. Bus. Rev.*, S. 17, 1990.

Ries E., *Lean Startup*. Stanford, Kalifornien: Crown Business, 2011.

Sarasvathy S., „Causation and effectuation: Toward a theoretical shift from economic inevitability to entrepreneurial contingency", *Acad. Manage. Rev.*, Bd. 26, S. 243–263, 2001.

Sarasvathy S., „The bird-in-hand principle: Who I am, what I know, and whom I know", *Darden Case No. UVA-ENT-0090*, 2006. https://ssrn.com/abstract=1278404. Zugegriffen: 29. März 2019.

Schumpeter J. A., *The Theory of Economic Development*. Cambridge, MA: Harvard University Press, 1934.

Shane S. und Venkataraman S., „The promise of entrepreneurship as a field of research", *Acad. Manage. Rev.*, Bd. 25, S. 217–227, 2000.

Shane S., „Reflections on the 2010 'AMR' Decade award: Delivering on the promise of entrepreneurship as a field of research", *Acad. Manage. Rev.*, Bd. 37, S. 10–20, 2012.

Toscher B., Dahle Y. und Steinert M.: „Get Give Give Make Live: An empirical comparative study of motivations for technology, youth, and arts entrepreneurship", *Soc. Enterp. J. Press*, 2019.

Wernerfelt B., „A resource-based view of the firm", *Strateg. Mark. J.*, Bd. 5, S. 171–180, 1984.

Zott C. und Amit R., „Business model design: An activity system perspective", *Long Range Planning,* Bd. 43, S. 216–226, 2010.

Zott C., Amit R. und Massa L., „The business model: Recent developments and future research", *J. Manag.*, Bd. 37, S. 1019–1042, 2011.

Zott C. und Amit R., „The business model: A theoretically anchored robust construct for strategic analysis", *Strateg. Organ.*, Bd. 11, Nr. 4, S. 403–411, Nov. 2013, https://doi.org/10.1177/1476127013510466

S-E-A-M – Die systemische Methode entrepreneurialer Aktivitäten

3

Zusammenfassung

Kap. 3 stellt die *Systemic Entrepreneurship Activity Method (S-E-A-M)*, zu deutsch *Systemische Methode Unternehmerischer Aktivitäten*, vor. Sie basiert auf den in Kap. 2 dargelegten Theorien und bietet einen strukturierten Überblick über Aktivitäten, die Entrepreneure beim Erreichen ihrer Ziele unterstützen. *S-E-A-M* umfasst die folgenden sieben Schritte: 1) Sinn und Zweck, 2) Ressourcen, 3) Geschäftsidee, 4) Geschäftsmodell, 5) Ziele, 6) Aufgaben, sowie 7) Forecast. Nach diesem Überblick befassen sich die Kap. 4, 5, 6, 7, 8, 9 und 10 im Detail mit den einzelnen Schritten.

Im vorigen Kapitel wurde dir eine Zusammenfassung der wichtigsten modernen Theorien zum Thema Entrepreneurship vorgelegt. Damit du noch besser von diesen Theorien profitieren kannst, bietet dieses Kapitel einen strukturierten Überblick über die Aktivitäten, deren Durchführung dem Entrepreneur höchstwahrscheinlich dazu verhilft, seine gesteckten Ziele zu erreichen. Diese Aktivitäten sind in einer systemischen Methode entrepreneurialer Aktivitäten organisiert, die wir *S-E-A-M* nennen. Diese Methode wurde am Department of Industrial and Mechanical Engineering an der Norwegian University of Science and Technology entwickelt und umfasst sieben Schritte (siehe Abb. 3.2):

- Sinn und Zweck: Was ist deine Vorgeschichte, weshalb willst du ein Entrepreneur werden?
- Ressourcen: Auf welcher Art von Motivation, Wissen und Vermögen baust du dein Projekt auf?
- Geschäftsidee: Welches Problem möchtest du für welche Zielgruppe lösen?

- Geschäftsmodell: Wie willst du es schaffen, dieses Problem zu lösen?
- Ziele: Welche konkreten Meilensteine setzt du dir, um das Problem zu lösen?
- Aufgaben: Was musst du tun, um diese Meilensteine zu erreichen?
- Forecast: Wie sehen die Finanzen deines Projekts aus?

Hier ist es wichtig, hervorzuheben, dass die Befolgung dieser Schritte nicht der einzige Weg zum Erfolg deines Entrepreneurship-Projekts ist und die finanzielle Unabhängigkeit in dieser Phase garantiert ist. Es gibt eine Vielzahl verschiedener Wege, Entrepreneur zu sein (Shane 2012) und Erfolg kann auf vielen verschiedenen Skalen gemessen werden.

Gleichzeitig erhöht eine solche methodische Arbeitsweise die Wahrscheinlichkeit für deinen Erfolg. Die Schritte in *S-E-A-M* sind allgemein, basieren auf verlässlicher Theorie und die meisten Entrepreneure werden sie auf die eine oder andere Weise durchlaufen. Dabei gibt es natürlich von Projekt zu Projekt große Unterschiede im Inhalt der sieben Schritte. So wie sich die Projekte in ihrem Schwerpunkt voneinander unterscheiden, so unterscheidet sich auch der Inhalt der einzelnen Projekte.

Es gibt eine natürliche Reihenfolge der Schritte. Du wirst wahrscheinlich damit beginnen, darüber nachzudenken, warum du Entrepreneur werden möchtest und welche Ressourcen dir zur Verfügung stehen, um dies zu verwirklichen. Es ist also ganz normal, dass du dir schon recht früh bei der Betrachtung deines Projekts über den Zweck, die Motivation und die Ressourcen Gedanken machst. Genauso ist es natürlich, dass du entscheidest, *was* du tun möchtest, bevor du darüber nachdenkst, *wie* du es tun möchtest. Das bedeutet, dass die Geschäftsidee vor dem Geschäftsmodell stehen sollte. Beides sollte erfolgen, bevor du mit der Definition von Zielen und Aufgaben beginnst und die Finanzprognose sollte am Ende stehen, wenn du etwas mehr darüber weißt, wie dein Projekt aussehen wird. Wenn du all dies zum ersten Mal durchgegangen bist und eine Gesamtvorstellung davon hast, wie dein Projekt aufgebaut sein könnte, musst du zurückgehen und jeden Schritt verbessern und weiterentwickeln. Ebenso musst du zurückblicken und Änderungen vornehmen, wenn sich die Umstände ändern oder die ursprünglichen Pläne einfach nicht funktionieren (Maurya 2012; Ries 2011).

Auf diese Weise kann *S-E-A-M* als eine To-do-Liste der Dinge dienen, die du im Projekt verwirklichen möchtest, und als Unterstützung bei der Organisation deiner Arbeit. Wenn du mit anderen Personen an dem Projekt zusammenarbeitest, ist es umso wichtiger, diese Aufgabenliste gut zu strukturieren.

3.1 Wie ist S-E-A-M in der Theorie verankert?

Zusätzlich zu den sechs Säulen aus dem vorigen Kapitel basiert *S-E-A-M* auf der Systemtheorie (Bertalanffy 1951), die aus der Kybernetik stammt (Ashby 1956). Systemtheorie ist definiert als „ein ganzheitliches Objektiv zur Bewertung von Geschäftsprozessen" (Bell und Solomon 2002) und ein System als „eine Menge von interagierenden und kohärenten

Elementen" (Halecker und Hartmann 2013). Zott und Amit (2010) beschreiben das Design von Aktivitätssystemen damit, „wie Unternehmen Geschäfte machen und die Essenz des Geschäftsmodells erfassen".

Es ist hilfreich, Geschäftsmodelle aus einer Perspektive von Aktivitäten zu betrachten (Zott und Amit 2010). Aktivitäten sind die natürlichen Bausteine, die man beim Entwerfen von Geschäftsmodellen verwenden muss. Außerdem erhält man systematische und umfassende Geschäftsmodelle, wenn man sie auf aktiven Handlungen aufbaut, und es ist einfach, diese zur Weiterentwicklung und Verfeinerung der Modelle zu nutzen. Wir brauchen uns auch nicht nur auf das Geschäftsmodell beschränken. Es kann sehr nützlich sein, eine umfassende *Activity Method* zu entwickeln, die neben dem Geschäftsmodell auch Sinn und Zweck, Ressourcen, Geschäftsidee, Ziele, Aufgaben und Forecast behandelt. Im weiteren Verlauf dieses Abschnitts werden wir die Theorien aus dem vorigen Kapitel verwenden, um sechs Argumente vorzubringen, warum wir das für eine gute Idee halten.

(1) Warum solltest du Ressourcen, Sinn und Zweck einbeziehen?
Die Ressourcen (Wernerfelt 1984; Prahalad und Hamel 1990; Sarasvathy 2001), auf die das Projekt sich stützt, sind wichtige Bausteine bei der Etablierung einer einzigartigen Geschäftsidee (Barney 1991). Gemäß der ressourcenbasierten Sichtweise werden sowohl Wissen, physische Mittel als auch Motivation oder Leidenschaft von grundlegender Bedeutung dafür sein, wie das Projekt sich entwickelt.

In gleicher Weise sollten der Zweck, der die Motivation (Toscher et al. 2019; Sarasvathy 2001), die Vision (Collins und Porras 1996) und die Kernwerte (Donker et al. 2008) enthält, auf denen das Projekt aufbaut, einbezogen werden. Sowohl die Ressourcen als auch der Zweck werden dazu beitragen, den Wettbewerbsvorteil des Projekts zu definieren. Demzufolge wird es durch das Verändern und Experimentieren mit den Ressourcen und dem Zweck möglich sein, noch mehr Nutzen für die Kunden zu schaffen und folglich die Erfolgswahrscheinlichkeit des Projekts zu erhöhen.

(2) Warum solltest du die Geschäftsidee entwickeln, bevor du mit der Erstellung des Geschäftsmodells beginnst?
Übermäßige Produktfokussierung ist ein bekanntes Problem des Entrepreneurship. Wenn ein Autoverkäufer behauptet, dass „du einen BMW 530i brauchst", ist dies eine ungenaue und oft schlicht falsche Aussage. Was dich in das BMW-Autohaus gebracht hat, ist wahrscheinlich ein *Bedarf an irgendeiner Art von Transportmittel*. Vielleicht möchtest du zur Ferienhütte an der Ostsee fahren oder musst die Kinder in den Kindergarten bringen. Dessen ungeachtet, ist ein BMW 530i nur eine von vielen möglichen *Lösungen*, die dieses Problem beheben. Ein Dacia Duster hätte die Aufgabe genauso gut erledigen können. Wenn du in einer Stadt lebst, kann die U-Bahn eine gute Lösung sein und wenn du nur jedes Jahr an Ostern an der Ostsee bist, ist vielleicht ein Mietwagen die geeignetste Art, dorthin zu kommen. Vielleicht brauchst du den BMW gar nicht für den Transport? Vielleicht möchtest du einfach nur cool aussehen? In diesem Fall sind der Duster oder die U-Bahn vielleicht keine ebenso guten Lösungen.

Nur dein Kunde weiß, was genau sein Problem ist. Daher ist es sinnvoll, die Antwort darauf zu finden, wer dein Kunde ist und welche Probleme er hat, bevor du beginnst, darüber nachdenken, wie du dieses Problem lösen kannst. Wenn du anfängst, diese Dinge durcheinanderzubringen, besteht die Gefahr, dass du eine ausgezeichnete Lösung für ein Problem findest, das nicht existiert. Jeder, der an einem Projekt gearbeitet hat, das von einer technischen Universität oder einer anderen ingenieurwissenschaftlichen Institution durchgeführt wurde, wird dies erkennen können.

Trenne daher die Geschäftsidee, die aus dem Schlüsselbeitrag (Christensen et al. 2007), dem Schlüsselmarkt und der Kernkompetenz (Prahalad und Hamel 1990) besteht, vom Geschäftsmodell, das aus Co-Creators (Moore 1995), Unique Value Proposition (Maurya 2012; Blank 2007), Produkteigenschaften, dem Entrepreneurial Ecosystem (Etzkowitz und Leydesdorff 1995; Fehrer 2018), Vertriebsmodell (Maurya 2012), Preismodell (Osterwalder und Pigneur 2010) und Lösungs-Interview (Ries 2011) besteht. Kurz gesagt, solltest du herausfinden, welches Problem zu lösen ist, bevor du darüber nachdenkst, wie du das Problem lösen kannst.

(3) Warum solltest du dynamische Ziele und Aufgaben einbeziehen?
Das Geschäftsmodell konzentriert sich auf die strategischen Anpassungen, die du im Rahmen des Projekts vornimmst. Typischerweise sind es wichtige Entscheidungen, die für einen bestimmten Zeitraum gelten und die das Projekt von der Konkurrenz abgrenzen. Welches Problem solltest du lösen, wie solltest du ein Produkt oder eine Dienstleistung gestalten, die das Problem lösen, und wie solltest du diese Lösung verkaufen und dafür bezahlt werden?

Aber allein dadurch, eine solche Strategie zu haben, wird noch nichts geschehen. Wenn die Strategie einmal festgelegt ist, muss sie auch umgesetzt werden. Eine solche praktische Umsetzung beginnt in der Regel damit, dass du einige konkrete Ziele festlegst (Dahle et al. 2013). Solche Ziele können sein, dass du jemanden einstellst, einen Prototyp baust oder dass du bestimmte Marktziele erreichst. Vielleicht möchtest du eine bestimmte Anzahl von Followern in den sozialen Medien gewinnen oder den ersten Vertrag unterzeichnen können. Sobald du diese Ziele definiert hast, musst du einige konkrete Aufgaben durchführen, um jedes Ziel zu erreichen. Sowohl das Setzen von Zielen als auch das Definieren von Aufgaben sind Aktivitäten, die in eine *Activity Method* integriert werden sollten. Die meisten Investoren oder Berater werden bestätigen können, dass die Fähigkeit, einen Plan umzusetzen, ebenso selten und wichtig ist wie die Fähigkeit, den Plan zu erstellen. Das bedeutet, dass die Hervorhebung der betrieblichen Aufgaben ein wichtiger Teil von *S-E-A-M* ist.

(4) Warum solltest du Nachhaltigkeitsziele einbeziehen?
Es ist wichtig, dass du über deine soziale Verantwortung als Entrepreneur nachdenkst. Selbst wenn dein Projekt einen Mehrwert für deine Kunden schafft, ist es nicht akzeptabel, wenn du Rohstoffquellen verbrauchst, die nicht erneuerbar sind, oder deine Mitarbeiter ausbeutest. Die UN (Sachs et al. 2019) hat 17 Nachhaltigkeitsziele entwickelt (Abb. 3.1),

3.1 Wie ist S-E-A-M in der Theorie verankert?

Abb. 3.1 Nachhaltigkeitsziele der UN (Bundesregierung 2021)

die im Bereich des Entrepreneurship zentral geworden sind. Eine aktivitätsbasierte Methode sollte Ziele beinhalten, die Nachhaltigkeit unterstützen.

(5) Warum solltest du einen dynamischen Forecast einbeziehen?
Jedes Entrepreneurship hat ein finanzielles Element. Selbst wenn deine Hauptmotivation nicht darin besteht, reich zu werden, wird es für den Erfolg des Projekts wichtig sein, den Überblick über Einnahmen und Kosten zu behalten. Dies erfolgt oft durch die Erstellung eines Budgets, das beschreibt, welche Einnahmen du erwartest und welche Kosten du decken musst, um diese Einnahmen zu erhalten.

Das Problem dabei ist, dass das Budget oft in keinem Zusammenhang mit den Zielen, Aufgaben oder dem Geschäftsmodell steht. Wenn es dein Ziel ist, ein Pilotprojekt an die Deutsche Bank zu verkaufen und du beschließt, dieses Ziel ad acta zu legen, werden diese Einnahmen nicht automatisch aus dem Budget verschwinden. Wenn du 1000 € für eine Reise nach Helsinki beiseitegelegt hast, verschwinden diese Kosten nicht aus dem Budget selbst wenn die Reise abgesagt wird. Wenn du die finanziellen Folgen von Änderungen der Ziele oder Aufgaben deutlich erkennen kannst (Kaplan und Cooper 1988; Kaplan und Norton 1996), wird es einfacher sein, richtig zu planen.

(6) Warum solltest du den Plan entsprechend den tatsächlichen Ergebnissen anpassen?
Wenn du dein Projekt auf eine „schlanke" oder dynamische Weise entwickeln möchtest (Ries 2011; Blank 2007), musst du ständig überprüfen, wie sich dein Projekt tatsächlich entwickelt. Wenn eines deiner Marktziele besagt, dass du jeden Monat 500 neue Follower auf Instagram hinzugewinnen willst, musst du messen, wie viele neue Follower du wirklich bekommst. Wenn du im ersten Monat nur 129 schaffst, musst du wahrscheinlich ent-

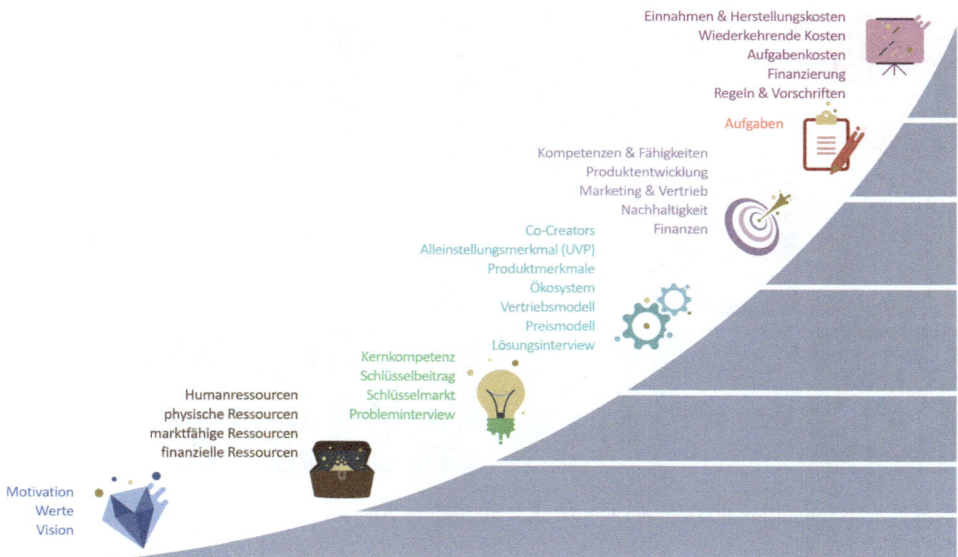

Abb. 3.2 S-E-A-M. Die systemische Methode entrepreneurialer Aktivitäten

weder dein Ziel heruntersetzen oder eine Aufgabe ausführen, um in Zukunft mehr Follower anzulocken.

Aufgrund dieser Notwendigkeit, die Pläne an das tatsächliche Geschehen anzupassen, ist es wichtig, dass *S-E-A-M* neben den geplanten Aktivitäten auch die tatsächlichen Ergebnisse einbezieht. Wenn wir die oben diskutierten Elemente einbeziehen, sieht *S-E-A-M* wie in Abb. 3.2 dargestellt aus.

Die erste Generation von *S-E-A-M* wurde 2012 eingeführt. Seitdem wurde die Methode über 25.000 Entrepreneuren und vielen Support-Programmen vorgestellt. Auf der Grundlage des Feedbacks von allen wurde das System kontinuierlich verändert und verbessert. Elemente, die nicht verwendet oder nicht verstanden wurden, wurden entfernt, und Begriffe, nach denen die Entrepreneure und Supporter fragten, wurden einbezogen.

Am Ende blieben sieben Schritte, die 29 Elemente enthalten, übrig. Obwohl das System auch in Zukunft auf der Grundlage von Erfahrungen und neuen Theorien evaluiert und verbessert werden wird, ist das System jetzt etabliert und gründlich erprobt.

3.2 Sinn und Zweck

Der erste Schritt besteht darin, den allgemeinen Zweck zu finden, nach dem du dein Projekt ausrichten möchtest. Damit sind nicht spezifische Ziele wie Umsatz oder Gewinn

3.2 Sinn und Zweck

gemeint, sondern die „finalen Zielstellungen" (Sarasvathy 2001), die wir aus dem Abschnitt über Effectuation in Erinnerung haben. Wir kehren zu den konkreteren Zielsetzungen in Schritt 5 zurück, der die Ziele betrifft, auf die du dich bei der Entwicklung des Projekts konzentrieren wirst.

Der Zweck enthält drei Elemente: *Motivation*, *Kernwerte* und *Vision*.

Deine Motivation ist der Grund dafür, dass du deine Stelle aufgegeben und dich ins Ungewisse gestürzt hast. Auf der Grundlage von Studien über fast 800 Projekte haben wir vier wichtige Arten von Motivationen gefunden. Wir nennen die vier Typen „get, give, make, live" (Toscher et al. 2019). Dabei beschreibt „get" die Entrepreneure, die ihr Projekt verkaufen und reich werden wollen und „give" bezeichnet idealistische Motive wie die Schaffung von Arbeitsplätzen oder die Entwicklung einer revolutionären Lösung, die den Menschen hilft. „Make" beschreibt einfach die Freude an der Schaffung einer wunderbaren Lösung oder Organisation und „live" bezeichnet diejenigen, die nur ihren Lebensunterhalt verdienen wollen. Diese letzte Kategorie ist das, was wir „Necessity Entrepreneurs" nennen und sie haben oft einen Hintergrund, der es schwierig macht, einen regulären Job zu finden. Vielleicht leben sie an einem Ort, wo es nur wenige Arbeitsplätze gibt, oder sie üben eine typische freiberufliche Tätigkeit aus.

Kernwerte (Prahalad und Hamel 1990) sind deine wesentlichen und zeitlosen Leitprinzipien. Sie bedürfen keiner äußeren Rechtfertigung und sie werden wahrscheinlich alles, was du tust, beeinflussen. Wenn dir der Umweltschutz ein Anliegen ist, wirst du dein Projekt wahrscheinlich auf umweltfreundliche Weise durchführen wollen. Wenn Innovation für dich wichtig ist, wirst du dich bemühen, innovative Lösungen für die Herausforderungen zu wählen, vor denen du stehst. Wenn du mit anderen an dem Projekt zusammenarbeitest, kann es besonders wichtig sein, sich darauf zu einigen, welche Werte ihr aufnehmen möchtet.

Die Vision besteht aus zwei Hauptkomponenten: „der Kernideologie und der Vorstellung von der Zukunft" (Collins und Porras 1996). Die Kernideologie definiert, für welche Werte dein Projekt steht und warum es existiert. Die Zukunftsvorstellung beschreibt das, was wir werden, erreichen oder schaffen möchten. Um die Zukunftsvorstellung zu realisieren, sind in der Regel erhebliche Veränderungen und Fortschritte erforderlich. Oft ist diese Vorstellung von der Zukunft so ehrgeizig, dass sie völlig unerreichbar erscheint. Die Vision der Fluggesellschaft Norwegian ist es zum Beispiel, „Flugpreise so erschwinglich zu machen, dass sie sich jeder leisten kann". Diese Vision ist nicht realisierbar, wenn man sie wörtlich nimmt. Dennoch ist klar, dass Norwegian daran arbeiten will, Flüge billiger zu machen. Das gibt den Mitarbeitern des Unternehmens klare Richtlinien, wenn sie im Alltag praktische Entscheidungen treffen, und erleichtert es Kunden, Lieferanten und Konkurrenten, zu wissen, was sie von ihnen zu erwarten haben.

3.3 Ressourcen

Der zweite Schritt in *S-E-A-M* besteht darin, sich einen Überblick darüber zu verschaffen, welche Ressourcen dir zur Verfügung stehen. Bei diesen Ressourcen kann es sich um „physische Vermögenswerte, Fähigkeiten, organisatorische Prozesse, feste Attribute, Informationen und Wissen" (Barney 1991) handeln, wobei ein besonderes Augenmerk auf die Kernkompetenzen gelegt wird, auf denen dein Projekt basiert (Prahalad und Hamel 1990).

Dieser Schritt besteht aus vier Elementen, von denen jedes eine Kategorie von Ressourcen beschreibt: personelle, physische, vermarktbare und finanzielle Ressourcen.

Deine personellen Ressourcen sind eine Beschreibung deiner Mitarbeiter, Partner und Berater – kurz gesagt, von jedem, der dir helfen kann, dein Projekt zum Erfolg zu führen. Welche nützlichen Fähigkeiten haben die verschiedenen Personen in deiner Umgebung? Gibt es jemanden oder etwas, an den oder woran du nicht gedacht hast? Personelle Ressourcen sind die wichtigsten Bausteine, die du nutzen kannst, um für deine Kunden Mehrwert zu schaffen. Die wichtigste personelle Ressource bist du wahrscheinlich selbst.

Bei den physischen Ressourcen kann es sich um eine Fabrik oder ein Büro, eine Maschine oder einen anderen physischen Vermögenswert handeln, den du in deinem Projekt verwenden kannst. Sie können dein Eigentum oder gemietet sein. Der entscheidende Punkt ist, dass du Zugriff auf die Ressource hast.

Vermarktbare Ressourcen sind alle vorhandenen Produkte oder Dienstleistungen, die du entwickelt hast und die für das Projekt wertvoll sein können. Auch Lösungen, die bisher nicht erfolgreich waren, können auf andere Weise genutzt werden. Erinnere dich an das Prinzip der „verfügbaren Ressourcen" (Baker und Nelson 2005) aus dem vorigen Kapitel. Deine Mittel auf neue und kreative Weise zu nutzen, ist ein wichtiges Talent für einen Entrepreneur. Wenn du mit Design oder Kunst zu tun hast, werden intellektuelle Werke wie Bücher oder Lieder wichtige vermarktbare Ressourcen sein. Wenn du ein Erfinder oder Ingenieur bist, hast du vielleicht Patente oder zumindest etwas, das patentiert werden könnte.

Schließlich gibt es noch die finanziellen Mittel deines Projekts. Dies ist das Geld, das dir zur Verfügung steht, um es für das Projekt auszugeben. Es können Ersparnisse, Zuschüsse oder Darlehen sein, die dir gewährt wurden. Wenn du bereits bei der Arbeit bist, hast du laufende Verträge, die dir zukünftig Einnahmen bringen werden, oder einen Auftragsbestand? Solche Verträge sind sowohl wertvoll, weil sie dir Geld einbringen, als auch, da sie als Referenzen (Moore 1995) dienen können, die es dir erleichtern, neue Kunden und Partner zu gewinnen.

3.4 Geschäftsidee

Der dritte Schritt ist die Geschäftsidee. Hier entscheidest du einfach, *was* du im Rahmen deines Projekts tun möchtest. Wenn du im nächsten Abschnitt zum Geschäftsmodell kommst, wirst du festlegen, *wie* du das, was du entscheidest, tun möchtest. Wir sind der festen Überzeugung, dass es dir leichter fallen wird, dich auf den Kunden statt auf das Produkt zu konzentrieren, wenn du zunächst die Antwort auf das *Was* findest, bevor du dich mit dem *Wie* beschäftigst.

Die Geschäftsidee hat vier Elemente: den Schlüsselbeitrag (Welches Problem löst du?), den Schlüsselmarkt (Wer hat dieses Problem?), die Kernkompetenz (Warum genau bist du die richtige Person, um dieses Problem zu lösen?) und schließlich das Problem-Interview (Ist dies ein echtes Problem, das es wert ist, gelöst zu werden?).

Wenn du mit dem Schlüsselbeitrag arbeitest oder herausfindest, welche Probleme zu lösen sind, ist es wichtig, dass du versuchst, die Situation des Kunden zu verstehen. Nur der Kunde weiß, was er wirklich braucht. Dies sind Schritt 1 *Einfühlungsvermögen* und Schritt 2 *Problemdefinition* im Design-Thinking-Model (Stanford University d.school 2019) aus Stanford, über das wir im vorigen Kapitel gesprochen haben. Denke daran, dass es das Problem ist, das du beschreiben musst und nicht die Lösung.

Der Schlüsselmarkt ist eine Beschreibung des Segments oder der Zielgruppe, die deiner Meinung nach mit dem Problem konfrontiert sind, das du lösen möchtest. Dabei kann es sich um eine demografische Gruppe handeln, abhängig davon, wo sie leben, wie alt sie sind oder ob es sich um Männer oder Frauen handelt. Der Schlüsselmarkt kann auch dadurch bestimmt werden, welche Interessen oder Werte die jeweiligen Menschen haben. Wenn du eine Oper inszenieren möchtest, wirst du wahrscheinlich nach Personen suchen, die sich für diese Kunstform interessieren. Zuletzt kann der Schlüsselmarkt aus Menschen bestehen, die sich gerade in einer speziellen Situation befinden, wenn du versuchst, sie zu erreichen. Wenn du Würstchen außerhalb eines Stadions verkaufst, sind diejenigen deine Zielgruppe, die sich gerade ein Fußballspiel angeschaut haben. Wenn du einen Abschleppwagen besitzt, sind die Menschen deine Kunden, die in deiner Stadt und den angrenzenden Gebieten, die du betreuen möchtest, einen platten Reifen oder Motorprobleme haben.

Denke daran, die Beschreibung der Zielgruppe anhand deiner Lösung zu vermeiden. Man erhält nicht viele Informationen, wenn man feststellt, dass die Zielgruppe von BMW aus Personen besteht, die BMWs mögen. Hier wäre es hilfreicher, herauszufinden, welche Art von Menschen den Kauf dieser Automarke in Erwägung ziehen würden und warum?

Die Kernkompetenz wird definiert als „eine harmonische Kombination mehrerer Ressourcen und Fähigkeiten, die dich auf dem Markt auszeichnen" (Schilling 2013). Deine Kernkompetenzen sind das, was dich in die Lage versetzt, auf deinem Schlüsselmarkt langfristig wettbewerbsfähig zu sein. Es ist schwierig, im Laufe der Zeit einen Wettbewerbsvorteil aufrechtzuerhalten, ohne über einzigartige Fähigkeiten, Ressourcen, Motivation oder Leidenschaft zu verfügen, die dich von deinen Konkurrenten abheben. Wenn es sehr einfach ist, deine Lösung zu kopieren, musst du meist über den Preis konkurrieren, was es schwieriger macht, lukrativ zu werden.

Das vierte und letzte Element der Geschäftsidee ist das Problem-Interview. Dabei handelt es sich um einen Überblick aus den Antworten einer kleinen Gruppe potenzieller Kunden auf die Frage, ob sie das Problem, das du lösen möchtest, als wichtig oder unwichtig ansehen (Maurya 2012; Ries 2011). Die Durchführung von nur einer Handvoll solcher Interviews hat sich als guter Weg erwiesen, um zu vermeiden, eine ausgezeichnete Lösung für ein nicht existierendes Problem zu finden. Die Interviews nehmen in der Regel nicht mehr als fünf bis zehn Minuten in Anspruch und können eine Menge Zeit und Ressourcen sparen, die sonst für die Entwicklung von Produkten und Dienstleistungen verwendet worden wären, die der Markt, wie sich herausstellt, nicht braucht.

3.5 Geschäftsmodell

Der vierte Schritt in *S-E-A-M* ist das Geschäftsmodell. Wir haben unser Verständnis des Geschäftsmodells hauptsächlich auf der Arbeit von Amit und Zott (Zott und Amit 2010, 2013; Zott et al. 2011; Amit und Zott 2001), dem BMC (Osterwalder und Pigneur 2010) und „Lean Canvas" (Maurya 2012) aufgebaut. Der Grund dafür ist, dass diese Konzepte von praktischen Entrepreneuren und ihren Beratern am häufigsten verwendet werden. Für jeweils vier Elemente der Geschäftsidee (Schlüsselbeitrag, Schlüsselmarkt, Kernkompetenz und Problem-Interview) gibt es eine dazu passende Reihe von sieben Elementen im Geschäftsmodell: Co-Creators, UVP, Produktmerkmale, Entrepreneurial Ecosystem, Verkaufsmodell, Preismodell und Lösungs-Interview.

Co-Creators sind deine allerersten Kunden. Dies sind Käufer, die dein Produkt oder deine Dienstleistung nicht nur erwerben wollen, sondern an dem, was du tust, so interessiert sind, dass sie an der Entwicklung beteiligt sein möchten. Geoffrey Moore (1995) argumentiert, dass verschiedene Gruppen von Menschen unterschiedliche Einstellungen zum Kauf neuer Produkte oder Dienstleistungen haben. Er verwendet die Diffusionskurve neuer Produkte (Everett 2003), um alle potenziellen Kunden zwischen dem *frühen Markt* und dem *Massenmarkt* aufzuteilen. Dann schlägt er vor, zuerst an den frühen Markt zu verkaufen und diesen dann als Referenz zu verwenden, um über das, was er als „Chasm" (Kluft) bezeichnet, den Massenmarkt zu erreichen. Sein Hauptargument ist, dass du dich als Entrepreneur darauf konzentrieren solltest, ein paar wenige, hoch motivierte Kunden zu finden, mit denen gemeinsam du dein Produkt oder deine Dienstleistung gestalten kannst. Dann kannst du sie als Referenzen nutzen, wenn du skeptischere Interessenten überzeugen musst.

Eine Unique Value Proposition (UVP) ist: „eine einfache, klare und überzeugende Aussage, die erklärt, warum dein Produkt oder deine Dienstleistung anders und kaufenswert ist" (Maurya 2012). Man kann die UVP auf Deutsch als „Alleinstellungsmerkmal" bezeichnen. Steve Blank (2007) beschreibt die UVP als einen „Zehn-Dollar-Satz, der die

3.5 Geschäftsmodell

Lösung beschreibt, die du entwickeln und verkaufen" möchtest. Du denkst vielleicht, dass die UVP der Kernkompetenz aus dem vorigen Abschnitt sehr ähnlich ist? Beide Elemente versuchen, dir dabei zu helfen, die Einzigartigkeit zu finden, die es dir leichter macht, dich auf dem Markt abzuheben. Der Unterschied liegt in dem, *was* gerade als einzigartig dargestellt wird. Während die Kernkompetenzen die spezifischen Merkmale von *dir* oder *deinem Betrieb* beschreiben, bezeichnet die UVP, was *dein Produkt* oder *deine Dienstleistung* auszeichnet. Deshalb braucht man beide Konzepte.

Obwohl es sehr wichtig ist, die Einzigartigkeit deiner Lösung zu finden, musst du vielleicht auch in anderen Dingen gut genug im Vergleich zur Konkurrenz sein. IKEA wird wahrscheinlich behaupten, dass der niedrige Preis ihre UVP ist. Das ist es, was sie von der Konkurrenz unterscheidet und was die Kunden dazu veranlassen wird, sich für sie zu entscheiden. Aber die Möbel, die sie verkaufen, müssen immer noch von akzeptabler Qualität sein. Diese „gut genug"-Eigenschaften werden „Points of Parity" genannt (Keller 2012).

Jetzt solltest du das Problem gefunden haben, das du lösen möchtest, und auch, warum du es besser lösen wirst als alle anderen. Nun ist die Zeit gekommen, den konkreten Inhalt des Produkts oder der Dienstleistung zu definieren, die das Problem lösen werden. Wir nennen diese konkrete Beschreibung die „Produktmerkmale". Am Ende dieses Kapitels wirst du Maria und Tom kennenlernen, die ein italienisches Restaurant eröffnen wollen. Wenn sie die Dienstleistung, die sie anbieten werden, detailliert beschreiben wollen, werden sie das am ehesten durch die Erstellung eines Menüs tun, das die verschiedenen Gerichte beschreibt, aus denen die Gäste in ihrem Restaurant auswählen können.

Niemand kann ein Projekt allein abschließen. Wenn du das Entrepreneurial Ecosystem der guten Helfer, die es in deinem Umfeld gibt, nutzt, hast du eine viel größere Chance auf Erfolg. Die naheliegenden Helfer sind Familie und Freunde. Diese sind wahrscheinlich sehr motiviert, dir zu helfen, und es besteht eine gute Chance, dass einige von ihnen etwas haben oder wissen, das für dich nützlich sein könnte. Eine Herausforderung, die du dabei vielleicht im Auge behalten solltest, ist, dass du wahrscheinlich nicht immer ein völlig ehrliches Feedback von deiner Familie und deinen Freunden erhältst. Vielleicht hast du einige Bekannte, zu denen du keine so enge Beziehung hast. Bei der Auswahl der Vertreter für deinen Vorstand oder andere offizielle Besetzungen solltest du vielleicht jemanden wählen, zu dem du eine etwas neutralere Beziehung hast.

Die andere Hauptgruppe von Helfern sind diejenigen, die den Rest deiner Wertschöpfungskette ausmachen (Porter 2008). Dies können zum Beispiel potenzielle Vertreiber deiner Produkte sein. Wenn du einen revolutionären Skistock entwickelt hast, solltest du wahrscheinlich gute Beziehungen zu einigen ausgewählten Sportgeschäften unterhalten, die für deine Zielgruppe, die Skifahrer, von zentraler Bedeutung sind. Ebenso können deine Lieferanten wichtig sein. Wenn du für die Herstellung der Skistöcke einige sehr spezielle Karbonstäbe verwendest, könnte der Hersteller dieser Stäbe für dich wichtig sein. Schließlich sind möglicherweise auch die Hersteller von Komplementärprodukten wichtige Partner. Für das Beispiel der Skistöcke wären es vielleicht die Hersteller von Skiern, Skischuhen und Skibindungen, die etwas beitragen könnten.

Abb. 3.3 Tripelhelix (In Anlehnung an Etzkowitz und Leydesdorff 1995)

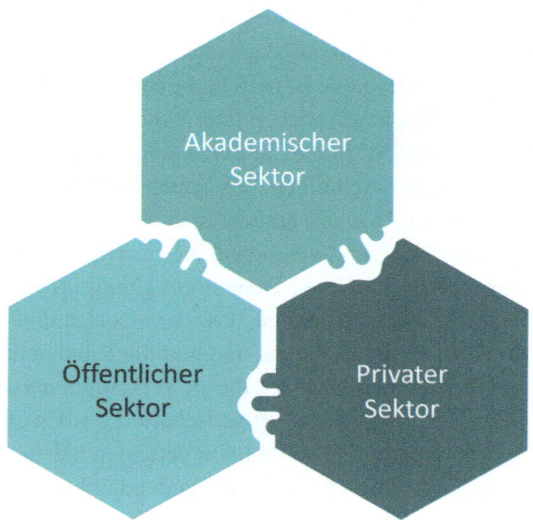

Die dritte Hauptgruppe der guten Helfer für Entrepreneure sind Vertreter von Universitäten, Industrieunternehmen und die für deinen Standort zuständigen Behörden. Diese Dreiteilung wird oft als „Tripelhelix" (Abb. 3.3) bezeichnet (Etzkowitz und Leydesdorff 1995; Etzkowitz 1993).

Deine vielleicht wichtigsten Helfer sind die von der Regierung finanzierten Support-Programme. Diese können Büroräume vermitteln, Wissen und Beratung, Finanzierung oder finanzielle Unterstützung beitragen. Darüber hinaus können sie dir Zugang zu einem Umfeld verschaffen, in dem du andere qualifizierte Entrepreneure triffst. Typische Beispiele für solche Supporter sind die kommunalen Unternehmensberater und Gewerbegebiete. Die Möglichkeiten, solche Unterstützungen zu erhalten, nehmen ständig zu. Bedeutende Fördermaßnahmen werden durch das Horizon-Programm der EU angeboten. Hier gibt es viel zu erreichen für Entrepreneure, die sich an der Lösung großer und kleiner gesellschaftlicher Herausforderungen beteiligen wollen. Besonders wenn du einen Beitrag zum ökologischen Wandel leisten möchtest, gibt es gute Chancen, öffentliche Unterstützung zu erhalten.

Als Entrepreneur wird dir die Beteiligung an verschiedenen derartigen Programmen angeboten. Bevor du eines davon auswählst, kannst du ermitteln, ob es die sieben Kriterien (Dahle 2020) aus Abb. 3.4 erfüllt:

Zuallererst muss ein Support-Programm (1) einen klaren Zweck und Auftrag haben. Das bedeutet, dass klar ist, welche Arten von Entrepreneuren das Programm anspricht und wie weit die Entrepreneure es gebracht haben sollten, wenn das Programm beendet ist. Dann (2) müssen die richtigen Teilnehmenden für das Programm rekrutiert werden. Es hat sich gezeigt, dass die Entrepreneure, die an den Programmen teilnehmen, am meisten vom Umgang miteinander lernen. Daher ist es sehr wichtig, dass die Teilnehmenden genügend Gemeinsamkeiten haben, um voneinander lernen zu können, und dass sie alle motiviert

3.5 Geschäftsmodell

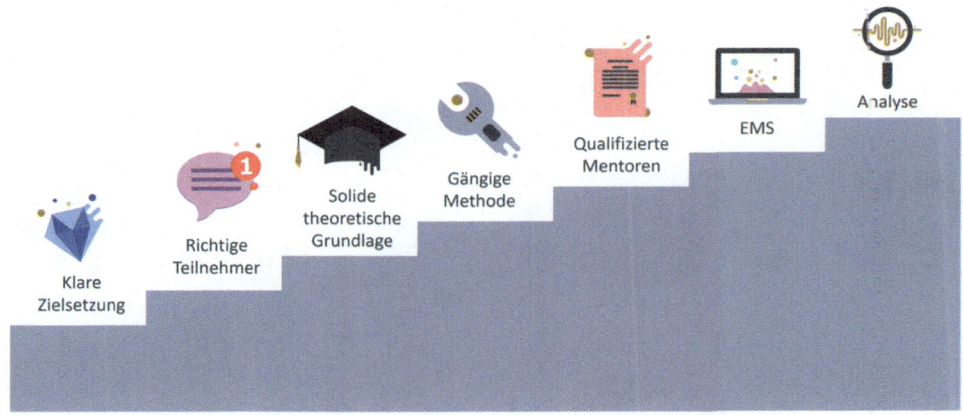

Abb. 3.4 Sieben Stufen eines effizienten Support-Programms

und kompetent sind. Das Programm muss eine (3) solide theoretische Grundlage besitzen und die Berater müssen eine (4) geläufige Methode anwenden. Wenn die Entrepreneure widersprüchliche Ratschläge von verschiedenen Beratern erhalten, wird das Verwirrung stiften. Außerdem muss das Programm (5) theoretisch sachkundige und praktisch erfahrene Berater haben. Nur wenn alle diese fünf Kriterien erfüllt werden, wird ein (6) digitales Support-Programm nützlich sein. Das bedeutet, wenn das Programm ein klares Mandat, geeignete Teilnehmende, eine solide theoretische Grundlage, eine gemeinsame Methode und gute Berater hat – dann könnte es sehr effektiv sein, alles digital zu organisieren. Letztendlich wirst du dann (7) in der Lage sein, die Daten aus dem digitalen System zu nutzen, um herauszufinden, wie das Programm und seine Ergebnisse verbessert werden können.

Eine der wichtigsten Entscheidungen, die du bei deinem Projekt triffst, ist das Vertriebsmodell oder die Art und Weise, wie du dein Produkt oder deine Dienstleistung verkaufen möchtest. Es gibt unzählige Möglichkeiten, dies zu tun. Du kannst direkt an Endkunden verkaufen oder du kannst indirekt über Partner oder Händler verkaufen. Du kannst ein proaktives Vertriebsmodell wählen, bei dem du die Kunden direkt ansprichst, oder du kannst werben und die Kunden dich finden lassen. In letzter Zeit sind „Content-Marketing" (Halvorson und Rach 2012; Handley 2014) und „Inbound-Marketing" sehr populär geworden. Bei diesem Prinzip sollen die Kunden dich finden, indem sie auf interessante Inhalte stoßen, die mit deinem Produkt oder deiner Dienstleistung im Zusammenhang stehen, und darauf basierend eine Beziehung aufbauen. Was am besten funktioniert, hängt davon ab, was du verkaufst, an wen du verkaufst und von den Spezifitäten der Dynamik deines Marktes. Kurz gesagt – es wird von den anderen Elementen der Geschäftsidee und des Geschäftsmodells abhängen.

Ash Maurya (2012) hat mit seiner „Customer Factory" ein Modell entworfen, wie verschiedene Verkaufsprinzipien auf effektive Weise kombiniert werden können (Abb. 3.5):

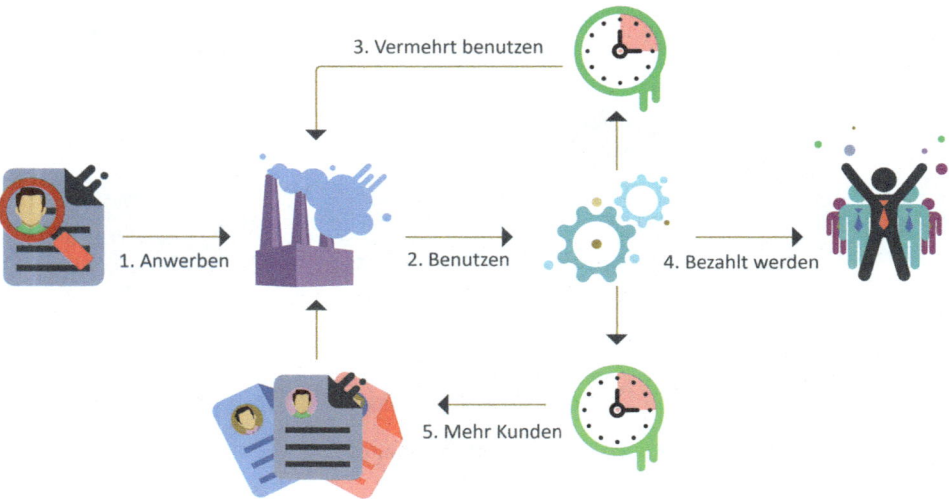

Abb. 3.5 Die Customer Factory (In Anlehnung an Ash Maurya 2012)

Er schlägt vor, dass du zunächst (1) den Kunden durch irgendeine Form des bezahlten Marketings, durch Inbound-Marketing mit relevanten Inhalten oder durch proaktive Verkäufe anwirbst. Du könntest zum Beispiel eine limitierte, kostenlose Version der Lösung anbieten, um zu vermeiden, dass du Kunden um Geld bitten musst, bevor sie den Wert deines Angebots erkennen. Dann regst du den Kunden dazu an (2), die Lösung zu nutzen und den Wert der Lösung zu erkennen, bevor du verschiedene Maßnahmen ergreifst, um ihn dazu zu bringen, (3) die Lösung vermehrt oder mehrfach zu nutzen. Der vierte Schritt besteht darin, einen Preis zu verlangen, indem du ein kostenpflichtiges Upgrade anbietest (4). Diesen Schritt von „Freemium" zu „Premium" kennst du vielleicht von verschiedenen Dienstleistungen, die du selbst ausprobiert hast. Zuletzt versuchst du, verschiedene Mechanismen zu schaffen, um deine Kunden dazu zu bringen, dir mehr Kunden zu verschaffen (5). Idealerweise sollte die Lösung so gestaltet sein, dass die Nutzer selbst auch davon profitieren können.

Nehmen wir als Beispiel die Trainings-App Strava. Kunden werden mit der kostenlosen Version angeworben (1). Wenn Anwender den Dienst (2) nutzen, kann Strava eine kostenpflichtige Erweiterung (4) anbieten, die mehr Funktionsvielfalt bietet. Das berechtigt die App zur Implementierung verschiedener Verkaufs- und zusätzlicher Vertriebsmaßnahmen, um die bestehenden Kunden dazu zu bewegen, den Dienst noch mehr zu nutzen (3). Schließlich wird der Service so organisiert, dass die User motiviert werden, ihre Freunde und Bekannten zur Nutzung der App zu bewegen (5). Sie tun das, weil sie selbst davon profitieren, Freunde im Netzwerk zu haben. Seit es Strava gelungen ist, das richtig umzusetzen, haben sie ein virales Wachstum erlebt. Und obwohl dieses Modell sehr gut geeignet ist, um digitale Dienste zu beschreiben, ist es auch für traditionellere Unternehmen relevant. Wenn du Friseur bist, möchtest du, dass deine Kunden mit ihren

3.5 Geschäftsmodell

Freunden nett über dich reden. „Der erste Besuch ist gratis" ist zum Beispiel in Fitnessstudios ein übliches Angebot.

Dein Preismodell sagt dir, wie du den Preis kalkulieren solltest. Dieses Element ist so wichtig, dass viele Leute tatsächlich den Begriff „Business Model" nur für diesen Faktor verwenden. Wenn dich also jemand fragt, was dein Geschäftsmodell ist, könnte er wissen wollen, wie viel du für deine Lösung berechnen möchtest.

Es gibt unzählige verschiedene Möglichkeiten der Preiskalkulation. Zuallererst musst du entscheiden, wer bezahlen soll. Sollten die Kunden direkt zahlen oder solltest du versuchen, jemanden zu finden, der den Nutzer sponsert? YouTube und Spotify bieten beide Möglichkeiten. Wenn die User damit einverstanden sind, durch Werbung unterbrochen zu werden, werden beide Plattformen von ihren Werbekunden bezahlt. Wenn die User eine werbefreie Nutzung bevorzugen, müssen sie selbst dafür bezahlen.

Danach kannst du entscheiden, wofür du den Preis verlangen möchtest. Wenn die Lösung mehrere verschiedene Teile enthält, kann es sinnvoll sein, für einen Teil einen hohen Preis zu verlangen, während man versucht, die anderen Teile so billig wie möglich zu verkaufen. Nespresso subventioniert seine Kaffeemaschinen und verlangt einen Spitzenpreis für die Kapseln. Druckerhersteller verkaufen günstige Drucker und verlangen einen hohen Preis für die Tintenpatronen und man kann Rasierapparate für wenig Geld kaufen, muss aber viel für die Rasierklingen bezahlen. Der Grund dafür ist, dass die Erfahrung diese Hersteller gelehrt hat, dass die Menschen beim Kauf von Kaffeemaschinen, Druckern oder Rasierern mehr über den Preis nachdenken als beim Kauf neuer Kapseln, Patronen oder Klingen für diese Geräte. Auf diese Weise kann ein ausgeklügeltes Preismodell genutzt werden, um den Profit zu steigern.

Abschließend kannst du dir überlegen, wie du den Preis verlangen möchtest. Wirst du deine Lösung oder den davon geschaffenen Wert direkt in Rechnung stellen? Rolls Royce verkauft so etwas Konkretes wie Flugzeugtriebwerke. Man denkt, es sei selbstverständlich, für jedes Triebwerk einen Festpreis zu verlangen. Aber der Motorenhersteller hat festgestellt, dass es besser ist, für jede Stunde, die das Triebwerk in der Luft ist, etwas zu berechnen. Auf diese Weise können sie zum Beispiel verfügbare Servicemitarbeiter und Ersatztriebwerke problemlos in den Stundensatz einbeziehen. Ähnliche Berechnungen bilden die Grundlage für die meisten Abonnementmodelle, sogenannte „No-Cure-No-Pay-" sowie Revenue-Sharing-Modelle. Es gibt so viele Optionen für verschiedene Preismodelle, dass wir hier nicht auf alle eingehen können. Versuche dich zu fragen, wer, was und wie berechnet werden soll – und lass deiner Kreativität freien Lauf. Das Wichtigste bei allen Elementen des Geschäftsmodells ist, dass sie miteinander verbunden sind und dass sie es dir ermöglichen, dich positiv von deinen Konkurrenten abzuheben.

Das letzte Element des Geschäftsmodells ist der Test, ob die von dir entwickelte Lösung das Problem tatsächlich löst. Wir schlagen vor, dies durch ein Lösungs-Interview zu testen. Das machst du, indem du dem Kunden ein Minimum Valuable Product (MVP) (Ries 2011) oder einen Prototyp präsentierst. Wenn du ein physisches Produkt entwickelst, kannst du ein MVP mit Klebeband, Stahldraht oder 3D-Drucker erstellen. Wenn du eine Datenlösung entwickelst, kannst du ein speziell designtes Prototypen-Tool verwenden, und wenn du eine Dienstleistung anbietest, kannst du einfach einen Videoclip erstellen, der diese Dienstleistung beschreibt. Der Sinn eines MVP besteht darin, dass es so günstig wie möglich hergestellt werden sollte, während es gleichzeitig gerade gut genug ist, um dem Kunden verständlich zu machen, wie du beabsichtigst, seine Probleme zu lösen.

Sobald dem Interessenten das MVP präsentiert wurde, musst du ihn nur noch fragen, ob er glaubt, dass es seine Probleme lösen kann. Dann kannst du ihn bitten, zu erläutern, was gut ist und was hätte besser sein können. Diese Erkenntnisse wirst du nutzen, um dein Angebot weiterzuentwickeln.

Das Lösungs-Interview entspricht Phase 4 (Prototyp) und Phase 5 (Test) des Design-Thinking-Prozesses, an die wir uns aus dem Abschnitt zu Lean Startup und Design Thinking in Kap. 2 erinnern (Brown und Katz 2011).

3.6 Ziele

In den ersten vier Schritten von *S-E-A-M* hast du eine Strategie für dein Unternehmen entwickelt. Du hast damit angefangen, was du dir wünschst (Sinn und Zweck) und was du hast (Ressourcen), um zu entscheiden, was du tun willst (Geschäftsidee) und wie du es tun willst (Geschäftsmodell). Im Moment wird das, was du bisher hast, nicht die endgültige Antwort darauf sein, wie deine Strategie aussehen sollte. Du musst sie mit der Zeit verbessern und verfeinern, basierend auf dem, was du im Verlauf deines Projekts dazulernst.

Dennoch ist jetzt die Zeit gekommen, darüber zu diskutieren, was nötig ist, um deine Strategie in die Tat umzusetzen. Mit *S-E-A-M* tust du das, indem du deine Ziele definierst. Der Grund, warum sie so wichtig sind, liegt einfach darin, dass du anhand der Ziele erkennen kannst, ob du dabei bist, die von dir gewählte Strategie umzusetzen, oder ob du einen ganz anderen Weg einschlägst. Die Ziele sind greifbare finanzielle und nicht-finanzielle Hinweise auf deine Fortschritte (Kaplan und Norton 1996). Man kann sagen, dass sie die Stoppuhr, das Maßband und das GPS sind, das dir zeigt, wo du dich zum jeweiligen Zeitpunkt auf deiner unternehmerischen Reise befindest. Diese Ziele ändern sich ständig, ebenso wie die Strategie, wenn sich die Realität um dein Projekt und innerhalb deines Projekts ändert. Die Tatsache, dass sich die Ziele ändern, macht es umso wichtiger, zu messen, ob du sie erreichst. Wenn du immer weißt, ob deine Ziele realistisch sind, kannst du deine Pläne so anpassen, dass du die größten Erfolgschancen hast.

S-E-A-M enthält fünf Hauptkategorien von Zielen
Die erste Kategorie setzt sich aus Kompetenz- und Kapazitätszielen zusammen. Die richtigen Fähigkeiten für dein Projekt zu haben, ist vielleicht deine wichtigste Ressource (Prahalad und Hamel 1990). Wenn du derzeit nicht über die Kompetenz verfügst, die du benötigst, ist es wichtig, dass du dir zum Ziel setzt, diese Kompetenz zu erwerben. Die beiden einfachsten Wege zum Kompetenzerwerb sind die Einstellung neuer Mitarbeiter oder die Verbesserung der Fähigkeiten derjenigen, die du bereits hast, indem du sie aus-

bildest. Wenn du nicht über das Geld verfügst, um weitere Mitarbeiter einzustellen, solltest du dich vielleicht einem unternehmerischen Umfeld anschließen, zum Beispiel einem Inkubator für Sparring, Ideenaustausch, Follow-up und Mentoring.

Auf der Grundlage des Fachwissens, das du im Verlauf deines Projekts entwickelst, kannst du die Produkte und Dienstleistungen erstellen, die du benötigst, um für deine Kunden und die Gesellschaft einen Mehrwert zu schaffen. Hierbei kannst du dir Ziele setzen, wann ein Produkt oder Prototyp fertiggestellt sein sollte, welche Qualität dein Produkt oder deine Dienstleistung haben soll oder welches Feedback du dir wünschst, wenn du die Produkte testest. Was du letztendlich bemisst, ist der Wert, den deine Lösung schafft. Deshalb solltest du dir Ziele setzen, die sowohl die positiven Auswirkungen deiner Lösung auf deine Kunden und die Gesellschaft beschreiben als auch wie du vermeiden kannst, dass sie negative Auswirkungen hat.

Neben der Entwicklung der richtigen Lösung musst du auch den richtigen Markt für die Lösung finden. Deine Marketing- und Vertriebsziele beschreiben, inwieweit du dies erreichen kannst. Marketing- und Vertriebsziele können beispielsweise das Ausmaß wiedergeben, in dem du in der Lage bist, eine Beziehung zu deinen potenziellen Kunden aufzubauen – etwa durch die Gewinnung von Followern in den sozialen Medien oder das Anwerben von Teilnehmenden in deinem Inbound-Marketing-Programm. Du könntest auch spezifischere Vertriebsziele haben, wie zum Beispiel die Anzahl der Neukunden innerhalb einer bestimmten Kategorie oder eines bestimmten Bereichs.

Wie bereits erwähnt, ist das vorrangige Ziel von jedem Entrepreneurship-Projekt, einen Nutzen für die Gesellschaft zu stiften. Das finanzielle Ergebnis deines Business sollte darauf zurückzuführen sein, dass deine Kunden den Mehrwert, den du für sie erzeugst, zu schätzen wissen. Das bedeutet, dass sie mehr bezahlen müssen als die Kosten, die für die Entwicklung dieser Werte entstanden sind. Ebenso sollte der für deine Mitarbeiter, Lieferanten und für die Gemeinde, in der du lebst, geschaffene Wert größer sein als die Ressourcen, die du von diesen Stakeholdern erhältst.

In diesem Sinne ist schon die Definition von Entrepreneurship ein Dilemma: „das Finden und Nutzen von Möglichkeiten, um neue Güter oder Dienstleistungen zu schaffen." Bist du sicher, dass die geschaffenen Güter und Dienstleistungen den Einsatz der zu ihrer Herstellung verwendeten Ressourcen rechtfertigen? Ist die Schaffung von immer mehr neuen Produkten zwangsläufig eine gute Sache? Für dich und dein Projekt ist es wichtig, dass Nachhaltigkeit sich wie ein roter Faden durch dein Projekt zieht. Du solltest über Nachhaltigkeit nachdenken, während du deinen Zweck und deine Ressourcen definierst und auch bei der Wahl deiner Geschäftsidee und deines Geschäftsmodells. Bei der heutigen modernen Weltanschauung ist es wichtig, dass du dir auch konkrete Nachhaltigkeitsziele setzt. Das sind Ziele, die das Ausmaß beschreiben, in welchem du die Gesellschaft um dich herum positiv beeinflussen solltest.

Zuletzt werden wir über deine finanziellen Ziele sprechen. Obwohl die finanziellen Ziele selbstverständlich wichtig sind, besteht die Tendenz, dass zu viel Gewicht auf sie gelegt wird. Wenn wir Abb. 3.6 betrachten, sehen wir, dass die wirtschaftlichen Ziele eine Folge aller anderen Ziele sind (Dahle et al. 2013). Wenn Maria und Tom ein Restaurant

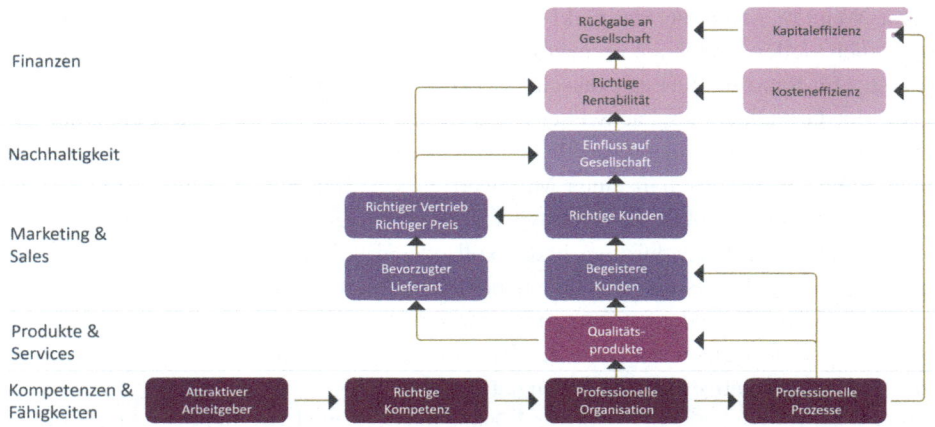

Abb. 3.6 Die fünf Zielkategorien

eröffnen – und es ihnen gelingt, attraktive Arbeitgeber zu werden – werden sie automatisch gute Köche und Kellner anlocken. Dies führt dann zu einem professionellen Betrieb, gut funktionierenden Prozessen, gutem Essen und Service. Das wiederum wird zu zufriedenen Kunden, mehr Verkäufen und dem richtigen Preis führen und die Möglichkeit schaffen, einen positiven Einfluss auf die Gesellschaft auszuüben – was letztendlich zu guten finanziellen Ergebnissen führen wird. Wie wir sehen, ist die Rentabilität eine direkte Folge davon, dass Maria und Tom alle zugrunde liegenden Ziele erreicht haben. Genau genommen lässt sich alles darauf zurückführen, dass es ihnen gelungen ist, ein „attraktiver Arbeitgeber" zu werden. Daher würden wir argumentieren, dass das Messen all dieser zugrunde liegenden Ziele ebenso nützlich sein wird wie das der Finanzwerte. Das bedeutet jedoch nicht, dass du keine klaren finanziellen Ziele brauchst. Die häufigsten finanziellen Ziele besagen, für wie viel du verkaufen willst und wie niedrig die Kosten gehalten werden können. Du kannst dir auch zum Ziel setzen, neue Investoren zu gewinnen oder Kredite zu erhalten.

Alle fünf Zielkategorien haben gemeinsam, dass sie messbar, zeitspezifisch und dynamisch sein müssen. Messbar bedeutet, dass es möglich ist, das Ziel zu beziffern, sodass du sehen kannst, ob es erreicht wurde oder nicht. Wenn du sagst, es ist dein Ziel, dass „meine Kunden glücklicher sind", dann ist es unmöglich festzustellen, ob das gelungen ist oder nicht. Daher musst du versuchen, es umzuformulieren, zum Beispiel in „der Kundenzufriedenheitsindex sollte von 106 Punkten auf 108,2 Punkte erhöht werden". Zeitspezifisch bedeutet nur, dass du weißt, wann das Ziel erreicht werden sollte. Das bedeutet, dass du festlegen musst, dass „der Kundenzufriedenheitsindex im Dezember 108,2 Punkte erreichen wird". Dynamisch bedeutet einfach, dass es in Ordnung ist, deine Ziele auf deinem Weg zu ändern. Wenn der Kundenzufriedenheitsindex im Juli sprunghaft auf 115 Punkte ansteigt, wäre es albern, sich das Ziel zu setzen, dass er bis Dezember wieder sinkt. Mit deinem neuen Wissen solltest du dir sofort ein ehrgeizigeres Ziel für Dezember setzen.

3.7 Aufgaben

Sobald du eine klare Vorstellung davon hast, was deine Ziele sind, ist es an der Zeit, die Aufgaben zu beschreiben, die du ausführen musst, um diese Ziele zu erreichen. Im traditionellen Projektmanagement wirst du außerdem festlegen, wie wichtig jede Aufgabe ist und wann die jeweiligen Aufgaben erledigt sein sollten.

Eines der wesentlichen Merkmale des Entrepreneurship, insbesondere bei Start-ups in der Frühphase, ist, dass sich die Bedingungen oft sehr schnell ändern. Dementsprechend kann sich verändern, wie wichtig eine Aufgabe und auch wie dringlich sie ist. Aus diesem Grund kann es angebracht sein, einfach mit zwei verschiedenen Kategorien von Aufgaben zu arbeiten. Die erste Kategorie lautet: „Diese Aufgabe muss irgendwann abgeschlossen werden." Die zweite Kategorie besagt: „Diese Aufgabe muss jetzt abgeschlossen werden." Diese Arbeitsweise geht auf eine japanische Methode namens Kanban zurück – die ein grundlegender Bestandteil der „schlanken" Vorgehensweise ist (Gross und McInnis 2003). Mehr über Kanban erfährst du in Kap. 9.

3.8 Forecast – Prognose der Geschäftsentwicklung

Der siebte und letzte Schritt in *S-E-A-M* befasst sich mit den Einnahmen und Kosten, die dein Projekt erzeugt. Da es sehr wichtig ist, dass mit diesen, wie auch mit allen anderen Elementen so umgegangen wird, als könnten sie sich jederzeit ändern, nennen wir diesen Schritt „Forecast" (Prognose). Der Unterschied zwischen einer Prognose und einem Budget besteht darin, dass letzteres das ganze Jahr über konstant bleibt – während die Gründe, warum die Realität vom Budget abweicht, diskutiert werden. Bei einer Prognose nimmt man in Kauf, dass die Realität aller Wahrscheinlichkeit nach völlig anders aussehen wird, als man zu Beginn des Jahres dachte. Daher ändert man die Prognose kontinuierlich, sobald die tatsächlichen Einnahmen und Kosten anfallen. Ein guter Vergleich hierfür kann ein Navigationsgerät (GPS) sein, das zu einem festgelegten Zeitpunkt die wahrscheinlichste Ankunftszeit an deinem Zielort berechnet. Wenn du im Verkehr stecken bleibst, eine Pause einlegst oder einfach eine andere Route wählst, wird das GPS immer versuchen, dir die genaueste Ankunftszeit zu nennen, ohne weiterhin zu berücksichtigen, was es zuvor angegeben hat. Auf die gleiche Weise wird die Prognose immer versuchen, dir die bestmögliche Einschätzung deiner Einnahmen und Ausgaben für den aktuellen Zeitpunkt zu geben.

Der Forecast besteht aus fünf Elementen
Die Einnahmen deines Projekts gehören herkömmlicherweise zu den wichtigsten Komponenten, mit denen du umgehen musst. Die Einnahmen definieren das Ausmaß, in dem deine Kunden deine Lösung schätzen, und sie statten dich mit dem Geld aus, mit dem du deine Mitarbeiter und Lieferanten bezahlen kannst. Zusätzlich zu den Einnahmen kannst

du Geld für dein Projekt beschaffen, indem du finanzielle Unterstützung aus verschiedenen Förderprogrammen erhältst, beispielsweise von einem Innovationsprogramm oder der Gemeinde, in der du lebst, und den lokalen Wirtschaftsbehörden.

Die Kosten, die direkt mit dem Kauf der zur Entwicklung deiner Lösung benötigten Rohstoffe verbunden sind, werden als Warenkosten bezeichnet. Genauso wie du dir ausreichend hohe Einnahmen wünschst, ist es ein wichtiges Kriterium für den Erfolg, die Warenkosten entsprechend niedrig zu halten. Der Teil des Umsatzes, der nicht für die Bezahlung der Warenkosten verwendet werden muss, ist der Teil, der dir zur Deckung aller Betriebskosten und als dein Gewinn zur Verfügung steht.

Deine wiederkehrenden Kosten sind die Kosten, die monatlich entstehen. Da diese Kosten immer wieder anfallen, ist es sehr wichtig, sie unter Kontrolle zu haben. Typische Beispiele für wiederkehrende Kosten sind Löhne, Miete, Internet- und Telefongebühren.

Deine Aufgabenkosten dagegen stehen in direktem Zusammenhang mit deinen Aufgaben. Dazu gehört, was du für Kampagnen, von dir erstellte Prototypen oder Reisekosten bezahlen musst. Wenn du dich entscheidest, eine überflüssig gewordene Aufgabe zu streichen, fallen auch die damit verbundenen Kosten weg. Diese Beziehung zwischen Aufgaben und Kosten ist in der Literatur über Prozesskostenrechnung gut beschrieben (Kaplan und Cooper 1988).

Das vorletzte Element von *S-E-A-M* ist die Finanzierung. Hier werden sowohl Investitionen, die du oder andere in dein Projekt stecken, als auch Darlehen, die du zur Finanzierung des Projekts aufnehmen kannst, einbezogen. Der Grund dafür, dass die Finanzierung zu den letzten Elementen gehört, ist, dass alle anderen Elemente bestimmen, wie viele finanzielle Mittel du möglicherweise benötigst.

Mit welchen Ressourcen du beginnst, welches Geschäftsmodell und welche Ziele du wählst und welche Einnahmen und Ausgaben zu erwarten sind, wird bestimmen, ob jeden Monat Geld auf dein Konto fließt oder ob es stattdessen abgeht. Wenn du (wie es oft der Fall ist) Geld investieren musst, bevor du anfangen kannst, es zu verdienen, müssen diese Ausgaben entweder durch Investitionen oder Kredite gedeckt werden.

Schließlich musst du die Regeln und Vorschriften, die für dein Projekt gelten, überprüfen. Möglicherweise musst du Umsatzsteuern, andere Steuern und Sozialversicherungsbeiträge bezahlen. Die Sätze hierfür können je nach Branche und Wohnort stark variieren. Wenn du Angestellte hast, musst du in ihrem Namen auch Rentenbeiträge abführen. Das letzte Element von *S-E-A-M* befasst sich mit diesen verschiedenen Regeln und Vorschriften, die du beachten musst.

In Teil I dieses Buches haben wir eine kurze Beschreibung der systemischen Methode entrepreneurialer Aktivitäten (*S-E-A-M*) gegeben, die auf sechs ausgewählten Säulen der modernen Entrepreneurship-Theorie basiert. Die Kap. 4, 5, 6, 7, 8, 9 und 10 bilden den zweiten Teil des Buches. Dort gehen wir genauer auf die Methodik ein und erläutern ausführlich, wie du sie für die Entwicklung deines Projekts nutzen kannst.

Währenddessen werden wir die praktischen Herausforderungen anhand der Geschichte von Maria und Tom veranschaulichen, die ein kleines, aber gehobenes italienisches Restaurant eröffnen wollen. Dieses Beispiel wurde gewählt, weil du (hoffentlich) keine besondere Branchenerfahrung benötigst, um dich damit vertraut machen zu können. Die meisten Menschen haben schon einmal in einem Restaurant gegessen.

> **Beispiel: Casa Maria**
>
> Wir sind in Berlin und es ist das Jahr 2001. Tom, ein junger Wirtschaftswissenschaftler aus einer Kleinstadt in Mecklenburg-Vorpommern (Deutschland), steht kurz davor, seine Tätigkeit als Finanzmanager eines Softwareunternehmens zu beenden und wieder in die Heimat zu ziehen. Die Küche in seiner Wohnung benutzt er nicht oft.
>
> Sein Lieblingsrestaurant ist ein kleines, sehr gutes italienisches Restaurant in seiner Nachbarschaft. Hier treffen wir Maria – die Chefköchin, für die sich Tom interessiert und die dafür gesorgt hat, dass jedes kleine Detail seiner Bestellungen perfekt ist.
>
> Er reißt sich zusammen und lädt sie zu einem Date ein (bei dem das Servieren von hausgemachtem Essen nicht auf der Tagesordnung steht). Sie lächelt und akzeptiert. Neun Jahre später sind sie verheiratet und stehen kurz davor, wieder umzuziehen – diesmal von der Hauptstadt in die Heimatstadt von Tom. Nach ihrem Umzug aus Berlin hat Maria eine kleine Importfirma für hochwertige Lebensmittel von ihrer Küche aus geleitet und in verschiedenen Restaurants gearbeitet. Tom hat in der Wirtschaftsprüfungsbranche Karriere gemacht und hat gerade die Stelle als geschäftsführender Teilhaber in der Geschäftsstelle seines Büros in seiner Heimatstadt angenommen.
>
> Der Umzug verstärkte die gemeinsame Leidenschaft, die sie schon seit Berlin haben. Was wäre, wenn sie ein eigenes Restaurant hätten? Wo alles so sein könnte, wie sie es sich wünschen. Keine Kompromisse mit einem Management, das andere Vorstellungen davon hat, was ein Restaurant wirklich ist. Keine strikten Budgets, die es unmöglich machen, das Essen so gut zu machen, wie es sein könnte. Maria ist sehr leidenschaftlich, wenn es um Essen geht, und gibt zu, dass sie dabei Perfektionistin ist. Ihre Erfahrungen aus verschiedenen Restaurantküchen haben ihr gezeigt, dass Qualität nicht unbedingt das Wichtigste für die Branche ist. Sie glaubt, dass die Menschen gutes, authentisches Essen schätzen würden – und dass sie bereit wären, dafür auch zu bezahlen. Nach reiflicher Überlegung beschließen sie, sich auf die Suche nach einem geeigneten Gebäude für ihr Restaurant zu machen.
>
> Da sie das Entrepreneurship-System *Entreprenerdy* kennen, melden sie sich zunächst unter www.entreprenerdy.com an, um die Idee zu entwickeln. Maria registriert ihren Namen, wählt ein Passwort und trägt ein paar Details ein. Dann akzeptiert sie die Nutzungsbedingungen des Systems. Da es ja eine Tatsache ist, gibt sie an, noch kein Unternehmen registriert zu haben – und gibt ihrem Case einen Namen. Sie nennt ihn „Casa Maria". Dann besprechen sie, welchen Zeithorizont sie einplanen wollen und beschließen, die sechsmonatige Perspektive, die das System vorschlägt, anzunehmen. Schließlich teilt sie den Case mit Tom (Abb. 3.7).
>
> Damit befinden sie sich nun im Prozess der Geschäftsentwicklung. Jetzt bist du an der Reihe, dein Projekt zu registrieren. Wenn du ein echtes Projekt hast, das du umsetzen willst, ist das großartig. Hast du das nicht, ist es in Ordnung, ein Übungsprojekt

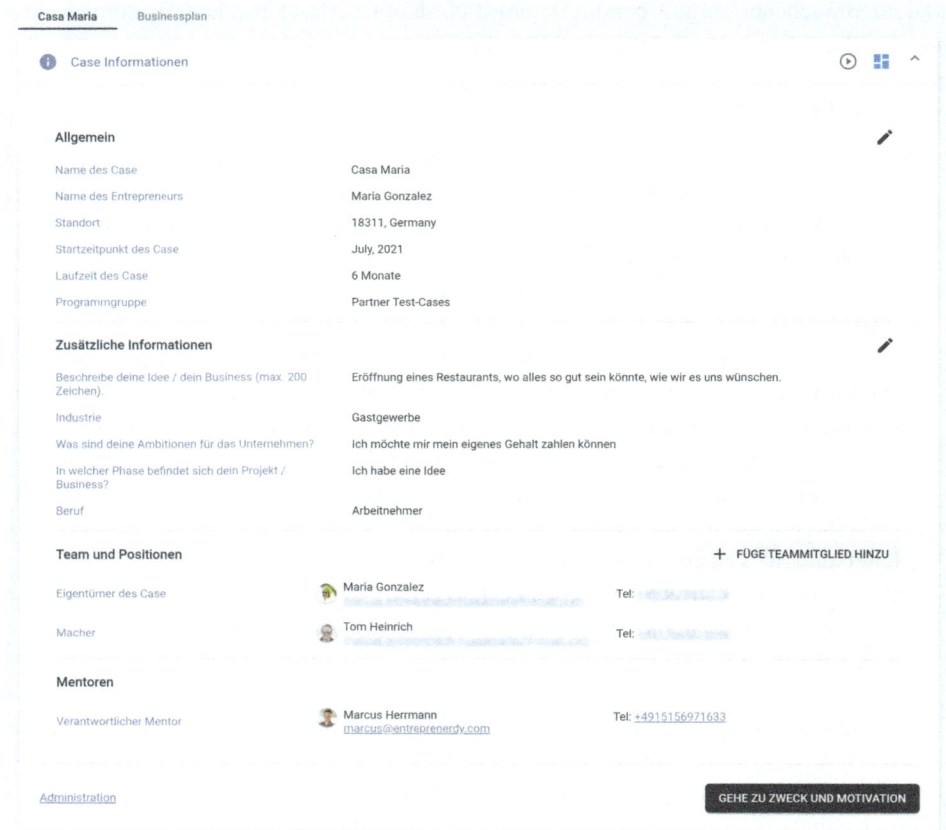

Abb. 3.7 Case Informationen

zu erfinden, an dem du arbeiten kannst. Versuche dir etwas auszudenken, das du spannend und interessant findest und lass deiner Fantasie freien Lauf. ◄

Literatur

Amit R. und Zott C., „Value creation in E-business", *Strateg. Manag. J.*, Bd. 22, Nr. 6–7, S. 493–520, Jun. 2001, https://doi.org/10.1002/smj.187

Ashby W., *An Introduction to Cybernetics*. New York: J. Wiley, 1956.

Baker T. und Nelson R., „Creating something from nothing: Resource construction through entrepreneurial bricolage", *Adm. Sci. Q.*, Bd. 50, S. 329–366, 2005.

Barney J., „Firm resources and sustained competitive advantage", *J. Manag.*, S. 99–120, 1991.

Bell T. und Solomon I., „KPMG and University of Illinois at Urbana-Champaign Business Measurement Case Development and Research Program", S. 344, 2002.

Bertalanffy L., „General system theory – A new approach to unity of science", *Hum. Biol.*, Bd. 23, S. 303–361, 1951.

Blank S., *Four Steps to the Epiphany: Successful Strategies for Products that Win*, 3. Aufl. Kalifornien: S. G. Blank, 2007.

Brown T. und Katz B., „Change by design", *J. Prod. Innov. Manag.*, Bd. 28, Nr. 3, S. 381–333, 2011.

Bundesregierung (2021). Die 17 globalen Ziele für nachhaltige Entwicklung der Agenda 2030, die Sustainable Development Goals (SDGs) *Presse- und Informationsamt der Bundesregierung* [Online]. Verfügbar: https://www.bundesregierung.de/breg-de/themen/nachhaltigkeitspolitik/nachhaltigkeitsziele-verstaendlich-erklaert-232174. Zugegriffen: 29. November 2021.

Christensen C. M., Anthony S. D., Berstell G. und Nitterhouse D., „Finding the right job for your product", *MIT Sloan Manag. Rev.*, Bd. 48, Nr. 3, S. 12, 2007.

Collins J. C. und Porras J. I., „Building your company's vision", *Harv. Bus. Rev.*, 1996.

Dahle Y., „The design and implementation of an entrepreneurship management system capturing activity system data from entrepreneurship support programmes", PhD-Thesis, NTNU, Norges teknisk-naturvitenskapelige universitet, Trondheim, 2020.

Dahle Y., Dagestad S., Bang-Abelsen E., Alskog G., Solberg E. und Frønsdal P., *Lean Business*. Oslo: Universitetsforlaget, 2013.

Donker H., Poff D. und Zahir S., „Corporate values, codes of ethics, and firm performance: A look at the Canadian context", *J. Bus. Ethics*, Bd. 82, S. 527–537, 2008.

Etzkowitz H. und Leydesdorff L., „The triple helix – University-industry-government relations: A laboratory for knowledge based economic development", *EASST Rev.*, Bd. 14, Nr. 1, 1995.

Etzkowitz H., „Enterprises from science: The origins of science-based regional economic development", *Minerva*, Bd. 31, Nr. 3, S. 326–360, Sep. 1993, https://doi.org/10.1007/BF01098626

Everett R., *Diffusion of Innovations*. New York, NY, USA: Free Press, 2003.

Fehrer J., „A systemic logic for platform business models", *J. Serv. Manag.*, Bd. 29, Nr. 4, S. 546–568, Jan. 2018, https://doi.org/10.1108/JOSM-02-2017-0036

Gross J. M. und McInnis K. R., „Kanban made simple: Demystifying and applying Toyota's legendary manufacturing process", *Am. Manag. Assoc.*, 2003.

Halecker B. und Hartmann M., „Contribution of systems thinking to business model research and business model innovation", *Int. J. Technol. Intell. Plan.*, Bd. 9, Nr. 4, S. 251–270, Jan. 2013.

Halvorson K. und Rach M., *Content Strategy for the Web: Content Strategy Web _p2*. New Riders, 2012.

Handley A., *Everybody Writes: Your Go-To Guide to Creating Ridiculously Good Content*. John Wiley & Sons 2014.

Hasso Plattner Institute of Design at Stanford University, „Design thinking bootleg", *Stanford d.school* [Online]. Verfügbar: https://dschool.stanford.edu/resources/design-thinking-bootleg. Zugegriffen: 29. März 2019.

Kaplan R. S. und Cooper R., „Measure costs right: Make the right decisions", *Harv. Bus. Rev.*, Okt. 1988.

Kaplan R. S. und Norton D. P., „Using the balanced scorecard as a strategic management system", *Harv. Bus. Rev.*, S. 14, 1996.

Keller K. L., „Understanding the richness of brand relationships: Research dialogue on brands as intentional agents", *J. Consum. Psychol.*, Bd. 22, Nr. 2, S. 186–190, Apr. 2012, https://doi.org/10.1016/j.jcps.2011.11.011

Maurya A., *Running Lean*. Sebastopol, Kalifornien: O'Reilly, 2012.

Moore G., *Crossing the chasmt*. New York, NY, USA: HarperCollins Publishers, 1995.

Osterwalder A. und Pigneur Y., *Business Model Generation*. Hoboken, New Jersey: Wiley, 2010.

Porter M., „The five competitive forces that shape strategy", *Special Issue on HBS Centennial. Harvard Business Review 86, no. 1 (January 2008): 78–93*.

Prahalad C. und Hamel G., „The core competence of the corporation", *Harv. Bus. Rev.*, S. 17, 1990.

Ries E., Lean Startup. Stanford, Kalifornien: Crown Business, 2011.

Sachs J., Schmidt-Traub G., Kroll C., Lafortune G. und Fuller G., „Sustainable development report 2019", *Bertelsmann Stift. Sustain. Dev. Solut. Netw. SDSN N. Y. NY USA*, 2019.

Sarasvathy S., „Causation and effectuation: Toward a theoretical shift from economic inevitability to entrepreneurial contingency", *Acad. Manage. Rev.*, Bd. 26, S. 243–263, 2001.

Schilling M., *Strategic Management of Technological Innovation, International Edition*. McGraw-Hill-Education, 2013.

Shane S., „Reflections on the 2010 'AMR' Decade award: Delivering on the promise of entrepreneurship as a field of research", *Acad. Manage. Rev.*, Bd. 37, S. 10–20, 2012.

Toscher B., Dahle Y. und Steinert M.: „Get Give Give Make Live: An empirical comparative study of motivations for technology, youth, and arts entrepreneurship", *Soc. Enterp. J. Press*, 2019.

Wernerfelt B., „A resource-based view of the firm", *Strateg. Mark. J.*, Bd. 5, S. 171–180, 1984.

Zott C. und Amit R., „Business model design: An activity system perspective", *Long Range Planning,* Bd. 43, S. 216–226, 2010.

Zott C., Amit R. und Massa L., „The business model: Recent developments and future research", *J. Manag.*, Bd. 37, S. 1019–1042, 2011.

Zott C. und Amit R., „The business model: A theoretically anchored robust construct for strategic analysis", *Strateg. Organ.*, Bd. 11, Nr. 4, S. 403–411, Nov. 2013, https://doi.org/10.1177/1476127013510466

Teil II
Eine einfache Methode zur Projektentwicklung

Sinn und Zweck

4

Zusammenfassung

Kap. 4 stellt den ersten Schritt der *Systemischen Methode Unternehmerischer Aktivitäten (S-E-A-M)*, die Identifikation vom Sinn und Zweck eines Entrepreneurialen Projekts, vor. Dieser Schritt umfasst 1) die Auseinandersetzung mit der eigenen Motivation für das Starten eines entrepreneurialen Projekts, 2) die eigenen Kernwerte, die man einem solchen Projekt zugrunde legen möchte, sowie 3) die Vision, wie sich das Projekt langfristig in der Zukunft entwickeln sollte.

Wenn du jetzt damit beginnst, dein Projekt nach *S-E-A-M* zu entwickeln, ist es ganz natürlich, dass du dich zunächst einmal fragst: „Warum will ich das tun?" Ein Entrepreneur zu sein, ist anstrengend. Du musst dich auf lange Arbeitstage einstellen. Sehr oft kann es Monate oder Jahre dauern, bis du ein normales Gehalt bekommst. Selbst wenn du entschlossen und motiviert bist, besteht eine hohe Wahrscheinlichkeit, dass du scheitern wirst. Um all das akzeptieren zu können, braucht es eine ganz besondere Willenskraft, die ihren Ursprung hat in:

- der Motivation, die du brauchst, um Entrepreneur zu werden,
- den Grundwerten, auf denen du dein Leben aufbaust
- und der Vision, durch die du dir ausmalst, wie das Projekt und dein Leben aussehen könnten.

Diese drei Konzepte sind die ersten drei Elemente von *S-E-A-M*. Schauen wir uns jedes davon näher an und wie du dich mit ihnen identifizieren kannst.

4.1 Motivation

Eine verbreitete Auffassung darüber, was einen Entrepreneur ausmacht, ist eine Person, die so schnell wie möglich so reich wie möglich werden will. Ein bekanntes anonymes Zitat über Entrepreneurship lautet:

> Entrepreneurship bedeutet, einige Jahre seines Lebens auf eine Weise zu leben, zu der nur wenige bereit sind, um den Rest seines Lebens so verbringen zu können, wie nur wenige es können.

Betrachtet man es aus dieser Perspektive, wäre es am vernünftigsten, so schnell wie möglich den Wert deines Projekts zu steigern, sodass du es entweder verkaufen oder irgendwann mit minimalem Aufwand große Gewinne erzielen kannst.

Obwohl finanzielle Unabhängigkeit für sich selbst zu erreichen eine wichtige Motivation für viele Entrepreneure ist, bist du nicht seltsam, auch wenn du dich in dieser Beschreibung nicht wiedererkennst. Eine gründliche Umfrage unter fast 800 Entrepreneuren (Toscher et al. 2019) im Jahr 2019 ergab, dass es vier Arten von Motivation gibt (siehe Tab. 4.1).

Die Entrepreneure, die analysiert wurden, waren recht gleichmäßig den vier Motivationskategorien zuzuordnen – mit einem etwas größeren Anteil bei MAKE und einem etwas kleineren bei LIVE (Abb. 4.1).

Welche dieser Arten von Motivation beschreibt dich am besten? Warum ist das so? Wenn du versuchen würdest, zu beschreiben, was dich motiviert, was würdest du sagen? Deine Motivation wird entscheidende Rahmenbedingungen für dein Projekt schaffen. Wenn die Ambition darin besteht, das Projekt zu erarbeiten und innerhalb von drei Jahren an einen anderen Betrieb zu verkaufen, wird das einen völlig anderen Plan erfordern, als wenn das Unternehmen für die Zukunft aufgebaut werden soll. Wenn dein Ziel darin besteht, Arbeitsplätze in deiner Kleinstadt zu schaffen oder Plastikmüll aus dem Meer zu

Tab. 4.1 Die vier Arten von Motivation (Toscher et al. 2019)

GET	Die Motivation besteht darin, eine Belohnung in Form von Geld oder Anerkennung zu erhalten, die über ein normales Gehalt hinausgeht; gewöhnlich in Form eines „Exits" oder einer jährlichen Dividende.
GIVE	Die Motivation besteht darin, der Gesellschaft etwas zu schenken, aufgrund von Idealismus oder Werten. Das könnte alles sein, von der Schaffung von Arbeitsplätzen bis hin zur Verbesserung der Welt durch dein Produkt oder deine Dienstleistung.
MAKE	Die Motivation besteht darin, die Zufriedenheit zu erleben, etwas zu schaffen – ein Produkt, eine Dienstleistung oder einen Betrieb. Grund dafür ist die eigene Motivation, unabhängig von einer Belohnung, und ist oft damit verbunden, ein Ventil für die eigene Kreativität finden zu wollen.
LIVE	Die Motivation besteht darin, ein gutes Leben zu leben. Das schließt ein angemessenes Gehalt ein und wird oft als „Necessity Entrepreneurship" bezeichnet. Es kann außerdem eine angenehme Arbeitssituation, die Freiheit, die eigene Arbeitssituation zu bestimmen, das Vergnügen, mit guten Kollegen zusammenzuarbeiten usw. beinhalten.

4.1 Motivation

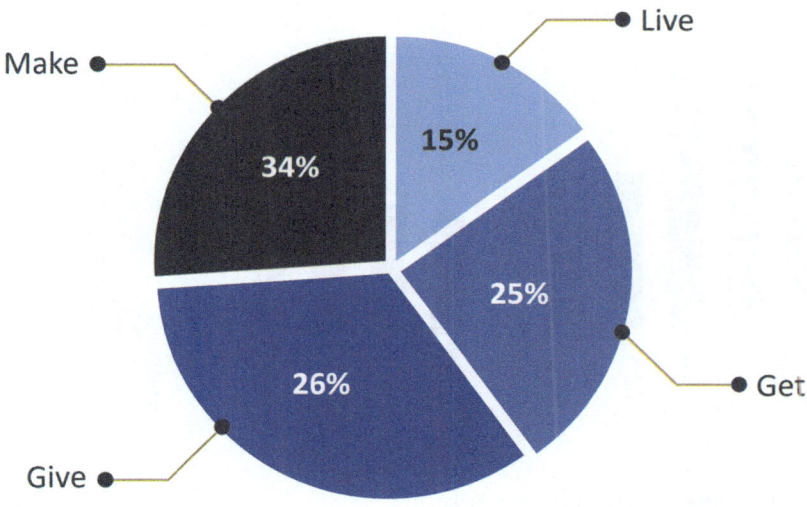

Abb. 4.1 Get, give, make, live

entfernen, wird dein Projekt ein völlig anderes sein, als wenn dein Hauptziel ist, „den Rest deines Lebens auf eine Weise leben zu können, wie nur wenige es können."

Wenn mehrere von euch an einem Projekt zusammenarbeiten, wäre es gut, wenn ihr besprechen würdet, was für jeden von euch die jeweilige Motivation ist und ob dadurch vielleicht zukünftig Konflikte entstehen könnten. Wenn einer von euch das Projekt so bald wie möglich verkaufen möchte und der andere möchte den Grundstein für ein beständiges Unternehmen legen oder ist von Idealismus getrieben, können diese Differenzen in der Zukunft zu Problemen führen. Wenn dies der Fall ist, dann müsst ihr vielleicht einen Kompromiss finden oder euch bewusst werden, dass ihr möglicherweise nicht in der Lage seid, zusammenzuarbeiten.

Es ist auch nicht so, dass sich alle Entrepreneure mit nur einer der Kategorien zufriedengeben. 46 % der Entrepreneure aus der Umfrage wiesen eine Kombination von mehreren Motivationsarten (Abb. 4.2) auf. Tatsächlich waren unter den fast 800 Projekten alle 15 möglichen Kombinationen von Motivationen vertreten. Wie wäre es, wenn du dir überlegen würdest, welche der Kombinationen am besten zu dir und deinen Kollegen passt? Vermittelt die Kombination der Motivationen ein anderes Bild davon, ob ihr dieselben Vorstellungen für das Projekt habt?

Einige Entrepreneure haben keine klare Vorstellung davon, was sie mit ihrem Projekt erreichen wollen. Sie sind sich jedoch sehr genau darüber im Klaren, was nicht Teil des Projekts sein sollte. Es könnte moralische Einschränkungen geben, zum Beispiel, dass sie mit bestimmten Ländern oder Firmen, von denen sie glauben, dass sie unethisch vorgehen, nicht handeln wollen. Viele Besitzer des norwegischen Erdölfonds (die Bürger Norwegens) haben derartige Ansichten über Investitionen in Tabak, Pestizide, die Fast-Food-Industrie, Waffen oder Industrien, die die Umwelt verschmutzen. Weitere Einschränkungen könnte

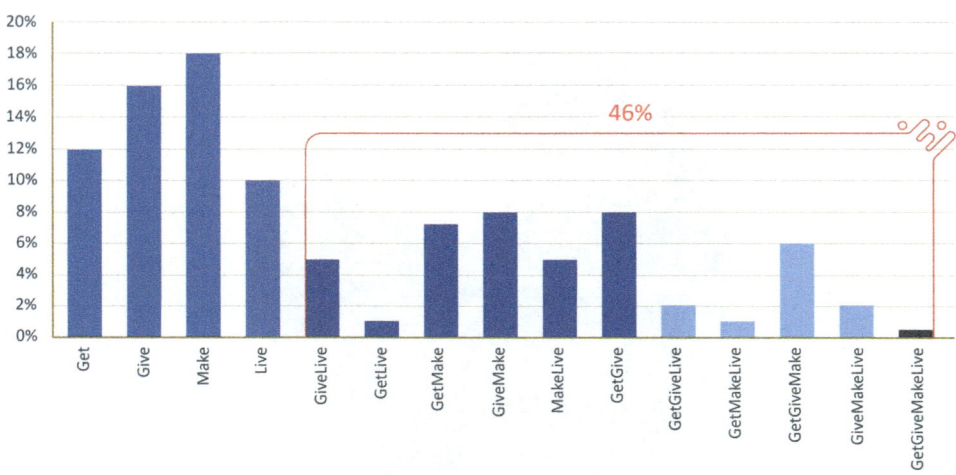

Abb. 4.2 Kombinationen von get, give, make, live

es wegen finanzieller Angelegenheiten geben. Ein Eigentümer könnte klarstellen, dass er nicht bereit ist, das Projekt noch weiter zu finanzieren. Ein anderer ist möglicherweise nicht bereit, ein Eigentumsrecht von weniger als 51 % oder 34 % des Aktienanteils zu akzeptieren. Einige haben außerdem Anforderungen daran, wer für das Projekt arbeiten sollte. Sie wünschen sich bestimmte Personen für bestimmte Funktionen. Andere wollen sicherstellen, dass sich das Projekt nicht zu sehr verändert oder geografisch verschoben wird. Gibt es für euch solche Einschränkungen bezüglich dessen, wie sich das Projekt nicht entwickeln sollte? Gibt es für einen deiner Partner welche? Dann wäre es vielleicht gut, bereits jetzt eine offene Diskussion darüber zu führen.

> **Beispiel: Casa Maria**
>
> Maria und Tom haben einen wirklich guten Standort für das Restaurant gefunden.
> Er befindet sich in einem leicht heruntergekommenen Stadtteil, aber man hat bereits begonnen, das Viertel wieder aufzubauen und es erlebt einen spannenden Wandel. Viele junge Künstler fühlen sich von den verhältnismäßig niedrigen Preisen angezogen und neue Eigentümer renovieren einige Häuser. Ein kleines, großartiges Sushi-Restaurant hat am Ende der Straße eröffnet und Marias Lieblingscafé liegt in der Nähe. Das Gebiet liegt auch in der Nähe einiger großer Bürokomplexe, sodass es möglich sein sollte, einen gut laufenden Mittagsservice zu lancieren.
> Der Nachteil ist, dass es sich bei dem Gebäude um ein Wohnhaus handelt. Es wird einige Mühe kosten, es zu einem Restaurant umzubauen, aber das Haus hat viele Qualitäten: Wände aus alten Ziegelsteinen, schöne große Fenster zur Straße hin und einen gemütlichen kleinen Hinterhof. Kennst du das Gefühl, wenn du einen Ort betrittst und du ihn dir sofort vorstellst, wie er sein könnte, statt so, wie er gerade ist? Das ist es, was die beiden nun erleben. Mit einer Kombination aus Freude, Enthusiasmus und einer ziemlichen Portion Angst entscheiden sie sich also, auf das Haus zu bieten.

4.2 Kernwerte

Während sie darauf warten, dass der Immobilienmakler seine Arbeit erledigt, beginnen sie damit, Sinn und Zweck des Projekts zu definieren.

Der erste Punkt auf der Tagesordnung ist die Motivation. Obwohl sie seit neun Jahren fast täglich über das Projekt diskutiert haben und die Träume davon miteinander teilen, ist es interessant, über diese großen Worte nachzudenken. „Motivation" – wie kann man so etwas eigentlich niederschreiben?

„Ich will superreich werden und einen Lamborghini." Nachdem Tom sich damit abgelenkt hat, eine Serviette zu einer gut gelungenen Rakete zusammenzurollen, reißt er sich schließlich zusammen. „Weißt du, ich will einfach nur das Restaurant eröffnen", sagt er. „Einfach mit einer Flasche Wein vor dem Kamin stehen und die ersten Gäste empfangen. Ein einfacher, warmer Ort, an dem du dich mit Menschen, die du magst, bei gutem Essen und einem Glas guten Wein entspannen kannst. Das ist wirklich alles, was ich möchte – so einen Ort zu haben."

Als Italienerin in einer nicht besonders warmen Region von Deutschland versteht Maria, was er meint. Dass man es wertschätzt, an einem gemütlichen Ort Schutz vor Wind und Kälte zu finden, kann sie sehr gut nachvollziehen. „Und dann die Freiheit. Nie wieder meine Zeit damit verschwenden zu müssen, Dinge zu tun, bei denen ich völlig anderer Meinung bin, nur, weil der Chef es gesagt hat. Und wenn es ums Geld geht, denkst du nicht, dass die Einnahmen fließen werden, wenn wir einen völlig einzigartigen Ort schaffen, den die Menschen wirklich zu schätzen wissen?" ◄

4.2 Kernwerte

Wie wir in Kap. 3 gesehen haben, sind Kernwerte klar definiert als „deine wesentlichen und zeitlosen Leitprinzipien" (Prahalad und Hamel 1990). Das bedeutet, dass wir nicht von einem Wert in dem Sinne sprechen, dass eine Sache einen bestimmten Geldwert hat. Zum Beispiel ist deine Wohnung auf dem heutigen Markt eine halbe Million Euro wert.

Die Enzyklopädie „Store Norske" definiert Wert wie folgt: „Wert, die Qualität von etwas: was an etwas gut ist. Der Wert eines Prinzips bestimmt oft die Bedeutung dieses Prinzips für die Art und Weise, wie wir unsere Einschätzungen und Entscheidungen treffen sollten."

Menschen verbinden starke Gefühle mit den Werten, die für sie wichtig sind. Einige sorgen sich um die Umwelt. Andere machen sich Gedanken über die Gleichstellung der Menschen. Wieder andere glauben, dass die Freiheit des Einzelnen das Wichtigste ist. Solche Grundwerte sind es, die die verschiedenen politischen Ansichten voneinander unterscheiden und die Grundsteine der Identität und des Selbstverständnisses eines jeden Menschen ausmachen.

Die Werte eines Projekts oder eines Unternehmens sind eine Zusammenfassung aller Werte der Eigentümer und Mitarbeiter des Projekts im Verlauf der Zeit. Wenn du der einzige Entrepreneur in deinem Projekt bist, sind die Kernwerte des Projekts dieselben wie deine persönlichen. Wenn du Partner hast, finden sich die Kernwerte des Projekts irgendwo an der Schnittstelle der persönlichen Wertmaßstäbe, die ihr alle habt. Habt ihr jemals darüber gesprochen? Weißt du, welche Werte deinen Partnern wichtig sind? Könnte das zukünftig für das Projekt problematisch sein? Wenn dies nicht ganz klar ist, schlagen wir vor, dass du dich mit deinen Partnern zusammensetzt und diese Dinge gründlich besprichst. Lass dir von allen die ihrer Meinung nach wichtigsten Werte mitteilen, setzt dann Prioritäten und diskutiert, bis ihr etwas habt, das Sinn ergibt. Wie alles andere im Plan können die Werte geändert werden, wenn du es für nötig hältst. Wenn du dein Projekt allein umsetzt, solltest du diese Diskussion mit dir selbst führen. Schenke dir ein Glas oder eine Tasse von dem ein, was du gern trinkst, wenn du über etwas Wichtiges nachdenkst, setze dich hin und frage dich selbst: „Was bedeutet das wirklich für mich?" Wenn du das nicht weißt, wird es nicht leicht sein, die Identität deines Projekts festzulegen.

Größere Unternehmen veröffentlichen oft ihre Kernwerte. Manchmal sind diese Werte eine sehr gute Beschreibung der Identität des Unternehmens und man kann deutlich erkennen, welchen Einfluss diese Werte auf bestimmte Entscheidungen im Alltag haben (White 2019).

Patagonia und Ben & Jerry's beispielsweise betrachten ökologische Nachhaltigkeit als ihren Kernwert. Apple legt mit seinem Motto „Think Different" immer die höchste Priorität auf Innovation, während der Schuhhersteller TOMS für jedes verkaufte Paar Schuhe ein Paar verschenkt, um Armut zu lindern und das Leben anderer zu verbessern. Diese vier Beispiele demonstrieren gut, wie klar definierte Kernwerte die Identität eines Unternehmens für Kunden, Partner und Mitarbeiter verdeutlichen können und wie sie das Handeln des Unternehmens im Alltag bestimmen. Wie der legendäre norwegische Comedian Marve Fleksnes sagte: „Es reicht nicht, Halleluja zu sagen, man muss es auch tun!"

Andere Firmen haben anscheinend nur eine Liste von zufälligen Schlagwörtern erstellt, die das eine Unternehmen nicht besser beschreiben als jedes andere. Die Werte von Coca-Cola sind zum Beispiel: Führung, Interaktion, Integrität, Verantwortlichkeit, Leidenschaft, Vielfalt und Qualität. Könntest du erraten, dass diese Tugenden zu Coca-Cola gehörten, wenn man sie dir präsentiert? Könntest du genau zuordnen, welcher Teil des Geschäftsbetriebs auf jedem dieser Werte basiert?

4.3 Vision

Beispiel: Casa Maria

Die Kernwerte von Maria und Tom müssen darauf basieren, wie die beiden über Essen denken. Sie erinnern sich daran, wie sie sich vor zehn Jahren in Berlin trafen. Sie waren zwei Menschen mit völlig unterschiedlichen Hintergründen.

Er stammte aus einer wohlbehüteten Familie aus einem etwas langweiligen Vorort einer Kleinstadt. Sie stammte aus einer pulsierenden, internationalen Metropole. Aber sie waren beide junge Stadtmenschen – und gemeinsam erlebten sie, dass Berlin als eine der tolerantesten und offensten Städte der Welt ein aufregendes Umfeld für ihr Leben schuf.

Das Essen stand dabei im Mittelpunkt. Echtes Essen aus natürlichen und lokalen Zutaten, keine halb fertigen Produkte oder Fertiggerichte; serviert wurde in einer warmen und angenehmen Umgebung, in der jeder willkommen war.

Tom beginnt: „Werte. Auch auf die Gefahr hin, etwas hochtrabend zu klingen, würde ich sagen, dass ‚Offenheit' wichtig ist."

„Ja, und ‚echt'. Alles muss echt sein. Das Essen, die Zutaten, die Art und Weise, wie wir miteinander umgehen", entgegnet Maria.

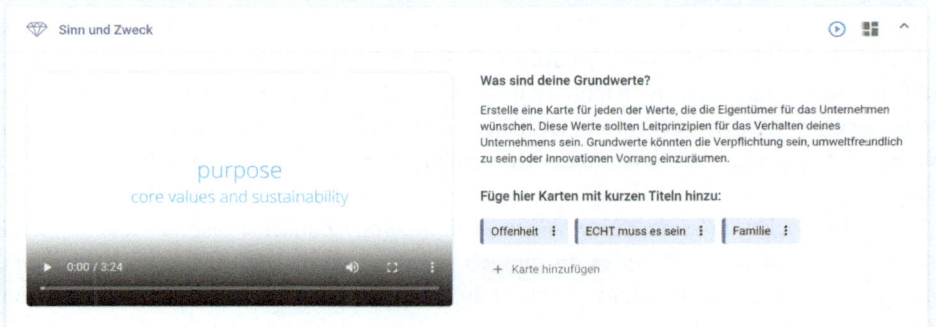

Tom führt weiter aus: „Was ist mit ‚Familie'? Sagt das nicht viel darüber aus, wofür wir stehen? Du würdest im Restaurant nie etwas servieren, das du nicht auch unserer Familie anbieten würdest? Warum fangen wir nicht mit diesen drei Begriffen an? Dann können wir im Laufe der Zeit noch mehr hinzufügen oder sie weiterentwickeln." ◀

4.3 Vision

Nachdem wir an Tausenden von Entrepreneurship-Projekten gearbeitet haben, müssen wir ganz ehrlich sagen, dass die Vision eines der am schwierigsten nachzuvollziehenden Konzepte ist. Viele Menschen denken, dass es ein theoretisches Konzept ist und finden es schwierig, der Entwicklung einer Vision Vorrang vor bodenständigeren und kurzfristigen

Herausforderungen einzuräumen. Das respektieren wir. Es kann jedoch hilfreich sein, zu versuchen, über die Herausforderungen des Alltagsgeschäfts hinauszublicken. Ein klares Bild von einer visionären Zukunft zu haben, kann für dich als Entrepreneur motivierend sein und auch helfen, deine Partner und Mitarbeiter zu motivieren. Den Gipfel in der Ferne zu sehen, kann es erleichtern, die vielen schweren Schritte des Aufstiegs zu bewältigen.

Die Vision basiert auf deiner Motivation. Während die Motivation etwas darüber aussagt, was du mit deinem Projekt erreichen willst, präzisiert die Vision, wie genau die Zukunft aussieht, wenn du sie erreichst. Darüber hinaus beruht die Vision auf deinen Grundwerten. Wir erinnern uns, dass im Kap. 3 die Vision als Summe deiner Kernwerte und Zukunftsvorstellungen definiert ist (Collins und Porras 1996). In diesem Sinne kann man sagen, dass die Vision die Kernwerte und die Motivation in einem Zukunftsbild vereint. In der Enzyklopädie „Cappelen Damm" heißt es: „Eine Vision kann als ein Bild eines zukünftigen, erwünschten Zustandes definiert werden. Eine Vision ist also eine Art Zukunftstraum. Eine Vision wird in der Regel nicht erreichbar sein. Sie verdeutlicht etwas, nach dem man weiter streben kann."

Die Vision von Amazon lautet zum Beispiel: „Wir wollen das kundenfreundlichste Unternehmen der Welt sein: einen Ort schaffen, an dem die Menschen absolut alles finden können, was sie online kaufen wollen." Noch einmal: Das kundenfreundlichste Unternehmen der Welt zu sein, klingt sehr ambitioniert, und dass das Warenhaus jedes einzelne Objekt der Welt vorrätig haben soll, klingt einfach unmöglich. Nichtsdestotrotz gibt die Vision ganz klar die Richtung dessen vor, was Amazon erreichen will, und man muss zugeben, dass dieses Ziel immer näher rückt. Auf diese Weise kann eine gute Vision ein nützliches Hilfsmittel sein, um ein Unternehmen in die Richtung zu steuern, die du dir wünschst.

Wie also packst du es an, deine Vision zu definieren? Zunächst bist du vielleicht noch nicht ganz bereit dafür. Wenn es dir einfach nur merkwürdig und theoretisch erscheint, egal wie oft du darüber nachdenkst, kannst du diesen Teil auch bis auf Weiteres auslassen. Vielleicht wird dir die Vision zu einem etwas späteren Zeitpunkt des Projekts klar, wenn du andere Dinge in Angriff genommen hast. Ebenso gut kann es sein, dass der erste Entwurf der Vision, den du heute erstellst, nicht ewig so bleiben wird. Wie alle anderen Elemente von *S-E-A-M* ist die Vision dynamisch. Es ist besser, einen Entwurf zu machen, mit dem du nicht ganz zufrieden bist, und ihn dann später zu ändern. Sonst wird, wie Voltaire einst sagte, das Beste gegebenenfalls zum Feind des Guten.

Genauso wie bei der Ausarbeitung der Grundwerte solltest du dich mit deinen Partnern zusammensetzen, um die Vision zu entwerfen. Lasst euch so viele Entwürfe einfallen, wie ihr möchtet. Dann könnt ihr die verschiedenen Entwürfe diskutieren und sehen, ob sich etwas herauskristallisieren lässt, bei dem ihr euch einig seid. Das Projekt sollte nur eine Vision haben. Versuche die wichtigsten Punkte in einem Satz zusammenzufassen. Wenn der Satz lang und unverständlich wird, prüfe, ob es etwas gibt, das entfernt werden kann, ohne dass zu viel der Bedeutung verloren geht. Gibt es mehrere Begriffe, die fast dasselbe bedeuten und die sich in einem einzigen Wort zusammenfassen lassen? Schlussendlich:

Eine gute Vision zu haben, ist nützlich – und wir sind noch niemandem begegnet, der meinte, dass die Mühe sich nicht gelohnt hat.

> **Beispiel: Casa Maria**
>
> Die Vision erschafft sich selbst: „Wir wollen das Restaurant eröffnen, dass wir uns schon immer gewünscht haben."
>
> Die beiden entscheiden darüber! Sie verschaffen sich einen Überblick über die drei Aspekte des Zwecks von „Casa Maria", bevor Maria zusammenfasst: „So wie ich das sehe, wird sich das auf jeden Fall im Laufe der Zeit ändern. Im Moment ist es mehr als gut genug!"

Literatur

Collins J. C. und Porras J. I., „Building your company's vision", *Harv. Bus. Rev.*, 1996.
Prahalad C. und Hamel G., „The core competence of the corporation", *Harv. Bus. Rev.*, S. 17, 1990.
Toscher B., Dahle Y. und Steinert M.: „Get Give Give Make Live: An empirical comparative study of motivations for technology, youth, and arts entrepreneurship", *Soc. Enterp. J. Press*, 2019.
White M. G., „Examples of core values", *yourdictionary.com* [Online]. Verfügbar: https://examples.yourdictionary.com/examples-of-core-values.html. Zugegriffen: 29. März 2019.

Ressourcen

5

Zusammenfassung

Kap. 5 befasst sich mit dem zweiten Schritt der *Systemischen Methode Unternehmerischer Aktivitäten (S-E-A-M)*, der Identifikation von Ressourcen, die initial für den Start eines entrepreneurialen Projekts zur Verfügung stehen. Dabei werden vier Arten von Ressourcen unterschieden, nämlich 1) personelle Ressourcen wie das Gründungsteam oder erste Mitarbeiter, 2) physische Ressourcen wie Büroräume oder benötigte Werkzeuge, 3) vermarktbare Ressourcen wie bereits bestehende Produkte oder Dienstleistungen sowie 4) finanzielle Ressourcen wie das Startkapital für das Projekt oder bereits bestehende Zahlungen für vermarktbare Ressourcen.

Bei der Entwicklung deines Projekts kann es schwierig sein, zwischen dem Punkt, an dem dein Projekt gerade steht und dem, was du in Zukunft erreichen willst, zu unterscheiden. Das Leitprinzip für alle Planungen ist, dich auf Wünsche für die Zukunft oder Dinge zu konzentrieren, von denen du hoffst, dass sie später einmal wahr werden. Wenn du zum Beispiel deine Geschäftsidee definierst, mache dir ein Bild davon, wie sich dein Projekt zukünftig entwickeln soll. In der Regel ist es ein längerer Weg zwischen dem, was du in Zukunft erreichen willst und der genauen Situation, in der du den Plan erstellst.

Dennoch muss der Plan in der aktuellen Realität verwurzelt sein. Wenn du im nächsten Kapitel deine Geschäftsidee definierst, wirst du dir unter anderem die Frage stellen: „Was macht dich einzigartig?" Das machst du, um herauszufinden, was dich befähigt, das Problem der Kunden langfristig besser als jeder andere zu lösen. Wenn du nichts hast, das dich einzigartig macht, wird es leicht sein, dich zu kopieren. Wenn es viele ähnliche Versionen eines Produkts oder einer Dienstleistung gibt, werden die Preise sinken und es wird schwierig sein, lukrativ zu werden.

Um herauszufinden, was dich einzigartig macht, schlagen wir vor, dass du damit beginnst, dir zu überlegen, über welche Ressourcen du verfügst. Diese Ressourcen können deine Motivation, Fähigkeiten und Standpunkte sein. Es könnte auch eine spezielle Maschine, ein Patent, ein Produkt oder eine besonders wertvolle Kundenbeziehung sein. Selbst wenn du deine Geschäftsideen auf der Lösung des Kundenproblems aufbaust, musst du auch darauf achten, welche Ressourcen dir dafür zur Verfügung stehen. Wenn du eine besondere Ausbildung oder ein ganz besonderes Talent hast, wird deine Geschäftsidee wahrscheinlich etwas damit zu tun haben. Wenn du Zugang zu einer Fabrik oder einem Fischerboot hast, gibt dir das eine Orientierungshilfe, welche Probleme du lösen könntest. In diesem Kapitel geht es um die Ressourcen, die dir zur Verfügung stehen, wenn du mit der Entwicklung oder Verbesserung deines entrepreneurialen Projekts beginnst.

Wenn du schon eine Weile an deinem Projekt arbeitest, hast du wahrscheinlich eine ziemlich gute Vorstellung davon, welche Ressourcen dir zur Verfügung stehen. Du solltest dennoch einige Zeit investieren, darüber nachzudenken. Bist du sicher, dass du weißt, was dich wirklich einzigartig macht? Vielleicht nimmst du deine einzigartigen Qualitäten als selbstverständlich hin?

5.1 Personelle Ressourcen

Das erste und wichtigste Element der Mittel sind die personellen Ressourcen, die dir zur Verfügung stehen. Die wichtigste personelle Ressource bist wahrscheinlich du selbst. Versuche aufzulisten, über welche relevanten Kenntnisse, Fähigkeiten und Expertisen du verfügst. Was befähigt dich, die besten Produkte und Dienstleistungen zu entwickeln? Über welche Verkaufs- und Marketingkompetenz verfügst du? Welche Managementfähigkeiten hast du, die es dir ermöglichen, in Zukunft einen gut funktionierenden Betrieb aufzubauen? Nicht zuletzt – was motiviert dich, die Anstrengungen auf dich zu nehmen, die notwendig sind, um der Beste zu werden?

Wenn du diese Selbstanalyse abgeschlossen hast, kannst du dir die anderen an deinem Projekt beteiligten Personen ansehen. Vielleicht hast du Partner oder Mitarbeiter und vielleicht hast du jemanden, der nicht direkt an deinem Projekt beteiligt, aber trotzdem wertvoll für dich ist. Das kann jeder sein, Freunde und Verwandte bis hin zu Beratern von deiner Bank, Inkubatoren oder deinem Vorstand. Es ist eine gute Idee, diese Personen zu versammeln und sie zu fragen, was sie zum Projekt beitragen können und wie sie das tun möchten. Besprecht anschließend, wie ihr euch gegenseitig ergänzen und bestmöglich zusammenarbeiten könnt. Beschreibt die derzeitige Struktur, die Routinen und Vorgehensweisen. Wie organisiert ihr euer Projekt? Habt ihr Arbeitsabläufe, die euch eurer Meinung nach einzigartig machen? Ihr solltet alle Dinge einbeziehen, die euer Unternehmen momentan beschreiben.

5.2 Physische Ressourcen

> **Beispiel: Casa Maria**
>
> Einige Tage später versuchen Maria und Tom, sich einen Überblick über ihre Ressourcen zu verschaffen. Sie beginnen bei sich selbst.
>
> „Du bist die wichtigste Ressource, die wir haben, Maria", sagt Tom. Und er fügt hinzu: ‚Fachkenntnis über Lebensmittel und den Markt.' Maria stimmt zu, Tom als ‚unaufhaltsam couragiert' zu beschreiben.

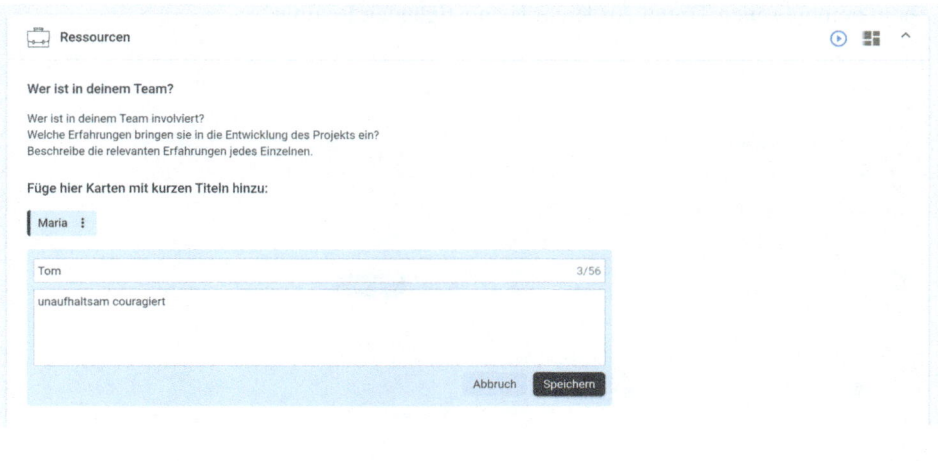

5.2 Physische Ressourcen

Der nächste Punkt sind die physischen Ressourcen, zu denen du Zugang hast. Nutzt du oder hast du Büroräume oder eine Art Produktionsstätte? Bieten dir diese Gebäude besondere Vorteile, die du nutzen kannst, um ein wettbewerbsfähiges Projekt aufzubauen? Wenn du eine Bar, einen Laden oder ein anderes Geschäft betreibst, das von einem guten Standort abhängt, kann dies wichtig sein. Wie wichtig genau, hängt davon ab, wie du mit deinen Kunden interagierst. Wenn du Waren oder Dienstleistungen verkaufst, die impulsiv und lokal gekauft werden, ist der Standort sehr wichtig. Wenn du sonntags vor dem Fußballstadion Burger verkaufst, können 50 Meter eine zu große Entfernung sein. Wenn du Filmprojektoren bei eBay verkaufst, spielt es keine Rolle, wo sich dein Büro befindet.

Vielleicht benötigst du spezielle Werkzeuge und Maschinen, um dein Projekt umsetzen zu können. Noch einmal – wie wichtig genau dies ist, hängt ganz von den Merkmalen deines Projekts ab. Wenn du eine Mechanikerwerkstatt betreibst, als Glasbläser arbeitest oder Schmuck herstellst, wirst du eine Menge Spezialausrüstung benötigen. Wenn du eine Transportfirma gründen willst, brauchst du vielleicht ein spezielles Fahrzeug. Welche dieser Ressourcen hast du heute bereits? Gibt es einen dieser Gegenstände, auf den sonst niemand Zugriff hat?

> **Beispiel: Casa Maria**
>
> Die beiden erhalten die Bestätigung, dass ihr Angebot für das Haus angenommen wurde. Sie fügen also ‚das Gebäude' als physische Ressource hinzu. Nun wird ihnen allmählich die Ernsthaftigkeit des Projekts klar. „Casa Maria" entwickelt sich von einem gemeinsamen Traum zur leicht beängstigenden Realität.

5.3 Vermarktbare Ressourcen

Wenn du bereits eine Weile an deinem Projekt arbeitest, verfügst du vielleicht bereits über vermarktbare Ressourcen. Die häufigsten und offensichtlichsten Beispiele für solche Mittel sind Produkte oder Dienstleistungen, die du bereits hast, die du verkaufen und für die du bezahlt werden könntest.

Dabei kann es sich um Produkte und Dienstleistungen handeln, die bereits heute auf dem Markt sind oder die demnächst verkaufsfertig sein werden. Frage dich, was du hast, das schon heute verkauft werden könnte? Welche Produkte oder Dienstleistungen entwickelst du, und wie weit sind sie von der Fertigstellung entfernt? Es ist oft schwierig, zwischen Produkten und Dienstleistungen zu unterscheiden. Vielleicht lieferst du etwas, das eine Kombination aus beidem ist. Versuche, sowohl die physischen Produktelemente als auch etwaige Dienstleistungselemente zu beschreiben. Nimm alles mit auf, was du hast, kannst und tust, das zur Lösung des Problems deiner Kunden beiträgt.

Vielleicht hast du noch keine fertigen Produkte oder Dienstleistungen, verfügst aber über eine Art Basistechnologie, die zur Entwicklung genutzt werden kann. Vielleicht hast du eine Weblösung für den E-Commerce-Bereich geschaffen, auch wenn du den Webstore noch nicht eröffnet hast. Wenn du künstlerisch oder in einer kreativen Branche arbeitest, hast du vielleicht eine Gemäldesammlung oder eine Reihe von Musikaufnahmen, auch wenn die Ausstellung oder das Album noch nicht fertiggestellt sind.

Liste auf, welche „Bausteine" du zur Entwicklung von Produkten oder Dienstleistungen verwenden kannst. Beschreibe alle Patente oder geistigen Eigentumsrechte, die du an diesen Bausteinen besitzt.

Ein Patent ist die Anmeldung einer konkreten Lösung für ein technisches Problem beim Patentamt. Patente werden für Erfindungen erteilt, die eine praktische Lösung für eine Herausforderung darstellen, wobei die Lösung einen technischen Charakter und eine technische Wirkung hat und reproduzierbar sein muss. Das bedeutet, dass Verfahren, Produkte, Geräte und Anwendungen patentiert werden können, aber keine Businesskonzepte.

Geistige Eigentumsrechte beziehen sich auf Urheberrechte an Musik, Bildern, Logos, Designs, Filmen und Texten. Solche Rechte beurkunden zu lassen, erschwert die Reproduktion deines Projekts und kann dir helfen, deine Ziele zu erreichen.

> **Beispiel: Casa Maria**
>
> Im Bereich ‚Produkte' tragen die beiden nichts ein. Tom spürt, wie sich eine gewisse Ernsthaftigkeit in der Wohnung breitmacht.
>
> „Mach dir keine Sorgen, Maria, das kommt alles in Ordnung. Haben wir nicht eine Flasche Tignanello im Keller? Das sollten wir feiern, nicht wahr?"

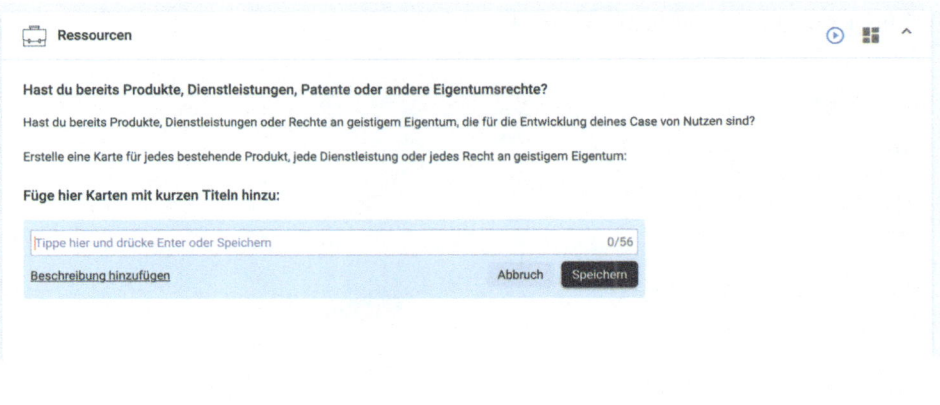

◄

5.4 Finanzielle Ressourcen

Auch wenn Geld nicht die Hauptmotivation für dein Projekt ist, so ist es doch eine Ressource, auf die du nicht verzichten kannst. Geld zu haben, um deine Rechnungen zu bezahlen, macht das unternehmerische Leben sehr viel komfortabler. Besonders wenn du deine Produkte oder Dienstleistungen erst entwickeln musst, bevor du anfangen kannst, Einnahmen zu erzielen, muss dir Kapital zur Verfügung stehen. Wenn du ausreichende Geldmittel hast, kannst du dein Projekt auf eine ganz andere Art und Weise entwickeln, als wenn du keine hast. Wie viel Kapital steht dir gerade zur Verfügung? Verschaffe dir einen Überblick über die Konten und Darlehensmöglichkeiten, die für dich verfügbar sind.

Eine weitere mögliche Kapitalquelle können Zahlungen deiner Kunden sein. Hast du heute schon Kunden und Verträge mit ihnen, die dir eine Bezahlung in der Zukunft sichern? Vielleicht hast du eine Art Abonnementvertrag, der dir monatliche Einnahmen verschafft, oder einen Auftragsbestand, der dir zu einem bestimmten Zeitpunkt Einkünfte garantiert? Kann einer dieser Verträge als Referenz für zukünftige Kunden verwendet werden?

Solche Verträge, die zukünftige Zahlungen garantieren, können dazu beitragen, die Entwicklung deines Projekts zu finanzieren. Parallel dazu musst du einen Teil deiner Ressourcen für die Lieferung dieser Aufträge bereitstellen.

Beispiel: Casa Maria

Unsicher, ob ihm die Feier oder die Beruhigung seiner „unternehmerischen Nerven" wichtiger ist – Tom geht in den Keller, um den Rotwein zu suchen. Maria trägt die letzte Ressource ein. Sie haben 70.000 € auf einem Sparkonto, die für das Projekt vorgesehen sind – und das gibt sie unter ‚Eigenkapital' an.

Wenn wir das nächste Mal das „Casa Maria" anschauen, werden die beiden mit der Entwicklung ihrer Geschäftsidee beginnen.

◀

Geschäftsidee 6

> **Zusammenfassung**
>
> Kap. 6 setzt sich mit dem dritten Schritt der *Systemischen Methode Unternehmerischer Aktivitäten (S-E-A-M)*, der Entwicklung und Überprüfung der Geschäftsidee auseinander. Der Ausgangspunkt ist dabei die Identifikation der eigenen Kernkompetenz, die einzigartig ist und so einen Wettbewerbsvorteil ermöglicht. Auf dieser Basis werden mit dem Schlüsselbeitrag und Schlüsselmarkt die zu lösenden Probleme für eine bestimmte Zielgruppe herausgearbeitet. Nach der daraus folgenden Formulierung einer konkreten Geschäftsidee wird diese mit der relevanten Zielgruppe getestet, um herauszufinden, inwieweit deren Probleme tatsächlich durch die vorgeschlagene Idee gelöst werden können.

Ganz egal, wie sehr wir versuchen, Entrepreneurship in ein System einzuordnen und ganz egal, wie viel Theorie wir lesen – Entrepreneurship ist in der Praxis extrem herausfordernd und dennoch im Grunde ganz einfach: Beim Entrepreneurship geht es in erster Linie um deine Kunden und darum, welche Probleme du für sie lösen kannst. Letztlich geht es darum, warum gerade du es schaffst, diese Schwierigkeiten besser zu beheben als die Konkurrenz. So einfach – und gleichzeitig so schwierig ist es!

Wir werden Maria und Tom als Beispiel verwenden: Beide wissen, dass Maria besser kocht als fast alle anderen. Damit können sie ein Problem, das mit Essen und Trinken zu tun hat, für die von ihnen gewählte Zielgruppe lösen. Dann besteht die Herausforderung natürlich darin, zu entscheiden, welche Zielgruppe im Mittelpunkt steht und welche Herausforderung im Zusammenhang mit Lebensmitteln und Getränken genau sie zu meistern versuchen. Sollen sie ein mit Michelin-Sternen ausgezeichnetes Restaurant aufbauen, sich auf Catering konzentrieren oder Fastfood an einem Imbisswagen vor einer Bar verkaufen? Jede dieser Optionen löst ein völlig anderes Problem für eine ganz andere Gruppe von Konsumenten. Die Kombination aus dem potenziellen Kunden, seinem Problem, den Eigenschaften, die es dir ermöglichen, das Problem zu lösen, und der Bestätigung, dass das Problem existiert, wird deine Geschäftsidee sein. In diesem Kapitel gehen wir ausführlich auf die Geschäftsidee und auf die Gründe ein, warum sie für die Geschäftsentwicklung so wichtig ist. Das Wort „Idee" kann einige irreführende Assoziationen hervorrufen. Das Konzept der „Idee" selbst steht gewöhnlich für einen Gedanken oder eine Vorstellung, wird aber in verschiedenen Kontexten unterschiedlich verwendet. Eine Idee kann ein Plan, eine Erfindung oder eine Laune sein. Das Wort kann für Gedanken und Fantasien verwendet werden und es kann spontane Lösungen oder eine intensive Inspiration beschreiben.

Das Konzept der Geschäftsidee hat damit wenig zu tun. Die Entwicklung einer Geschäftsidee ist ein mühsamer und komplexer Prozess. Brainstorming und Kreativität sind nur zwei von vielen Hilfsmitteln, um den richtigen Weg zu finden. Die Geschäftsidee sollte auf einem soliden Verständnis des Marktes und der Wirtschaft basieren und sie sollte in vielen Runden von „Versuch-und-Irrtum" entwickelt werden. Bei der Definition der Geschäftsidee musst du all diese Techniken kombinieren. Lass so viele deiner Mitarbeiter wie möglich an dieser Aufgabe mitarbeiten. Auf diese Weise erhältst du Input und Ideen von denjenigen, die über die meiste praktische Erfahrung verfügen, während du deinen Plan gleichzeitig verinnerlichst.

Eine Geschäftsidee enthält die Antworten auf drei Fragen: Welches Problem solltest du lösen, wer wird dieses Problem haben, und welches einzigartige Merkmal macht dich besser darin, dieses Problem zu lösen als alle anderen? Darüber hinaus enthält sie die Ergebnisse aus den Kundenbefragungen, die die Antwort darauf geben, ob du wirklich ein Problem gefunden hast, das es wert ist, gelöst zu werden. Diese vier Elemente sind die Bausteine der Geschäftsidee in *S-E-A-M*. Während du deine Geschäftsidee entwickelst, solltest du versuchen, zwischen diesen Fragen hin und her zu springen und dich immer wieder fragen, ob die vier Antworten sich gegenseitig bestärken. Dies ist ein Beispiel dafür, wie du letztendlich sicherstellen kannst, dass alle 29 Elemente von *S-E-A-M* logisch miteinander verbunden sind.

Wir beginnen mit dem Element der sogenannten „Kernkompetenz". Diese Komponente gibt dir die Antwort darauf, was dich einzigartig macht, im Sinne von: welche spezielle Kompetenz macht dich besonders geeignet, genau das Problem der von dir gewählten Kundengruppe zu lösen?

6.1 Kernkompetenz: Was macht dich einzigartig?

Eine entscheidende Grundlage für die Geschäftsidee ist das, was dich von allen anderen unterscheidet. Wenn dich nichts Einzigartiges auszeichnet, hast du keine Geschäftsidee.

Im Idealfall möchten wir eine Geschäftsidee definieren als das, „was du besser als jeder andere kannst". Allerdings gibt es Bedarf an mehr als einem Coffee-Shop, einer Tankstelle

6.1 Kernkompetenz: Was macht dich einzigartig?

und auch einem Buchhaltungssystem auf der Welt. Man muss nur einen Markt oder ein geografisches Gebiet finden, wo es genügend Kunden gibt. Also definieren wir eine Geschäftsidee auf folgende pragmatische Weise als:

> Das, was du besser als jeder andere kannst (dort, wo du dich befindest).

Die Fähigkeit, etwas besser zu machen als alle anderen, bedeutet, eine einzigartige Qualität zu haben. Der chinesische Basketballspieler Yao Ming (Abb. 6.1) spielte früher als Center für das amerikanische Basketballteam Houston Rockets. Die Aufgabe eines Centers in einer Basketballmannschaft besteht darin, unter dem Korb zu decken und Rebounds abzufangen. Er konnte das hauptsächlich deshalb besonders gut, weil er 229 cm groß ist. Das, was du besonders gut kannst, oder die Qualität, die dich einzigartig macht, sollte Teil der Geschäftsidee sein.

Bei der traditionellen SWOT-Methode (Stärken, Schwächen, Chancen, Risiken) wirst du aufgefordert, alle deine Stärken und Schwächen aufzulisten. Das Problem dabei ist, dass du nicht in vielen Dingen gut sein musst, um ein erfolgreicher Entrepreneur zu werden. Meistens reicht es aus, nur eine Sache hervorragend zu können. Ebenso spielt es keine Rolle, ob du viele Schwächen hast. Diese Mängel werden im Vergleich zu deiner einen einzigartigen Stärke völlig unbedeutend (Hill und Westbrook 1997).

Abb. 6.1 Yao Ming (© AFP/Scanpix)

Der Fußballtrainer Nils Arne Eggen beschreibt dies am Beispiel eines Fußballspielers, der unglaublich gut mit dem linken Fuß schießt. Er sollte seinen linken Fuß weiterhin trainieren, damit er noch besser wird, anstatt Zeit für den Versuch zu investieren, mit dem rechten Fuß genauso gut schießen zu lernen (worauf sich die meisten Trainer konzentrieren würden). Das liegt daran, dass einer Mannschaft ein Spieler, der außergewöhnlich gut mit einem Fuß schießen kann, mehr nützt als ein Spieler, der mit beiden Füßen nur mittelmäßig schießt. Darüber hinaus ist es ein unschätzbares Erfolgserlebnis, wenn du eine Fähigkeit weiterentwickelst, die du bereits gut beherrschst. Eggen nennt dies die „good foot theory" (Eggen 1999). Weißt du, was dein „guter Fuß" als Entrepreneur ist?

Beispiel: Casa Maria

Obwohl Maria und Tom sehr genau wissen, dass sie ein Restaurant eröffnen wollen, stehen viele mögliche Geschäftsideen zur Auswahl. Ein Restaurant könnte alle möglichen Bedürfnisse für verschiedene Arten von Zielgruppen befriedigen. Natürlich kann man in ein Restaurant gehen, um satt zu werden, aber es gibt viel billigere und einfachere Wege, dasselbe zu erreichen. Vielleicht möchte man auch nur ein kulturelles Erlebnis oder einfach einen angenehmen Abend verbringen. Womöglich möchte man bei einem Date oder einem wichtigen Geschäftspartner einen guten Eindruck hinterlassen? Wer wird diese Bedürfnisse haben – Geschäftsleute, junge oder alte Leute, Einheimische oder Touristen? Wenn die beiden mit dem Restaurant den Markt erobern möchten, müssen sie wissen, an wen sie sich wenden sollen.

Sie überlegen zunächst, ob sie damit beginnen sollten, nach dem Problem zu suchen, das sie lösen möchten oder nach der wichtigsten Kompetenz, die sie haben. Für manche scheint es am naheliegendsten, zunächst zu versuchen, die Herausforderung und die Zielgruppe zu verstehen – und dann schließlich herauszufinden, was genau sie am besten dazu befähigt, das Problem zu lösen. Für andere scheint es am besten zu funktionieren, mit dem zu beginnen, was sie einzigartig macht, dann ein zu lösendes Problem und anhand dessen die Zielgruppe zu finden. Anscheinend unterscheidet diese beiden Gruppen voneinander, wie klar und einzigartig die Kernkompetenzen sind. Bei etwas mehr als sechs von zehn Projekten wird mit der einzigartigen Kompetenz, die aufzeigt, warum man nicht kopiert werden kann, begonnen – also entscheiden sich Maria und Tom, dass sie ebenfalls versuchen möchten, damit anzufangen. Schnell beschließen sie, dass das wirklich Einzigartige, das sie ausmacht, Marias Persönlichkeit, Erfahrung und Leidenschaft sind. Unter ‚Kernkompetenz' geben sie deshalb nur ‚Maria' an. Sie ziehen andere Optionen in Betracht, wie zum Beispiel die ‚Räumlichkeiten', aber obwohl Grundstück und Gebäude wirklich gut sind, sind sie sich einig, dass es in ihrer Stadt andere ebenso schöne Orte gibt – deshalb beschließen sie, sie nicht als einzigartig zu betrachten.

6.2 Schlüsselbeitrag: Welches Problem wirst du lösen?

Man kann kein Unternehmen führen, wenn es keine Notwendigkeit für das gibt, was man anbieten möchte. Ein typischer Fehler bei der Arbeit mit Geschäftsideen ist es, Probleme und Lösungen zu vermischen. Selbst wenn der Typ neben dir an der Bar sagen würde: „Jetzt brauche ich ein Bier", bedeutet das nicht unbedingt, dass es sich bei seinem Bedürfnis wirklich um Bier handelt. Es kann sein, dass es ihn genauso zufriedenstellen würde, wenn er mit einem Freund einen Spaziergang durch den Wald machen würde. Es kann sein, dass er eigentlich unter einem Mangel an sozialen Kontakten leidet und das Bier nur eine mögliche Lösung ist. Die Probleme des Kunden müssen immer in einem größeren Zusammenhang betrachtet werden. Es kann auch sein, dass das Bedürfnis „Durst" war oder vor der Realität fliehen zu wollen.

Probleme können außerdem unterschiedlichen Ebenen zugeordnet werden. Das Bedürfnis nach Kleidung geht aus dem Bedürfnis nach Wärme hervor, welches wiederum vom Bedürfnis stammt, gesund bleiben zu wollen. Eine wichtige Einschränkung bei der Formulierung deiner Geschäftsidee ist, sich auf das wichtigste Problem zu konzentrieren. Alle anderen Probleme, ganz gleich, wie sie aussehen und auf welcher Ebene sie sich befinden, gehören zum Geschäftsmodell. British Rail bedient Menschen, die eine Transportmöglichkeit benötigen. Aus der Geschäftsidee geht nicht hervor, ob sie einen bequemen Transport, eine Beförderung mit Verpflegung, einen Schlafwagen oder Lesestoff für die Fahrt benötigen. Das eine wichtige, vorrangige Bedürfnis derjenigen, die mit British Rail reisen, ist, kurz gesagt, von A nach B zu gelangen.

Der Harvard-Professor Clayton Christensen behauptete, dass der Kauf eines Produkts oder einer Dienstleistung gleichbedeutend damit sei, die Lösung dafür „einzustellen", einen Job für dich zu erledigen (Christensen et al. 2007). Wenn du die Aufgabe, die die Lösung für dich erledigen soll, gut und detailliert beschreiben kannst, wird es dir leichtfallen, zu entscheiden, wie sie aussehen sollte. Er kam zu diesem Schluss, nachdem er bei der

Abb. 6.2 Milchshake
(© ganzoben/iStock)

Fast-Food-Kette McDonalds recherchiert hatte. Sie hatten dort mit dem Verkauf von Milchshakes (Abb. 6.2) zu kämpfen. Unabhängig davon, wie sie Geschmack, Konsistenz, Verpackung und Preis veränderten, die Verkaufszahlen blieben gleich. Christensen bezog Stellung in einem der Restaurants und notierte sich, wer Milchshakes kaufte. Zu seiner großen Überraschung wurde der Großteil vor acht Uhr morgens von Männern mittleren Alters erworben, die allein mit dem Auto kamen. Am nächsten Tag fragte Christensen diese Kunden, welchen „Job der Milchshake für sie erledigt hätte" oder welches Problem sie mit dem Kauf eines Milchshakes lösten? Die überraschende Antwort war, dass sie etwas zu tun brauchten, während sie sich auf ihrer Pendelstrecke zur Arbeit langweilten. Der Milchshake war angemessen sättigend, angemessen lecker, er richtete keine Schweinerei an und er passte perfekt in den Becherhalter des Autos. Dementsprechend löste das Produkt das Problem besser als die Alternativen, die den Kunden zufolge nicht nur Milchshakes von Burger King, sondern auch Schokolade, Obst, Donuts, Kaffee und so weiter hätten sein können. Es ist viel einfacher, gute Anregungen dafür zu bekommen, wie das Produkt verbessert werden sollte, wenn man die Probleme der Kunden versteht. Einsicht ist der Eckpfeiler aller guten Innovationen.

Beispiel: Casa Maria

Dann beginnt die Diskussion darüber, welche Kundenprobleme Maria und Tom lösen können. Sie diskutieren ein bisschen hin und her, ob ein Bedürfnis zu befriedigen dasselbe bedeutet wie ein Problem zu lösen und kommen zu dem Schluss, dass „ein Bedürfnis befriedigen" und „ein Problem lösen" das Gleiche meint. Dann fangen sie an, über verschiedene Probleme nachzudenken, die sie lösen könnten: „Hunger stillen, eine Pause von der Routine einlegen, der Freundin ein schönes Erlebnis schenken – oder jemandem, den man gern als Freundin hätte", schlägt Tom vor. „Oder irgendjemandem, den du schätzt", sagt Maria. Sie fährt fort: „Jemandem, der dir beim Umzug geholfen hat, oder deiner Mutter, die zu Besuch kommt."

Sie einigen sich zu schreiben: ‚um deinen Hunger zu stillen', ‚um jemandem ein schönes Erlebnis zu schenken' und ‚um eine Pause von der Routine zu bekommen'. „Dann gibt es diejenigen, die die Rechnung nicht selbst bezahlen, diejenigen, die einen guten Eindruck auf einen Geschäftspartner machen oder einige Kollegen mitten in einem Projekt ausführen wollen", sagt Tom. Sie schreiben ‚Repräsentation' und ‚Arbeitsessen'. „Letzten Endes verkaufen wir Kultur. Vielleicht müssen sich die Menschen zuallererst in einer bestimmten Gefühlslage befinden oder auf eine besondere Weise auftreten. Vielleicht müssen sie sich selbst und andere daran erinnern, dass das Leben schön ist und dass es sich lohnt, es zu feiern", sagt Maria. Sie schreiben ‚Zugehörigkeit'.

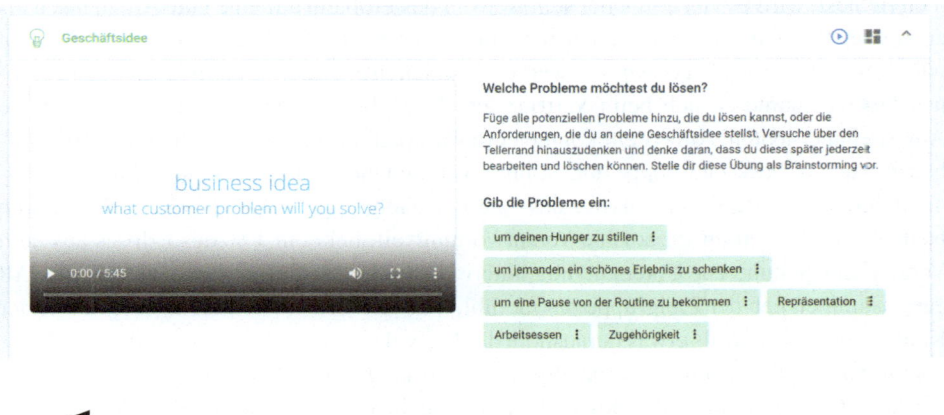

6.3 Schlüsselmarkt: Wer wird dieses Problem haben?

Sam McCracken hat einen neuartigen Sneaker erfunden (Faria 2019). Sam arbeitet für Nike und hat einen Turnschuh entwickelt, der breiter als ein normaler Sneaker ist. Warum sollte man einen breiteren Turnschuh brauchen? Brauchst du vielleicht keinen? Wenn du keinen Bedarf an breiteren Sneakern hast, bist du den meisten von uns ähnlich. Wir gehören nicht zur Zielgruppe für diese Schuhe. Sam hatte den Vorteil, dass er einen guten Einblick in die Zielgruppe hatte. Er wusste, dass diese Konsumenten deutlich breitere Füße haben als der Bevölkerungsdurchschnitt in den Vereinigten Staaten. Er wusste das, weil er selbst zur Zielgruppe gehört. Der Schuh heißt Nike Air Native N7 (Abb. 6.3) und die Zielgruppe sind die amerikanischen Ureinwohner oder „Amerindianer".

Abb. 6.3 Sam McCracken und Nike Air Native N7 (© Don Ryan/AP/Scanpix)

Der Versuch, ein Problem zu lösen, ist sinnlos, wenn man nicht sagen kann, wer dieses Problem hat. Die Geschichte ist voll von Erfindern, die versucht haben, imaginäre Probleme für nicht existente Zielgruppen zu lösen. Wenn du hingegen genau weißt, an wen du dich richtest, wird es viel einfacher sein, sowohl das Problem auf eine gute Art zu lösen als auch dein Produkt oder deine Dienstleistung zu verkaufen und zu vermarkten. Nehmen wir Sam als Beispiel. Da er wusste, wer das Problem hatte und wo die betreffenden Personen lebten, konnte er sich beim Vertrieb auf die Gebiete konzentrieren, in denen viele Amerindianer lebten. Außerdem konnte er das Marketing um eine Geschichte herum aufbauen, die auf diese Zielgruppe abgestimmt war, und diese Geschichte über Medien kommunizieren, von denen er wusste, dass sie der Zielgruppe bekannt waren. Schließlich baute er ein Programm für soziale Verantwortung auf, bei dem 1 % des Erlöses aus dem Verkauf der Schuhe zur Unterstützung amerindianischer Anliegen verwendet wurde. All das zusammen gab der Zielgruppe das Gefühl, dass sich dieses Produkt aus der Masse der Konkurrenzprodukte als etwas heraushob, das besonders gut zu ihr passte. Auf diese Weise konnte Sam einen Großteil des spezifischen amerindianischen Marktes erobern, anstatt zu versuchen, einen kleinen Teil des großen, allgemeinen amerikanischen Sneaker-Marktes einzunehmen. Genau hier machen viele Entrepreneure große Fehler. Sie haben Angst, Einnahmen einzubüßen, wenn sie die Zielgruppe zu sehr einschränken. Es ist gefährlich, in einen so allgemeinen Markt zu investieren, dass man sich nicht von der Konkurrenz abheben kann. „Blue-Ocean-Strategie" (Kim und Mauborgne 2014) ist eine Denkweise, die darauf abzielt, zu viele Konkurrenten zu vermeiden. Dies wird durch die Tatsache veranschaulicht, dass ein einzigartiges Unternehmen in einem „blauen Ozean" agieren kann. Ein blauer Ozean ist ein neuer und frischer Markt ohne zu viele Wettbewerber. Das Gegenteil ist ein „roter Ozean". Ein roter Ozean ist überflutet von Konkurrenten, die relativ ähnliche Produkte haben. Das einzige Instrument, über das man auf einem solchen Markt konkurrieren kann, ist die Senkung des Preises. Denke daran, dass es wahrscheinlich Tausende von Turnschuhen gibt, die für den allgemeinen US-Markt bestimmt sind. Der Versuch, einen Teil eines solchen Markts zu gewinnen, ohne einen besonderen Vorteil zu haben, ist sehr riskant. Wir empfehlen dir dringend, dass du versuchst, deine Zielgruppe einzugrenzen, bis du wirklich einen klaren Vorteil hast. Wenn du auf diesem klar umrissenen Markt erfolgreich bist, kannst du in andere, benachbarte Märkte expandieren.

6.4 Vorlage zur Formulierung der Geschäftsidee

Beispiel: Casa Maria

Maria und Tom versuchen herauszufinden, wer ihre „natürliche" Zielgruppe ist. „Wow – kann das nicht jedermann sein? Jeder isst etwas, oder?", ruft Tom ein wenig resigniert aus. „Nun, zumindest haben wir Geschäftsleute. Sie sind wahrscheinlich diejenigen, die nach Repräsentation und Arbeitsessen verlangen. Und dann gibt es einen Unterschied zwischen denen, die zum Mittagessen kommen, und denen, die zum Abendessen kommen", sagt Maria. Sie schreiben ‚Geschäftsleute, am Mittag' und ‚Geschäftsleute, am Abend'. „Brillant. Damit hätten wir uns um die Geschäftsleute gekümmert. Wer sind dann die anderen?" sagt Tom. „Nun, ich glaube nicht, dass es die ganz Jungen sind – und auch nicht die Ältesten. Sagen wir ‚kulturell interessierte Leute zwischen 30–60'. Es ist nicht so, dass wir die ablehnen würden, die nicht in diese Beschreibung passen, aber wir müssen uns auf irgendjemanden konzentrieren."

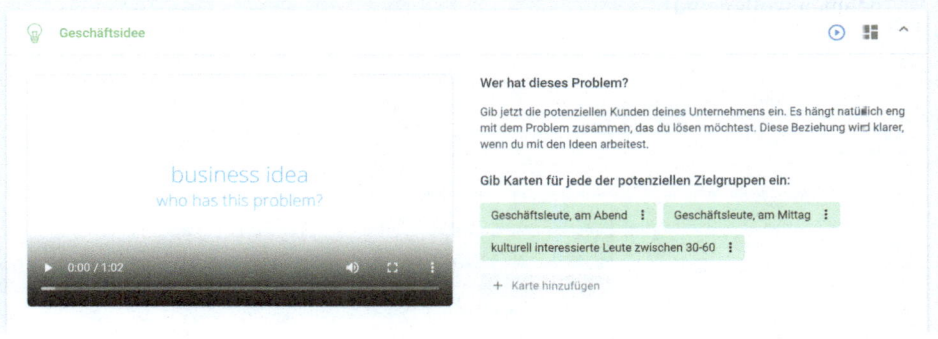

6.4 Vorlage zur Formulierung der Geschäftsidee

Guy Kawasaki (2004) behauptet, wenn man seine Geschäftsidee nicht mit weniger als zehn Worten beschreiben kann, dann hätte man keine Geschäftsidee. Was uns betrifft, kannst du gerne elf oder auch zwölf Worte verwenden, aber der Punkt ist klar: eine Geschäftsidee muss kurz und prägnant sein. Eine Geschäftsidee muss also aus

- einem Problem, das du lösen musst,
- einer Zielgruppe, die dieses Problem hat und
- einer einzigartigen Fähigkeit, die es dir ermöglicht, die Probleme zu lösen,

zusammengesetzt sein.

Das bedeutet, dass eine gute Geschäftsidee folgendermaßen aussehen sollte:

[Projektnamen einfügen] dient [Gesamtzielgruppe einfügen], die [das wichtigste Bedürfnis der Zielgruppe einfügen] benötigen, weil [dein einzigartiges Attribut einfügen].

Das könnte zum Beispiel so aussehen:

[Yao Ming] unterstützt [Basketballteams], die [Basketballspiele gewinnen] wollen, weil [er 2,29 m groß ist].

Beispiel: Casa Maria

Maria und Tom erkennen, dass sie mit zwei Geschäftsideen beginnen können (Abb. 6.4):

- Kulturbegeisterte und Geschäftsleuten in der Mittagspause, die ihren Hunger stillen, eine Pause von der Routine einlegen, jemandem eine schöne Erfahrung schenken, ein Zugehörigkeitsgefühl aufbauen, sich repräsentieren oder ein Arbeitsessen einnehmen wollen und

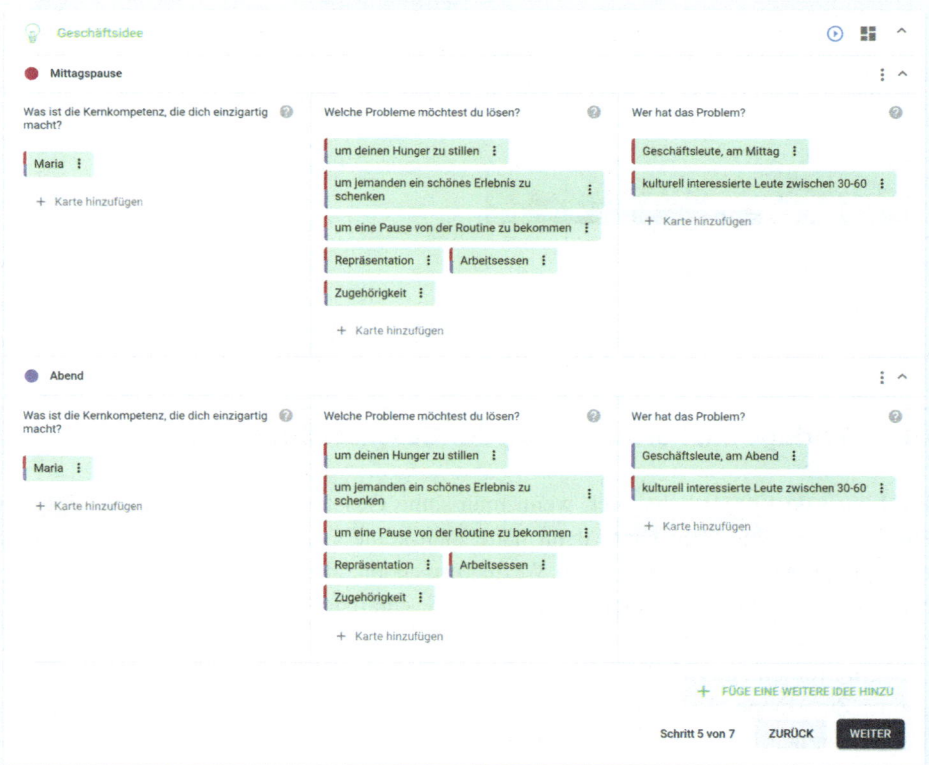

Abb. 6.4 Geschäftsidee

- Kulturbegeisterte und Geschäftsleuten am Abend, die ihren Hunger stillen, eine Pause von der Routine einlegen, jemandem eine schöne Erfahrung schenken, ein Zugehörigkeitsgefühl aufbauen, sich repräsentieren oder ein Arbeitsessen einnehmen wollen, angemessen zu bewirten.

Sie sind sich einig, dass das, was ihnen ermöglicht, die besten von allen zu sein, Maria ist. ◄

6.5 Problem-Interview: Hast du eine Lösung für das Problem gefunden?

Wenn du eine völlig neue Geschäftsidee auf den Markt bringen möchtest, könntest du leicht sowohl die Zielgruppe verfehlen als auch die Probleme, die zu lösen sind. Wenn du das tust, ist es sehr wahrscheinlich, dass dein Projekt ein Fehlschlag wird. Deshalb ist es wichtig, dass du über die Prinzipien des „Lean Startup" nachdenkst. Wende nicht viele deiner Ressourcen für die Entwicklung von Produkten auf, die ein Problem lösen, von dem du *glaubst*, dass die Zielgruppe es hat. Eine „schlanke" (*lean*) Arbeitsweise ist die beste Versicherung gegen die Lösung nicht vorhandener Probleme. Da du Ziele, Aufgaben, Einnahmen und Kosten kontinuierlich messen und bewerten kannst, wirst du schnell erkennen, ob der Markt deine Lösung benötigt oder nicht. Auf diese Weise wird dein Tagesgeschäft der beste Test sein, den du durchführen kannst. Um jedoch ein weiteres Sicherheitsventil hinzuzufügen, empfehlen wir dir, zwei verschiedene Arten von Kundenbefragungen durchzuführen: „Gibt es ein Problem, das es wert ist, von dir gelöst zu werden?" und „Löst du dieses Problem?".

Wenn du dir noch einmal das Customer-Development-Model von Steve Blank in Erinnerung rufst (Abb. 2.6), sehen wir, dass diese beiden Fragen den ersten beiden Phasen des Modells entsprechen. Wenn du auf jede Frage eine positive Antwort hast, kannst du zur nächsten Phase übergehen. Du solltest bei der Entwicklung der Geschäftsidee die erste Frage stellen: „Gibt es ein Problem, das es wert ist, von dir gelöst zu werden?" Mit dieser Frage soll vermieden werden, dass Ressourcen für die Entwicklung von Produkten und Dienstleistungen aufgewendet werden, die die Menschen niemals bereitwillig von dir kaufen möchten. Dann musst du dich vergewissern, dass die von dir ausgewählten Zielgruppen auch wirklich die Probleme haben, von denen du glaubst, dass sie sie haben. Wir empfehlen dir, dabei so einfach wie möglich vorzugehen. Finde eine Handvoll Vertreter deiner Zielgruppen und befrage sie bei einer Tasse Kaffee. Wende dabei nicht mehr als ein paar Minuten für jedes Kundengespräch auf. Wähle zuerst die Personen aus, die du interviewen wirst. Beginne mit 6–10 Personen und füge weitere hinzu, wenn du das Gefühl hast, nicht genügend Antworten zu erhalten. Wichtig ist, dass sie repräsentativ für die Zielgruppen sind, die du ausgewählt hast. Das Interview selbst ist einfach: Beschreibe

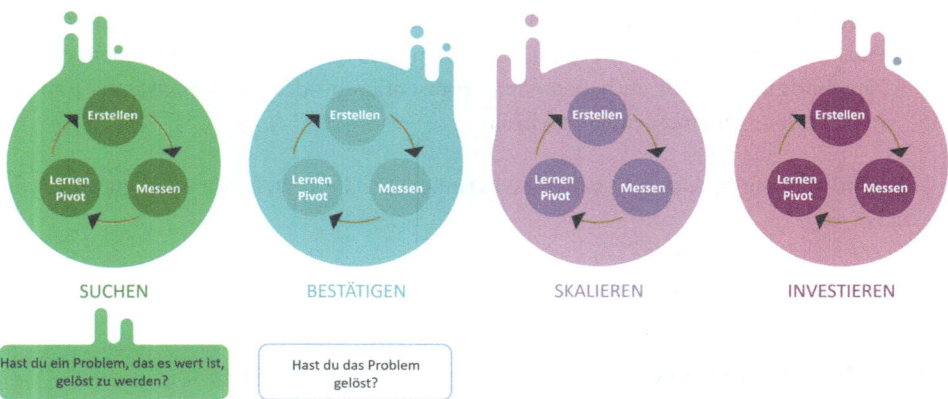

Abb. 6.5 Das Problem-Interview (In Anlehnung an Steve Blank 2007)

zunächst die Probleme, die du zu lösen versuchst, und bitte den Kunden, sie von kleinen bis hin zu großen und wichtigen Problemen zu ordnen (Abb. 6.5). Versuche, die Kunden dazu zu bringen, zusätzliche Kommentare zu jeder Aufgabenstellung abzugeben. Wenn der Kunde andere, dazugehörige Probleme hinzufügen möchte, sollte ihm das gestattet werden. Während du die Interviews durchführst, erhältst du eine durchschnittliche Rangfolge für die verschiedenen Probleme von jeder Kundengruppe. Dann entscheidest du, ob du die Idee weiterverfolgen, verbessern oder eine andere Idee testen möchtest.

> **Beispiel: Casa Maria**
>
> Maria und Tom kommen überein, die beiden Ideen, an denen sie arbeiten, zu testen, sich hinzusetzen und einige der Probleme neu zu formulieren, damit sie die Fragen leichter beantworten können:
>
> - einen Ort finden, um meinen Hunger zu stillen,
> - einen Ort finden, an dem ich eine Pause vom Alltag einlegen kann,
> - jemandem mit einer Mahlzeit ein schönes Erlebnis schenken,
> - sich als Teil eines städtischen, kulturellen Umfelds fühlen,
> - einen Ort haben, wo ich Kunden zum Essen mitbringen kann und
> - einen Ort haben, an den ich meine Kollegen zum Essen ausführen kann.
>
> Dann setzen sich die beiden in das Café in der Parallelstraße – natürlich mit dem Segen des Besitzers. Es ist kurz nach zwölf Uhr mittags. Die erste Person, die sie treffen, ist ein junger Mann in einem Anzug, der mit zwei ähnlich gekleideten Herren zusammensitzt. Es stellt sich heraus, dass sein Name Frank ist und er in einer Werbeagentur gleich um die Ecke arbeitet. Er lächelt, als er versteht, worum sie ihn bitten, und schnappt sich wohlwollend das iPad von Maria. Er wird schnell als Geschäftsmann eingestuft und gibt schnell die folgenden Einschätzungen ab:

- einen Ort haben, an den ich Kunden zum Essen ausführen kann – 7
- einen Ort haben, an den ich Kollegen zum Essen ausführen kann – 7
- sich als Teil eines städtischen, kulturellen Umfelds fühlen – 5

Er schreibt auch, dass er eine lokale Örtlichkeit vermisst, die den Gästen das Gefühl geben kann, etwas Besonderes zu erleben. „Etwas, das genauso gut ist, wie man es gewohnt ist, wenn man ins Ausland reist." Das fügt er in einem separaten Punkt hinzu – und gibt eine 7. „Ist es möglich, eine 8 zu geben?", fragt er lächelnd.

Die Nächste ist Birgitta. Sie sagt, sie wohnt in der Nachbarschaft und beantwortet gerne alle Fragen. Sie vergibt folgende Punkte:

- einen Ort finden, um meinen Hunger zu stillen – 2
- einen Ort finden, an dem ich eine Pause vom Alltag einlegen kann – 6
- jemandem, den ich schätze, ein schönes Erlebnis in Form einer Mahlzeit schenken – 7
- sich als Teil eines städtischen, kulturellen Umfelds fühlen – 7

Als der Tag zu Ende ist, haben sie 27 Interviews durchgeführt. Während der Gespräche schlug ein Kunde vor, dass „ein Ort, an dem guter Wein wirklich im Fokus steht" als zusätzliches Problem hinzugefügt werden sollte. Am Ende sieht die Matrix folgendermaßen aus:

≡ Teste die Idee			+ INTERVIEW HINZUFÜGEN ^
Probleme	Zielgruppe		
	Geschäftsleute, am Abend	Geschäftsleute, am Mittag	kulturell interessierte Leute zwischen 30-60
um deinen Hunger zu stillen	-	-	3.34
um jemanden ein schönes Erlebnis zu schenken	-	-	6
um eine Pause von der Routine zu bekommen	-	-	6.67
Repräsentation	6.67	6.34	-
Arbeitsessen	6.67	6	-
Zugehörigkeit	5	5.34	6.67
ein Ort, an dem ein guter Wein wirklich im Fokus steht	6.34	3	5.34
Füge ein Problem hinzu			

Im Coffee-Shop gab es zwei Zeiträume, in denen sehr viel los war – zwischen elf und zwei Uhr mittags und nach sieben Uhr abends. Tagsüber kamen die meisten Leute von der Arbeit. Am Abend bezahlten die meisten Menschen ihre Mahlzeiten selbst, aber es gab auch einige wenige, die aus ihren Büros kamen. Die Schlussfolgerung, die sie ihrer Meinung nach ziehen konnten, lautete, dass sie mit einem Mittagsservice beginnen und versuchen sollten, ein Gleichgewicht zwischen privaten und geschäftlichen Restaurantbesuchern zu finden. Außerdem schien eine größere Notwendigkeit zu bestehen, in guten Wein zu investieren, als sie dachten. „Lass uns prüfen, ob es in der Nähe andere Lokale mit gut ausgestatteten Weinkellern gibt. Es scheint so, als ob das etwas ist, worauf wir uns konzentrieren könnten. Und die Kombination aus Italien und Wein passt gut zusammen", sagt Tom.

„Ich denke wirklich, wir sollten abends schließen und in den ersten drei Monaten nur zum Mittagessen öffnen. Wir werden Geld verlieren – aber dann können wir die Abende nutzen, um die Speisekarte zu verbessern und alles wirklich gut hinzubekommen. Davon werden wir langfristig profitieren." Der Ökonom in Tom wollte protestieren – aber tief im Inneren wusste er, dass Maria Recht hatte. Er ging ins *EMS* und schaltete die Geschäftsidee zu den Abenden aus. ◄

Literatur

Blank S., Four Steps to the Epiphany: Successful Strategies for Products that Win, 3. Aufl. Kalifornien: S. G. Blank, 2007.

Christensen C. M., Anthony S. D., Berstell G. und Nitterhouse D., „Finding the right job for your product", *MIT Sloan Manag. Rev.*, Bd. 48, Nr. 3, S. 12, 2007.

Eggen N. A., *Godfoten*. Oslo: Aschehoug, 1999.

Faria C., „An interview with Sam McCracken, visionary and general manager of the Nike N7 Program", *Tribal Gaming Hosp.*, Nr. 1, 2018, [Online]. Verfügbar: https://tgandh.com/news/an-interview-with-sam-mccracken-visionary-and-general-manager-of-the-nike-n7-program/. Zugegriffen: 29. März 2019.

Hill T. und Westbrook R., „SWOT analysis: It's time for a product recall", *Long Range Plann.*, Bd. 30, Nr. 1, S. 46–52, Feb. 1997, https://doi.org/10.1016/S0024-6301(96)00095-7

Kawasaki G., *The Art of the Start: The Time-Tested, Battle-Hardened Guide for Anyone Starting Anything*. Penguin, 2004.

Kim W. C. und Mauborgne R., *Blue Ocean Strategy, expanded edition: How to Create Uncontested Market Space and Make the Competition Irrelevant*. Harvard Business Review Press, 2014.

Geschäftsmodell 7

Zusammenfassung

Kap. 7 befasst sich mit dem vierten Schritt der *Systemischen Methode Unternehmerischer Aktivitäten (S-E-A-M)*. Aufbauend auf der zuvor identifizierten Geschäftsidee wird das Vorgehen zur Entwicklung eines geeigneten Geschäftsmodells beschrieben. Dafür werden zunächst die Co-Creators, erste Kunden die initiales Feedback im Entwicklungsprozess geben, identifiziert. Anschließend wir mit der Unique Value Proposition (UVP) das Alleinstellungsmerkmal des entrepreneurialen Projekts herausgearbeitet. Die Produktmerkmale werden festgelegt und das entrepreneuriale Ökosystem mit relevanten Partnern wird identifiziert. Nach der Entwicklung eines Vertriebs- und Preismodells wird abschließend beschrieben, wie das Geschäftsmodell getestet werden kann, um festzustellen ob das bestehender Problem der Zielgruppe tatsächlich gelöst wird.

Viele Menschen glauben, dass das Geheimnis hinter erfolgreichem Entrepreneurship lautet, eine einzigartige Geschäftsidee zu haben. Das ist selbstverständlich wichtig, allerdings gibt es viele Beispiele dafür, wie ganz gewöhnliche Ideen dank eines guten Geschäftsmodells, eines strukturierten Außendienstes und eines effizienten Vertriebs zu Erfolgen wurden. Ebenso gibt es viele Beispiele für fantastische Ideen, die aufgrund des falschen Geschäftsmodells absolut erfolglos waren.

Unternehmen, die einen innovativen Ansatz für das Geschäftsmodell des Betriebs verfolgen, damit arbeiten, es verändern und verbessern, sind profitabler als solche, die das nicht tun (Keeley et al. 2013). Die kontinuierliche Verbesserung des Geschäftsmodells ist eines der nutzbringendsten Dinge, die du tun kannst und die Wahl dieses Modells ist eine der wichtigsten Entscheidungen, die du in einem Unternehmen triffst.

Jedes Geschäftsmodell basiert auf einer Geschäftsidee. Grob gesagt kann man es so ausdrücken, dass die Geschäftsidee beschreibt, was das Unternehmen zu erreichen versucht, während das Geschäftsmodell beschreibt, wie es dies tut. Im Geschäftsmodell findest du sieben einfache Fragen, die du beantworten musst:

- Wer werden deine ersten Kunden oder Co-Creators sein?
- Was wird deine Unique Value Proposition (UVP) sein?
- Welche Eigenschaften wird dein Produkt oder deine Dienstleistung haben?
- Wer kann dir helfen?
- Wie wirst du vermarkten und verkaufen?
- Wie wirst du kalkulieren?
- Löst du die Probleme deines Kunden?

Du kannst diese Fragen kombinieren, um eine oder auch eine Kombination der vier Hauptarten von Geschäftsmodellen (Zott und Amit 2010) zu erstellen: Neuheit, was bedeutet, dass du eine innovative Art und Weise hast, ein Problem zu lösen. Effizienz, das heißt, du kannst das Problem zu geringeren Kosten als die Konkurrenz lösen. Festhalten, was beschreibt, dass du es schaffst, deinen Kunden den Wechsel zu einem Wettbewerber zu erschweren. Komplementarität, was bedeutet, dass du dein Produkt oder deine Dienstleistung mit einer Lösung verknüpfst, die der Kunde bereits hat oder sich wünscht.

Die Antworten auf die Fragen müssen miteinander harmonieren. Die Eigenschaften der Lösung müssen an die ausgewählte Zielgruppe angepasst werden. Die Preisstrategie und die Verkaufsmethode hängen von diesen beiden Faktoren ab. Die Wahl der Partner muss ebenfalls auf all dies abgestimmt werden. Alles muss sich auch auf die vier Fragen aus der Geschäftsidee beziehen. Man muss versuchen, alle Elemente so lange anzupassen, bis etwas entstanden ist, das sich zusammenfügt. In den folgenden Abschnitten werden wir auf jede der sieben Fragen näher eingehen.

Beispiel: Casa Maria

Maria und Tom haben beschlossen, zunächst nur mit dem Mittagsgeschäft zu beginnen. Deshalb schalten sie die andere Geschäftsidee aus. Sie setzen sich hin und versuchen, die Idee mit dem Mittagessen so zu erweitern, dass sie auch ein Geschäftsmodell miteinschließt.

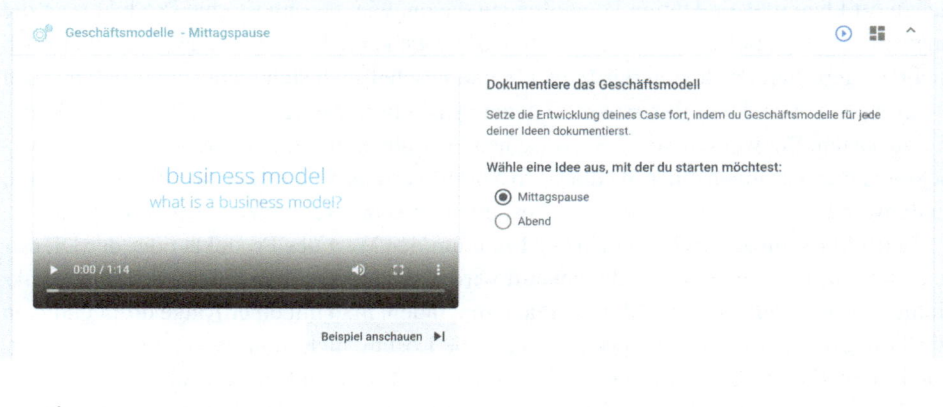

7.1 Co-Creators: Wer werden deine ersten Kunden sein?

Das Beispiel von Sam McCrackens Schuhen für Amerindianer aus dem vorigen Kapitel zeigt, dass es wichtig ist, sich auf eine klare Marktnische zu konzentrieren. Geoffrey Moore hilft dir dabei in seinem Buch „Crossing the Chasm!" (Moore 1995). Kurz gesagt, stellt das Modell von Moore dar, dass alle Menschen beim Kauf neuer Produkte oder Dienstleistungen unterschiedliche Ansätze verfolgen. Er teilt alle potenziellen Kunden in den frühen Markt und den Massenmarkt ein (Abb. 7.1). Der frühe Markt hat zwei Untergruppen und der Massenmarkt drei. Diese Gruppen verhalten sich so unterschiedlich, wenn sie mit einer neuen Lösung konfrontiert werden, dass Moore glaubt, dass es eine „Kluft" zwischen dem frühen und dem Massenmarkt gibt.

Der frühe Markt besteht aus Technologie-Enthusiasten und Visionären. Beide Gruppen mögen ungetestete Technologie. Sie übernehmen gerne die Rolle von Pilotkunden und

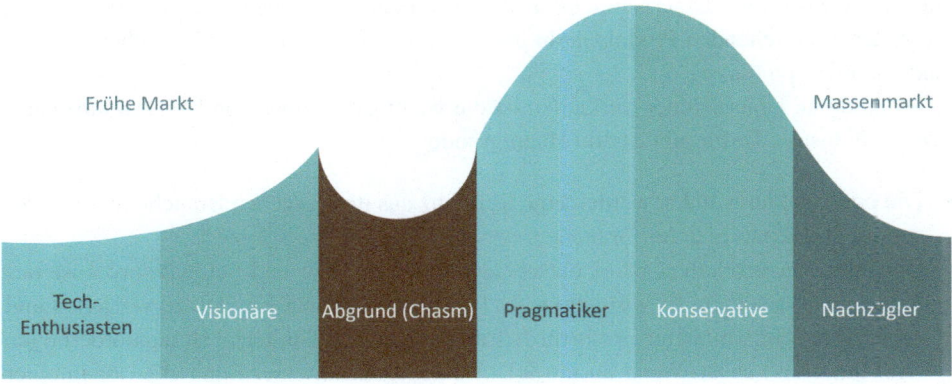

Abb. 7.1 The Chasm (In Anlehnung an Geoffrey Moore 1995)

haben oft klare und eindeutige Vorstellungen davon, wie das angestrebte Produkt oder die angestrebte Dienstleistung aussehen sollte. Sie haben eine hohe Toleranz gegenüber noch nicht ausgereiften Produkten mit Mängeln und beschäftigen sich nicht sonderlich mit den Referenzen von anderen Benutzern. Visionäre sind etwas weniger extrem als Technologie-Enthusiasten. Sie werden normalerweise neue Lösungen nur dann untersuchen und übernehmen, wenn es ihnen einen Wettbewerbsvorteil verschafft. Sie sind aber absolut geneigt, Erstanwender zu sein, auch wenn die Lösung noch keine Referenzen vorweisen kann.

Beim Massenmarkt geht es in erster Linie um den Wert des Produkts oder der Dienstleistung, das beziehungsweise die gekauft wird. Dort möchte man eine Lösung, die funktioniert. Man könnte dort auf Mängel reagieren, indem man mit einer Klage droht und man wird Benutzerfehler oft damit erklären, dass die Lösung nicht intuitiv genug funktioniert. Die Pragmatiker fordern, dass andere Unternehmen derselben Branche und aus demselben Land die Lösung ausprobiert haben, und sie werden mit diesen Referenzkunden sprechen, um sicherzustellen, dass sie wirklich zufrieden waren. Die Konservativen kaufen die Lösung erst, wenn sie billig und leicht zu bedienen ist. Das bedeutet, dass sie einen Reifegrad erreicht hat, bei dem sie praktisch fehlerfrei funktioniert und dass es unzählige Referenzkunden in der Branche gibt. Nachzügler kaufen eine Lösung erst, wenn sie extrem ausgereift ist. Wenn du in den letzten zehn Jahren jemals einer Person begegnet bist, die behauptete, dass „dieses sogenannte Internet niemals ein Ding werden wird, weil es nur eine Eintagsfliege ist", dann weißt du jetzt sicher, dass du mit einem Nachzügler gesprochen hast.

Wenn du ein brandneues Produkt hast, hast du keine Referenzen. Ohne Referenzen kannst du nicht auf dem Massenmarkt verkaufen. Was du tun musst, ist zuerst an den frühen Markt zu verkaufen und dann die Referenz daraus zu verwenden. Auch wenn du mit dem Verkauf auf dem frühen Markt keinen Gewinn erzielst, bist du vollständig von den Referenzen der Kunden dort abhängig. Diese Konsumenten vom frühen Markt sollten in deine „Co-Creators"-Box wandern. Um die richtigen Co-Creators zu finden, musst du deine Zielgruppe anhand möglichst vieler Dimensionen eingrenzen. Du musst entscheiden, auf welche geografischen Gebiete und Branchen du dich konzentrieren möchtest. Es gibt noch eine Reihe anderer Überlegungen, die ebenfalls zur Unterscheidung geeignet sein können: die Größe des Unternehmens, an das du verkaufst, welche Prozesse dort ablaufen, mit welchen bestehenden Produkten du interagieren musst oder welche bestehenden Produkte du ersetzen musst.

Wenn du an Unternehmen verkaufst, ist die wichtigste Dimension höchstwahrscheinlich die Industrie. Dafür gibt es drei Hauptgründe:

- Die potenziellen Kunden werden eine Referenz aus ihrer eigenen Branche mehr schätzen als solche aus anderen Branchen.
- Um etwas zu verkaufen, ist es entscheidend, die Ansätze und Schlüsselprozesse des Kunden zu verstehen. Es wird einfacher für dich sein, einen Kunden zu verstehen und mit ihm zu kommunizieren, wenn du dich auf Kunden mit ähnlichen Herausforderungen konzentrieren kannst. Wenn du um 9 Uhr einen Pitch in einer Bank, 12 Uhr in einer

Werbeagentur und 14 Uhr in einem Bauunternehmen halten musst, wird es dir schwerfallen, dich in alle drei Unternehmen hineinzuversetzen.
- Es wird einfacher sein, sich einen Überblick und Kenntnisse über den Markt zu verschaffen. Wenn du versuchst, in verschiedenen Branchen parallel Fuß zu fassen, wirst du es mit vielen verschiedenen Konkurrenten und potenziellen Partnern zu tun haben. Wenn du all dies aus den Augen verlierst, erhöht sich das Risiko, dass du strategische und taktische Fehler machst.

Wenn du auf dem gewerblichen Markt verkaufst, bedeutet die Auswahl des richtigen Ansprechpartners beim Kunden ebenfalls viel. Ein Betrieb kann niemals der Entscheidungsträger sein, wenn es um den Kauf deiner Lösung geht. Einzelpersonen innerhalb der Firma müssen das tun. Menschen treffen ihre Entscheidungen auf Grundlage einer Kombination aus rationalen (Preis und Produktqualität) und eher emotionalen Kriterien (Vertrauen in den Verkäufer, subjektive Vorlieben, Zufälle). Wenn ein Unternehmen einen Lieferanten auswählen muss, versuchen verschiedene Abteilungen, Einzelpersonen und Gruppen oft, für ihre bevorzugte Wahl zu argumentieren. Solche politischen Prozesse sind oft unvermeidlich, aber aus deiner Sicht haben sie selten eine positive Wirkung. Deshalb solltest du das Geschäftsmodell so aufbauen, dass sie so weit wie möglich vermieden werden. Teilweise kann das erreicht werden, indem der richtige Preis gefunden wird. Auch durch die Auswahl des richtigen Ansprechpartners kann viel erreicht werden – vorzugsweise einer Person, die die Lösung braucht und gleichzeitig die Befugnis und das Budget hat, um Entscheidungen zu treffen.

Wenn du deine Co-Creators definierst, musst du den frühen Markt für genau das Problem identifizieren, das du lösen möchtest. Es wird von Vorteil sein, die ausgewählten Co-Creators zu kennen und eine gute Beziehung zu ihnen zu haben. Du brauchst nicht viele davon. Oft kann ein solcher Kunde ausreichen. Wenn du mit jemandem zusammenarbeiten kannst, der sowohl das Problem hat, das du zu lösen versuchst und auch motiviert und geduldig genug ist, um bei der Entwicklung deiner Lösung zu helfen, wird dies zur Schaffung einer erfolgreichen Lösung beitragen. Wenn du den Kunden dazu bringen kannst, für die Entwicklung der Lösung zu bezahlen, ist das sogar noch besser. Es ist positiv für deine Finanzen und die Tatsache, dass der Konsument investiert hat, macht ihn oft noch motivierter, zum Gelingen der Lösung beizutragen.

Was ist, wenn du ein etablierter Entrepreneur mit Produkten bist, die es schon lange gibt, und mit einem großen Kundenstamm? Dann kannst du dieses Element einfach überspringen. Aber wenn du eine neue Lösung entwickelst oder das Produkt oder die Dienstleistung, die du bereits hast, verbessern möchtest – dann sind ein oder mehrere Co-Creators wertvoll für dich.

Beispiel: Casa Maria

Maria und Tom beginnen mit den Co-Creators:

„Wir haben diese große Ölgesellschaft gleich die Straße hoch, die auch mit italienischem Öl handelt", sagt Maria. „Was wäre, wenn wir das Managementteam zu einem Probelunch einladen? Wir könnten das in ihrer Kantine machen – bevor unser Restaurant fertig ist. Dann können sie uns helfen, die Speisekarte anzupassen."

„Und dann haben wir die Slow Food Organisation. Was wäre, wenn wir uns selbst zu einer Mitgliederversammlung einladen und sie die Gerichte, die wir auf die Speisekarte setzen wollen, ausprobieren und uns ein Feedback geben lassen? Wir kennen sie gut aus dem Lebensmittelimportgeschäft."

7.2 Unique Value Proposition (UVP): Was wird dein Alleinstellungsmerkmal?

Was du lieferst, muss aus Sicht des Kunden als wertvoll empfunden werden. Erfolg bei der Wertschöpfung zu haben, beinhaltet, das Problem des Kunden zu verstehen und dann zu lösen. Du solltest eine klare Vorstellung davon haben, welchen Mehrwert die Kunden von der Lösung, die du lieferst, erwarten. Der Kunde kann dir sagen, ob du erfolgreich warst. Im Allgemeinen hat eine Lösung für ein wirklich wichtiges Problem (wie etwa den Blowout aus einer Ölplattform zu stoppen) ein größeres Potenzial, rentabel zu sein, als Produkte, die einfach nur interessante Probleme lösen (zum Beispiel eine neue App, die einen Krug Bier auf deinem Smartphone zeigt und sich das Glas leert, wenn du das Telefon neigst).

▶ Die **Unique Value Proposition** (UVP) kann definiert werden als: „eine einfache, klare und überzeugende Beschreibung, die erklärt, warum du anders und den Kauf wert bist" (Blank 2007).

Der Dollar Shave Club ist ein Beispiel dafür. Sie kommunizieren: „Weil wir alles vereinfachen, sind unsere Produkte die billigsten." Dieses Versprechen wiederum wirkt sich

7.2 Unique Value Proposition (UVP): Was wird dein Alleinstellungsmerkmal?

auf alles aus, was im Unternehmen gemacht wird, einschließlich des vereinfachten Vertriebs, der fokussierten Produktlinien und der Arbeitsprozesse. Viele könnten jedoch behaupten, dass nicht nur der Dollar Shave Club mit einem solchen Versprechen auf den Markt gekommen ist. Dennoch haben sie die Botschaft auf die glaubwürdigste Weise vermittelt.

Was ist also der Unterschied zwischen der im vorigen Kapitel beschriebenen Kernkompetenz und der UVP? Wenn du das schwierig findest, fühl dich nicht allein. Laut einer Umfrage, die wir mit mehreren Hundert Entrepreneuren durchgeführt haben (Dahle et al. 2019), war nur ein Drittel in der Lage, zwischen diesen beiden Konzepten genau zu unterscheiden. Aber eigentlich ist das gar nicht so schwer. Beide Elemente beschreiben etwas, das an deinem Projekt einzigartig ist. Der Unterschied liegt darin, *was* daran einzigartig ist. Die Kernkompetenz beschreibt, was an dir als Entrepreneur oder an deinem Betrieb einzigartig ist. Die UVP beschreibt, was an dem Produkt oder der Dienstleistung, die du anbietest, einzigartig ist.

Wenn du also die UVP entwirfst, solltest du noch einmal dein Team versammeln und dann versuchen, einen einfachen Satz zu formulieren, der beschreibt, was das Besondere an dem Produkt und der Dienstleistung ist, die ihr liefern möchtet, vorzugsweise aus der Sicht des Kunden.

Beispiel: Casa Maria

Der nächste Schritt ist die Unique Value Proposition. Maria und Tom versuchen herauszufinden, was das „Casa Maria" zu etwas Besonderem macht und warum es sich lohnt, dort zu essen.

„Nun. Es ist schwer, um das Essen herumzukommen", sagt Tom.

„Ja, aber worum geht es beim Essen? Und ist da etwas Besonderes an der Umgebung, in der das Essen serviert wird?"

„Es ist, als würde man eine Küche in der ländlichen Toskana betreten. Was ist, wenn wir schreiben: ‚Wie das Betreten einer toskanischen Dorfküche'? Das reicht fürs Erste."

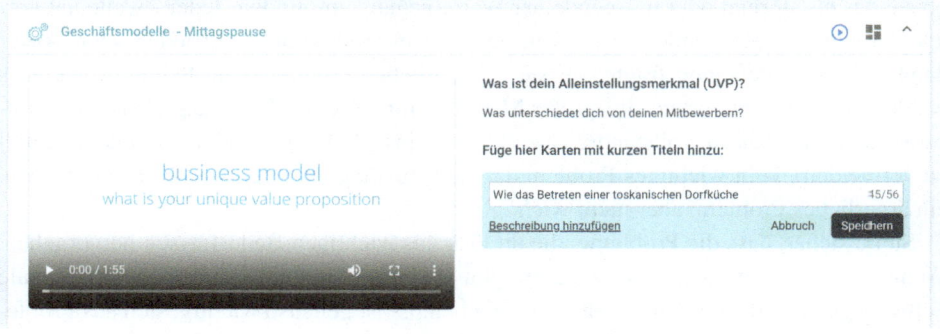

7.3 Produktmerkmale: Welche Merkmale wird dein Produkt oder deine Dienstleistung haben?

Dieses Element beschäftigt sich mit den Details der Lösung. Es ist besonders eng mit dem Schlüsselbeitrag (welche Probleme du löst) und mit der UVP verbunden. Betrachte diese drei Elemente als eine schrittweise Enthüllung dessen, was dem Kunden geliefert werden soll. Der Schlüsselbeitrag beschreibt das Grundproblem, das der Kunde lösen muss. Die UVP ist eine allgemeine Beschreibung der Lösung, die dieses Problem lösen wird, und die Produkteigenschaften oder auch Merkmale sind eine detaillierte Beschreibung der einzelnen Komponenten, die die Lösung enthält.

Der Prozess zur Entwicklung geeigneter Lösungen besteht aus drei Schritten:

1) Die Probleme des Kunden aufdecken
Um ein Problem aufzudecken, musst du mit dem Kunden sprechen und ihn auch beobachten. Es ist wichtig, dass du nicht bereits auf eine Lösung festgelegt bist, wenn du den Interessenten fragst, welche Probleme er hat. Viele Anbieter vergessen oft, dass es einen Unterschied gibt zwischen der Ermittlung von Problemen, bevor man eine Lösung gefunden hat, und dem Kundengespräch, nachdem man sein Produkt fertig entwickelt hat. Oftmals ist sich der Kunde seiner Probleme gar nicht bewusst. Er glaubt, seine Schwierigkeiten zu kennen und bekommt am Ende zwar das, was er bestellt hat, aber nicht das, was er braucht. Probleme zu erkennen, erfordert sowohl, dass du zuhörst, als auch, dass du offen für neue Eindrücke bist. Du musst in der Lage sein, zwischen den Zeilen zu lesen und weiterführende Fragen zu stellen.

2) Das wichtigste Problem auswählen
Es ist leicht, sich von interessanten Problemen verzaubern zu lassen. Leider verfallen viele von uns eher den interessanten als den wichtigen Problemen.

Wenn du Saft oder Milch aus einem Karton mit Schraubverschluss ausgießt, bleibt eine kleine Menge Flüssigkeit am Boden des Kartons zurück. Ein Kollege fragte einige Leute, ob sie das als störend oder in irgendeiner Weise negativ empfinden. Jeder Zweite antwortete, dass dies verschwenderisch sei und sie mit dem Produkt nicht zufrieden seien. Als er dann dieselben Personen fragte, ob sie ein ähnliches Produkt ohne Schraubverschluss wählen würden, antwortete die große Mehrheit mit „Nein". Dies zeigt, dass die Notwendigkeit, den Karton vollständig zu entleeren (einschließlich der Notwendigkeit, Abfall zu vermeiden), kein wichtiges Problem darstellt. Es mag ein interessantes Problem sein, ein ärgerliches Problem, aber nicht wichtig.

Stelle sicher, dass die Probleme, die du löst, aus wichtigen Bedürfnissen hervorgehen. Wenn sie auch interessant sind, dann gibt es nichts Besseres. Versuche nicht, alle Schwierigkeiten, die der Kunden hat, zu beheben. Es ist genauso wichtig, sich aus Problemen herauszuhalten, wie zu wählen, welche gelöst werden sollten. Wenn Microsoft eine neue Funktion in Word einführt (nennen wir sie Funktion #3476), werden nur wenige von uns diese Funktion benötigen. Auf der anderen Seite brauchen wir ein stabiles Programm, das seine Aufgabe erfüllt. Wie wahrscheinlich ist es, dass die Funktion #3476 Word instabiler macht? Du wirst jeden Tag mit solchen Kompromissen konfrontiert sein, wenn du Produkte und Dienstleistungen entwickelst.

Vielleicht gibt es deine Lösung schon eine Weile. Sie wurde in Zusammenarbeit mit einer Handvoll wichtiger Kunden entwickelt und verfügt über viele Funktionen. Dann solltest du dich fragen: „Was sollten wir aus der bestehenden Lösung entfernen?", bevor du fragst: „Was müssen wir hinzufügen?". Diese Fragen können nicht beantwortet werden, ohne das breitere Wettbewerbsumfeld der Lösung zu betrachten. Welche Probleme genau willst du lösen und welche solltest du jemand anderem überlassen? Du solltest die Funktionalität der Lösung so weit wie möglich einschränken oder schärfen, um nicht unnötig Ressourcen zu verschwenden. Dazu musst du die Zielgruppe auf Kunden mit relativ ähnlichen Problemen beschränken, damit keine Funktionen für nur einige wenige Kunden relevant sind. Nicht benötigte Funktionalität verkompliziert und verteuert die Lösung. Deshalb muss dieser Kompromiss auf einer Kombination aus dem Dialog mit deinen Co-Creators, einer gründlichen Analyse, wie man am besten ihre Probleme lösen kann, und finanziellen Überlegungen aufgebaut sein.

3) Mehrwert durch die Lösung der ausgewählten Probleme schaffen
Mehrwert entsteht dadurch, dass deine Probleme gelöst werden, ohne Verzögerung, Ärger, Abholung, Bringen, Auspacken, das Lesen von Handbüchern, Installieren, Deinstallieren, Neuinstallieren, das Auswendiglernen von Benutzercodes, Erlernen neuer und unverständlicher Dinge, Umwege, Schlangestehen und vielem, vielem mehr. Kurz gesagt: Der Wert ist das Lösen von Problemen ohne Ärgernisse.

Viele Menschen nehmen sich die Freiheit zu glauben, dass sie den Wert besser definieren können als der Kunde selbst. Es ist nicht die Aufgabe des Anbieters, den Wert zu definieren. Deshalb musst du den Kunden beobachten, ihn testen oder vielleicht die Lösung sogar selbst entwickeln lassen. Erstelle das Minimum Viable Product (MVP) und bringe es so schnell wie möglich auf den Markt.

Es ist der Kunde und nur der Kunde allein, der sagen kann, ob du einen Mehrwert geliefert hast. Nur der Konsument weiß wirklich, wie viel Nutzen er aus deiner Lösung zieht und wie viele Unannehmlichkeiten sie verursacht hat. Hast du jemals versucht, den Kompass in einem Toyota Landcruiser zu programmieren oder einen Hahn für Teewasser an deiner Kaffeemaschine zu finden? Mit anderen Worten: Nur der Kunde kann den wahrgenommenen Wert deiner Lösung definieren. Daher ist deine UVP lediglich eine Annahme, bis dein Kunde deine These bestätigt oder entkräftet.

Ein Teil deiner Lösung ist die Lieferung. Unabhängig davon, ob du Waren oder Dienstleistungen lieferst, kann dieser Arbeitsgang alles von einem Wettbewerbsvorteil bis hin zu einem enormen Risiko darstellen. Einige der Entscheidungen, die du treffen musst, hängen davon ab, welche Lösung du tatsächlich lieferst. Wenn du Software verkaufst, musst du entscheiden, ob du das Produkt auf dem Server des Kunden oder in der Cloud installierst. Wenn du physische Produkte verkaufst, solltest du Installation, Anpassung, Schulung und Support so effizient wie möglich gestalten. Wenn der Kunde diese Prozesse als unnötig anstrengend und verwirrend empfindet, könnte das dazu führen, dass du Umsatz einbüßt.

> **Beispiel: Casa Maria**
>
> Das nächste Element ist ein wenig umfangreicher: „Welche Merkmale wird dein Produkt haben?"
>
> Tom denkt eine Minute nach: „Ja – wir reden doch über das Mittagsmenü, oder? Wir müssen daran denken, dass die Menschen nur begrenzt Zeit haben. Wahrscheinlich nur eine Dreiviertelstunde. Wir müssen uns also auf wenige Gerichte beschränken, aber mit fantastischer Qualität. Was wäre, wenn wir zwei Vorspeisen, zwei Hauptgerichte und zwei Nachspeisen anbieten würden?"
>
> „Das klingt großartig. Und dann brauchen wir einen Kuchen des Tages – und natürlich Kaffee. Aber lass es uns auch da einfach halten. Espresso, Cappuccino und Americano. Und dann noch Mandel- und Sojamilch, falls jemand allergisch ist. Lass uns lieber italienisch sein als mit Starbucks zu konkurrieren."
>
> „Was den Wein betrifft, schlage ich vor, dass wir versuchen, eine gute Auswahl zu haben. Er wird nicht zu viel kosten. Auch wenn die meisten Leute wohl kaum einen Ornellaia für 250 € pro Flasche kaufen werden, wird es nicht teuer sein, eine Flasche im Weinkühlschrank liegen zu haben – aber das kann definitiv warten, bis wir das Abendgeschäft eröffnen. Wie wäre es mit 30 verschiedenen Weinsorten?"
>
>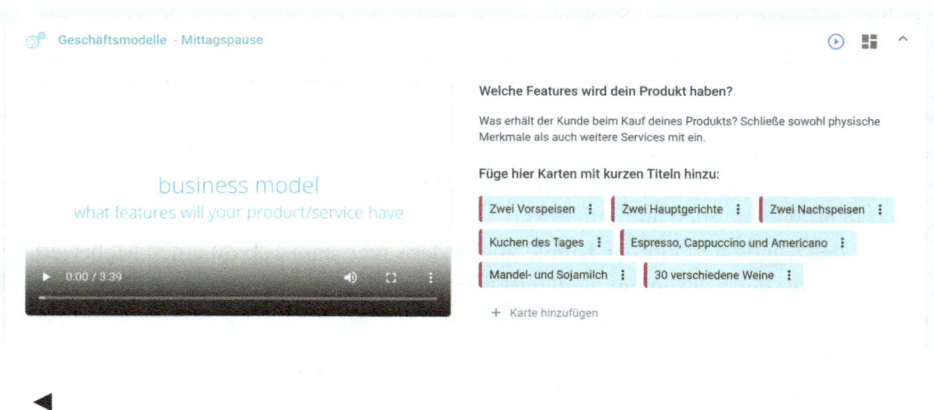
>
> ◀

7.4 Entrepreneurial Ecosystem: Wer kann dir helfen?

In diesem Abschnitt geht es um die Partnerwahl. Es gibt verschiedene Arten von potenziellen Partnern, die für dein Unternehmen einen Mehrwert schaffen können. Schaue dir die verschiedenen Kategorien unten an und versuche, eine Liste der Partner zu erstellen, die du innerhalb jeder Gruppe hast oder haben könntest:

7.4 Entrepreneurial Ecosystem: Wer kann dir helfen?

Vertriebspartner

Potenzielle Vertriebspartner haben eine gewisse Nähe zu deinen potenziellen und aktuellen Kunden. Das kann daran liegen, dass sie geografisch nahe beim Kunden vertreten sind oder andere Produkte an ihn verkaufen. Höchstwahrscheinlich werden sie bereit sein, deine Ware gegen eine Provision zu verkaufen. Ob du Vertriebspartner unter Vertrag nehmen oder dich für den Eigenvertrieb entscheiden solltest, hängt von mehreren Faktoren ab. Der erste ist, ob du einen Partner findest, der über die erforderlichen Fähigkeiten verfügt. Wenn dein Umsatz stark vom Produkt- und Branchen-Know-how abhängt, kann dies oft schwierig sein. Andrerseits könntest du Glück haben und einen fachmännischen Betrieb finden, der über große Kompetenz in der Branche verfügt, an die du verkaufen möchtest.

Die zweite Hauptfrage ist, ob du genügend Aufmerksamkeit von deinem Partner erhalten wirst. Vertriebspartner werden oft in Märkten eingesetzt, die für einen hundertprozentigen Eigenvertrieb als nicht wichtig genug erachtet werden. Man möchte gerne glauben, dass bei einem auf Provision arbeitenden Vertriebspartner die Fixkosten so niedrig sind, dass man nicht viel verlieren kann. Das ist oft eine gefährliche Strategie. Wenn du dich nicht auf den Markt konzentrierst, in dem der Partner arbeiten wird, könnte auch er halbherzig investieren und sich stärker auf andere Geschäftsmöglichkeiten mit größerem Potenzial konzentrieren. In einigen Fällen wird dies einfach dazu führen, dass der Partner nur wenig in Bezug auf deine Produkte zu tun haben wird. Dann riskierst du, Ressourcen für die Etablierung und Ausbildung eines erfolglosen Geschäftspartners verschwendet zu haben. Ein noch schlimmeres Szenario wäre, wenn der Partner zwar verkaufen kann, aber ein schlechtes Follow-up beim Kunden durchführt. Dann riskierst du, dass die Konsumenten enttäuscht werden und du eine Menge Ressourcen aufwenden musst, um deinen guten Namen und Ruf wiederherzustellen.

Was auch immer du tust, musst du richtig machen. Beim Aufbau eines Netzes von Vertriebspartnern solltest du dies nur in den Märkten tun, von denen du glaubst, dass du dort erfolgreich sein kannst und in denen der Partner bessere Arbeit leisten kann als du selbst. Ein Kompromiss, den du oft wirst eingehen müssen, besteht darin, einen sehr kleinen Betrieb in dem betreffenden Gebiet aufzubauen – und diesen dann mit dem Partner zusammenarbeiten zu lassen. Auf diese Weise können deine eigenen Leute sicherstellen, dass du die nötige Aufmerksamkeit vom Kompagnon erhältst.

Partner mit Komplementärgütern

Eine weitere Gruppe potenzieller Partner sind Verkäufer von Komplementärprodukten. Wenn du beispielsweise ein Messgerät für den Druck in Ölpipelines verkaufst und eine andere Firma ein Instrument zur Temperaturmessung in denselben Pipelines, kann eine Partnerschaft von Vorteil sein. Diese kann von der Bildung eines Konsortiums in speziellen Verkaufsfällen bis hin zu einer bindenden und langfristigen Zusammenarbeit reichen.

Ein kluger Ansatz könnte darin bestehen, die Probleme potenzieller Kunden gründlich zu analysieren und herauszufinden, welche anderen Produkte oder Dienstleistungen sie benötigen. Unter den Anbietern dieser Lösungen findest du vielleicht die richtigen Geschäftspartner. Solche passenden Kompagnons können sehr wichtig sein und mit einer solchen Partnerschaft sind selten negative Aspekte verbunden. Vielleicht möchtest du dich nach Partnern umsehen, die nicht größer und leistungsfähiger sind als du. Obwohl es zwar verlockend sein mag, auf den Marketingapparat eines großen und mächtigen Unternehmens zuzugreifen, kann es jedoch schnell so werden, als würde man auf dem Rücken eines Tigers reiten: Es läuft gut, wenn der mächtige Partner gut gelaunt ist, wird aber gefährlich, wenn Meinungsverschiedenheiten auftreten.

Lieferpartner
Bei wirklich skalierbaren Projekten möchte man nicht, dass ein Mangel an Lieferkapazität das Wachstumspotenzial einschränkt. Der beste Weg, dies zu vermeiden, besteht darin, den Lieferprozess so zu gestalten, dass der Kunde „sich selbst bedienen kann". Wenn das nicht möglich ist, kannst du versuchen, die Belieferung an einen externen Partner auszulagern. Der Nachteil dabei ist natürlich, dass du den direkten Kundenkontakt verlierst – zusammen mit einem Teil des Umsatzes. Wenn du es jedoch klug organisierst, kannst du die Kundenbeziehung weiterhin aufrechterhalten und verwalten. Die Vorteile des Outsourcings liegen darin, dass du auf einen fachmännischen Betrieb zugreifen kannst, der näher am Kunden ist. Auf diese Weise vermeidest du unnötige Fixkosten. Gleichzeitig kannst du dich auf deine Kernkompetenz konzentrieren – nämlich die Lösung zu produzieren und zu verkaufen.

Partner im öffentlichen Sektor
Kleine und mittlere Unternehmen, die eine Technologie besitzen, die für internationale Märkte bestimmt ist, haben oft das Potenzial, öffentliche Zuschüsse oder andere Arten der öffentlichen Finanzierung zu erhalten. Kleinere Unternehmen können Hilfe von kommunalen oder regionalen Förderprogrammen erhalten. Dies ist eine so bedeutende Möglichkeit, dass du sie in das Geschäftsmodell des Unternehmens aufnehmen solltest.

Wie viel solltest du mit anderen zusammenarbeiten? Willst du eine Komplettlösung liefern oder nur Komponenten, die der Kunde mit anderen Produkten kombinieren kann, um sein Problem zu lösen? Selbst wenn du dich entscheidest, dem Verbraucher eine komplette Problemlösung zu liefern, musst du nicht unbedingt alle Komponenten, die für die Funktionalität notwendig sind, selbst herstellen. Du kannst problemlos Teile der Lösung von Partnern beziehen und die Verantwortung für die Integration übernehmen. Auf diese Weise könntest du der einzige Anbieter sein, mit dem der Kunde zu tun hat. Eine Dienstleistung bereitzustellen, die in der Wahrnehmung des Konsumenten seine Probleme vollständig löst, kann oft eine gute Idee sein – sogar eine Voraussetzung dafür, dass du derjenige bist, der die Beziehung zum Endkunden kontrolliert. Die Alternative dazu wäre, Subunternehmer in einem größeren Angebot zu sein. Diese Position hat viele Nachteile. Du bist abhängig vom Hauptlieferanten, hast kaum Gelegenheit, Kundenbeziehungen aufzubauen und bist oft starkem Druck auf deine Margen ausgesetzt.

7.5 Vertriebsmodell: Wie solltest du vermarkten und vertreiben?

Beispiel: Casa Maria

Tom beginnt damit, alle Partner aufzulisten, die sie beachten müssen. „Ich habe ein wenig Angst davor, aber ich stehe sowohl mit dem ‚Stadtarchitekten', den ‚Behörden für Lebensmittelsicherheit' als auch mit dem ‚Bauamt der Stadtverwaltung' in Kontakt. Die Genehmigung dafür zu bekommen, dass Haus als Restaurant nutzen zu dürfen, wird sowohl Zeit als auch Ressourcen kosten. Ich denke, wir sollten alle drei als Partner auflisten, die uns helfen können."

„Ja – und dann den örtlichen ‚Wirtschaftsverband'. Sie können uns sehr helfen, wenn es darum geht, uns in die ortsansässige Wirtschaft einzuführen."

Zum Schluss entscheiden sie, auch den ‚Nachbarschaftsverband', den ‚Metzger', das ‚Fischgeschäft' und den ‚Gemüseladen' einzubeziehen.

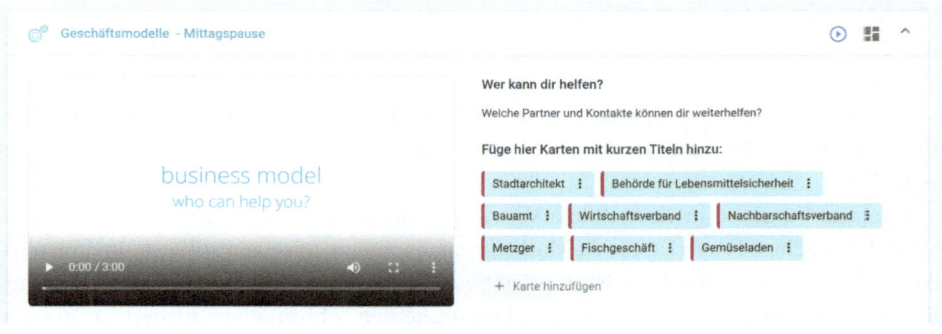

7.5 Vertriebsmodell: Wie solltest du vermarkten und vertreiben?

Es gibt unzählige verschiedene Verkaufsmodelle. Du kannst auf Direktvertrieb oder auf den indirekten Vertrieb über Partner setzen. Du hast die Wahl zwischen proaktivem Vertrieb, bei dem du eine Auswahl potenzieller Kunden kontaktierst, oder reaktivem Vertrieb, bei dem du Werbung machst und dann an diejenigen verkaufst, die darauf reagieren. Es gibt exotische Varianten, wie zum Beispiel den Netzwerk-Vertrieb, und der Verkaufsprozess selbst kann auf verschiedene Weise gestaltet werden. Einige bevorzugen ein hohes Maß an Improvisation, während andere mit Skripten arbeiten. Briefe, Telefonkontakt, Internet, Meetings und E-Mails können auf verschiedene Weise kombiniert werden. Darüber hinaus muss festgelegt werden, wie Verkaufsbemühungen und Marketingunterstützung verknüpft werden sollen.

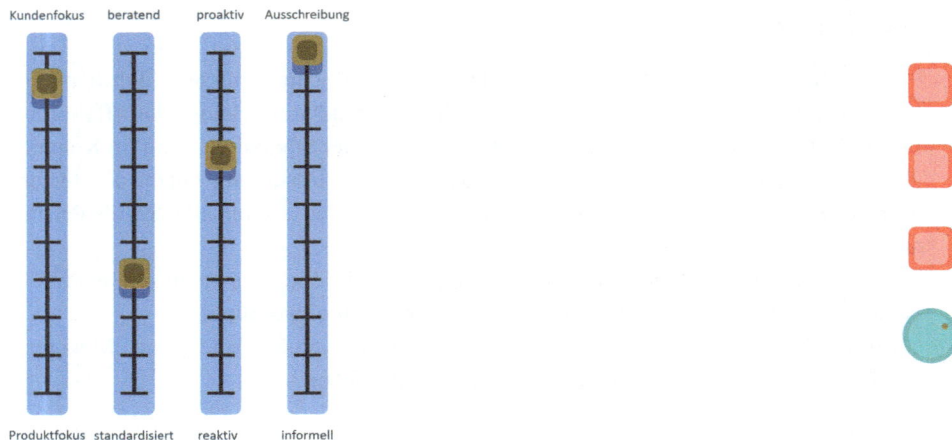

Abb. 7.2 Dimensionen innerhalb des Vertriebsmodells

Um dieses etwas verwirrende Bild zu vereinfachen, werden wir versuchen, das Vertriebsmodell als die Summe der Antworten auf vier einfache Fragen zu beschreiben (Abb. 7.2).

Die erste Frage ist, inwieweit dein Vertriebsansatz kunden- oder produktorientiert sein sollte. Die nächste Frage ist, ob du Marketingmaßnahmen einsetzen solltest, um einen reaktiven Verkauf auszulösen, dich auf proaktiven Vertrieb konzentrieren oder beide Methoden kombinieren solltest. Dann musst du entscheiden, ob du standardisierte Lösungen verkaufen oder diese auf der Basis von Beratungen anpassen möchtest. Schließlich musst du herausfinden, ob du dich in einem Markt befindest, in dem der Verkauf auf informellem Wege erfolgt oder ob du Ausschreibungs- und Erwerbsregeln einhalten musst. Lass uns jetzt diese vier Dimensionen näher betrachten.

Entscheidest du dich für einen Produkt-, Lösungs- oder Kundenfokus? Worauf du bei deiner Vertriebsarbeit das Hauptaugenmerk richtest, ist einer der Kernbeiträge zum Geschäftsmodell.

Der *Produktfokus* ist geeignet, wenn du standardisierte Produkte oder Dienstleistungen anbietest. Dein Kunde hat ein Problem, das er lösen möchte. Du bietest ein Produkt oder eine Dienstleistung an, das oder die dieses Problem löst, und deine Aufgabe ist es, den Kunden dazu zu bringen, zu akzeptieren, dass dein Angebot die Herausforderung besser meistert als das des Wettbewerbers. Häufig geschieht dies, indem du Begeisterung für das Produkt oder die Dienstleistung selbst erzeugst.

Der *Lösungsfokus* ist geeignet, wenn die Situation des Kunden komplizierter ist. Anstelle eines leicht zu beschreibenden Bedürfnisses steht der Verbraucher vor einer komplexeren Herausforderung, die nicht durch die Wahl eines Standardprodukts aus dem Regal bewältigt werden kann. Diese Situation tritt häufig beim Verkauf von Beratungsdienstleistungen oder schlüsselfertigen Verträgen auf. Deine Vertriebsaufgabe besteht darin, das Vertrauen zu schaffen, dass du dein Fachwissen nutzen kannst, um verschiedene Produkte und Dienstleistungen zu einer Lösung zu kombinieren, von der der Kunde profitiert. Um

7.5 Vertriebsmodell: Wie solltest du vermarkten und vertreiben?

	Fokus auf Produkt	Fokus auf Lösung	Fokus auf Kunden
Kunden haben	Probleme	Herausforderungen	Ziele
Kunden wollen	Produkte / Services	Lösungen	Nutzen
Verkäufer müssen	USPs kommunizieren	beste Lösung finden	mitgestalten

Abb. 7.3 Drei Arten von Vertriebsschwerpunkten

bei dieser Art von Verkauf erfolgreich zu sein, könntest du vermitteln, dass du in der Vergangenheit ähnliche Herausforderungen erfolgreich gemeistert hast. Hier können Referenzen von früheren Klienten wertvoll sein.

Kundenorientierung ist der modernste, aber auch der anspruchsvollste Ansatz für den Vertrieb. Wenn du einen kundenorientierten Ansatz verfolgst, musst du die Ziele des Kunden verstehen und mit ihm zusammenarbeiten, um sie zu erreichen. Der Konsument möchte nur dann ein Produkt oder eine Dienstleistung kaufen oder eine Lösung für eine Herausforderung finden, wenn diese ihm hilft, seine Ziele zu erreichen. Um dazu beitragen zu können, ist es oft erforderlich, dass du mit dem Kunden über längere Zeit zusammenarbeitest und strategisch mit ihm kommunizieren kannst.

In dieser Situation könntest du darüber debattieren, welchen Nutzen der Kunde aus der Zusammenarbeit mit dir ziehen wird: „Das ist Ihre Profitabilität ohne uns – und so viel mehr verdienen Sie jeden Monat, wenn wir Ihnen helfen." Wenn du beweisen kannst, dass es praktisch unverantwortlich wäre, nicht mit dir zusammenzuarbeiten, erleichterst du dem Kunden die Entscheidung. Abb. 7.3 zeigt drei Arten von Vertriebsschwerpunkten.

Reaktiver oder proaktiver Vertrieb

Reaktiver Vertrieb bedeutet, dass du die Medien nutzt, um deine Lösung bei möglichst vielen Menschen aus der Zielgruppe zu bewerben – und dann an diejenigen zu verkaufen, die dich kontaktieren. Typischerweise gilt dies für die meisten Formen des Einzel- und Onlinehandels. Als eine Variation davon kannst du deinen Kunden einen Anreiz geben, die Lösung zu nutzen. Alle Arten von Einführungsangeboten sind Beispiele dafür. Wenn du eine Stunde Personal Training gratis in deinem Fitnessstudio anbietest, dann deshalb, weil du erwartest, dass es die Leute motiviert, vorbeizuschauen, damit du ihnen Mitgliedschaften verkaufen kannst. Reaktiver Vertrieb ist am besten geeignet, wenn du einen Produktfokus hast.

Proaktiver Vertrieb funktioniert oft am besten, wenn du einen Lösungs- oder Kundenfokus hast. Dieser Ansatz bedeutet, dass du eine Liste potenzieller Kunden erstellst und die Liste nach Verkaufswahrscheinlichkeit und potenziellem Wert priorisierst und qualifizierst. Dann kontaktierst du den vielversprechendsten Kunden. Diese Taktik bedeutet oft, dass du im Voraus eine Einschätzung darüber vorgenommen hast, in welchem Ausmaß du jedem der Konsumenten Nutzen bringen kannst. Bei dieser Taktik hast du die Wahl zwischen einer sehr strukturierten und skriptorientierten oder einer relativ lockeren und kreativen Arbeitsweise.

Proaktive Verkäufe haben oft höhere Akquisitionskosten pro Kunde als reaktive Verkäufe. Daher ist die Methode für Produkte mit geringem Gegenwert nicht anwendbar. Du wärst ziemlich überrascht, wenn dich ein Verkäufer anrufen würde, um eine Flasche Mineralwasser zu verkaufen.

Wenn du eine Lösung anbietest, die für eine bestimmte Zielgruppe bei Weitem die beste ist, wird es für den Kunden oft sinnvoll sein, sie zu kaufen, auch wenn er ursprünglich nicht beabsichtigt hatte, das bestehende System oder die bestehende Dienstleistung zu ersetzen. In diesem Szenario ist ein proaktiver Verkauf am besten geeignet.

Dies hat zwei Ursachen: Erstens wird deine Zielgruppe relativ klein sein. Massenkommunikation und Kaltakquise sind eine teure und unbequeme Art, sie zu erreichen. Zweitens bist du nicht davon abhängig, dass sich der Kunde in Einkaufslaune befindet. Da du über eine Lösung verfügst, die viel besser an die Zielgruppe angepasst ist als die, die sie bereits haben, werden alle Kunden, die du kontaktierst, von einem Wechsel zu dir profitieren. Daher kannst du für jeden Verbraucher mehr Ressourcen aufwenden als in dem Szenario, in dem sich nur ein kleiner Prozentsatz der Kunden, denen du begegnest, in Kauflaune befindet.

Wenn du dich auf proaktiven Verkauf konzentrierst, muss dein Marketing so gestaltet sein, dass es den Verkaufsprozess unterstützt. Die Kommunikation eines starken und klaren Markennamens wird dann Priorität haben, um sicherzustellen, dass der Kunde bei der Kontaktaufnahme positive Assoziationen damit verbindet. Wenn du eine Website oder andere Berührungspunkte hast, die dem Verbraucher die Geschichte, die du ihm erzählst, bestätigen können, ist das von Vorteil.

Wenn du dich hingegen auf reaktive Verkäufe verlässt, muss dein Marketing Kunden in dein Geschäft locken. Dann muss es so gestaltet sein, dass es den Kunden dazu bringt, sich aktiv dafür zu entscheiden, dich entweder physisch oder online aufzusuchen. Es gibt viele moderne Techniken, wie man das erreichen kann. Ein Beispiel könnte „Content-Marketing" oder „Inbound-Marketing" sein (Rowley 2008). Das bedeutet, dass du interessante Artikel über dein Fachgebiet schreibst und diese online veröffentlichst. Kunden, die sich für diesen Inhalt interessieren, können darauf zugreifen, indem sie ihre Kontaktinformationen mitteilen. Du kannst diese Informationen dann verwenden, um dich dem Konsumenten gegenüber zu vermarkten.

Das Modell der Customer Factory von Ash Maurya (2012), an das wir uns aus Abb. 3.5 in Kap. 3 erinnern, stellt ein ähnliches Schema dar. Er beschreibt, wie eine Kombination aus Verkäufen, die er als „paid", „sticky" und „viral" bezeichnet, Wachstum für dein Projekt schaffen kann. Du fängst an, für einige Vertriebsaktivitäten zu bezahlen, um Kunden anzuwerben, die eine kostenlose Version deiner Lösung ausprobieren möchten. Wenn der Nutzer diese kostenlose Version anwendet, wird er hoffentlich so glücklich sein, dass du ihm ein Upgrade auf eine etwas fortgeschrittenere Variante verkaufen kannst, die Geld kostet. Der nächste Schritt besteht darin, Kundenbindungsaktivitäten durchzuführen,

7.5 Vertriebsmodell: Wie solltest du vermarkten und vertreiben?

um den Kunden dazu zu veranlassen, die Lösung erneut oder in einer erweiterten Version zu nutzen. Dies kann erreicht werden, indem man den Anwender kontaktiert und sich vergewissert, dass er das Produkt korrekt verwendet und es für ihn und sein Unternehmen einen Mehrwert schafft. Der letzte Schritt besteht darin, den Kunden so glücklich zu machen, dass er deine Lösung an andere weitergibt. Das kann dazu führen, dass Interessenten zu dir kommen, ohne dass du aktive Verkaufsanstrengungen unternehmen musstest. Diese Art der „viralen" Verbreitung kann zu schnellem Wachstum führen.

Standardisierte Produkte und Dienstleistungen oder Anpassung auf der Grundlage von Beratungen?
Eine weitere Entscheidung, die du bei der Wahl eines Vertriebsmodells treffen musst, ist der Grad der individuellen Anpassung, den du bei jedem Kunden berücksichtigen solltest. Wenn du einen Kundenfokus hast, musst du wahrscheinlich deine Lieferung an jeden einzelnen Käufer anpassen. Es ist unrealistisch, mehrere Kunden mit ähnlichen Zielen zu finden. Wenn du einen Lösungsfokus hast, wirst du wahrscheinlich ein gewisses Maß an individueller Anpassung benötigen, obwohl du wahrscheinlich Interessenten finden kannst, die vor ähnlichen Herausforderungen stehen. Beim Verkauf von Produkten oder Dienstleistungen ist es viel einfacher, Skalierbarkeit durch den Verkauf einer standardisierten Lösung für viele Kunden zu erreichen, als für jeden eine spezielle Anpassung zu entwickeln. Um dies zu erreichen, sind jedoch mehrere Dinge erforderlich:

Du musst deine Interessenten sehr sorgfältig danach auswählen, wer von der standardisierten Lösung, die du hast, profitieren kann – und hart genug sein, potenzielle Kunden, die nach einer etwas anderen als der Standardlösung fragen, abzuweisen. Lass dich nicht beirren! Du musst jedoch empfänglich dafür sein, Kundenwünsche in allgemeine Merkmale und Funktionen einzubeziehen, sofern diese Wünsche von allgemeinem Interesse sind und zur Verbesserung der Standardlösung beitragen. Um dies zu erreichen, musst du eine gute Kommunikation zwischen Forschung und Entwicklung, Produktion und Vertrieb herstellen und zuverlässige Routinen für die Entwicklung neuer Versionen aufbauen.

Informeller Verkauf oder Ausschreibungsverkauf?
Eine letzte Variante, die du beim Modell in Betracht ziehen musst, ist die Frage, ob du großen Wert auf den Verkauf über Ausschreibungen legen solltest oder nicht. Dies hängt weitgehend davon ab, welche Zielgruppe du wählst, um sie zu beliefern. Wenn du viel an den öffentlichen Sektor oder an große und konservative Unternehmen verkaufen möchtest, kommst du wahrscheinlich nicht um Ausschreibungen herum. Der Nachteil ist, dass das sehr ressourcenintensiv ist. Die Ausschreibungsunterlagen können leicht Hunderte von Seiten umfassen und mehrere Monate an Aufwand erfordern. Außerdem ist es riskant, mit wenigen und großen Interessenten zu arbeiten, da der Verlust von nur einem oder zwei Aufträgen einen großen Umsatzrückgang verursachen kann. Der Vorteil ist, dass es sich um einen relativ vorhersehbaren Prozess handelt. Theoretisch sollte derjenige Anbieter den Zuschlag erhalten, der die Kriterien (in der Regel Kompetenz, Preis, Qualität und die

Fähigkeit zur Umsetzung der Lösung) am besten erfüllt. Aber die Gefahr besteht darin, dass man viele Verkaufsanstrengungen in eine Ausschreibung für etwas steckt und diese dann dennoch an einen Lieferanten mit engen persönlichen oder beruflichen Beziehungen zum Kunden vergeben wird. Solche Verkaufsprozesse beginnen oft lange vor der Veröffentlichung der Ausschreibung und die Fähigkeit, im Voraus eine Beziehung zum Kunden aufzubauen, ist ein wichtiger Bestandteil, um die Ausschreibung zu gewinnen.

Beispiel: Casa Maria

Unsere Freunde beginnen zu diskutieren, wie sie verkaufen und vermarkten sollten.

Maria beginnt: „Wir haben beschlossen, uns vorerst auf Geschäftsessen zu konzentrieren. Das begrenzt unseren Markt realistischerweise auf die etwa 75 Unternehmen sowie Freelancer in der Nachbarschaft. Wie erreichen wir die?"

„Was wäre, wenn wir eine Mailingliste erstellen und dann fragen, wer über die Tagesangebote informiert werden möchte? Diese Informationen jeden Morgen zu erhalten, sollte zumindest für einige von ihnen relevant sein. Maria, ich weiß, dass du Aufmerksamkeit hasst. Aber was wäre, wenn du bei der Slow Food Organisation und beim Wirtschaftsverband einige Vorträge über die italienische Esskultur halten würdest?"

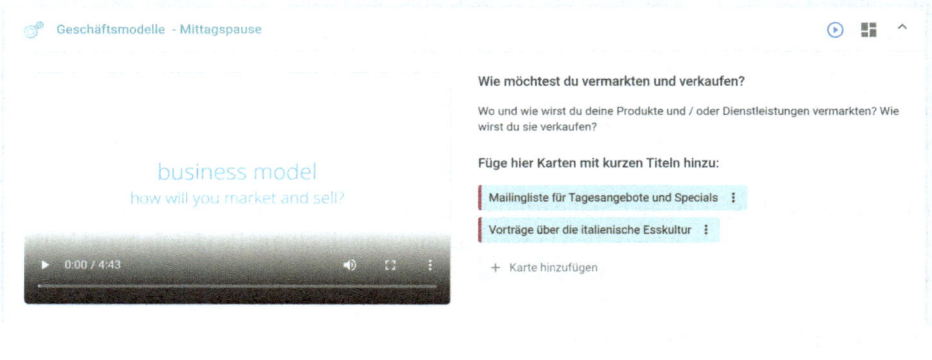

7.6 Preismodell: Wie solltest du kalkulieren?

Wie du das von dir angebotene Produkt oder deine Dienstleistung in Rechnung stellen möchtest, ist ebenfalls eine sehr wichtige Entscheidung, die du treffen musst. Auf dem Markt gibt es verschiedene Preismodelle. Jeder Entrepreneur hat seine eigene, einzigartige Art, sich bezahlen zu lassen. Um dieses komplexe Bild zu vereinfachen, können wir sagen, dass dein Preismodell von den Antworten abhängt, die du auf die sechs verschiedenen Fragen unten gibst (Abb. 7.4):

7.6 Preismodell: Wie solltest du kalkulieren?

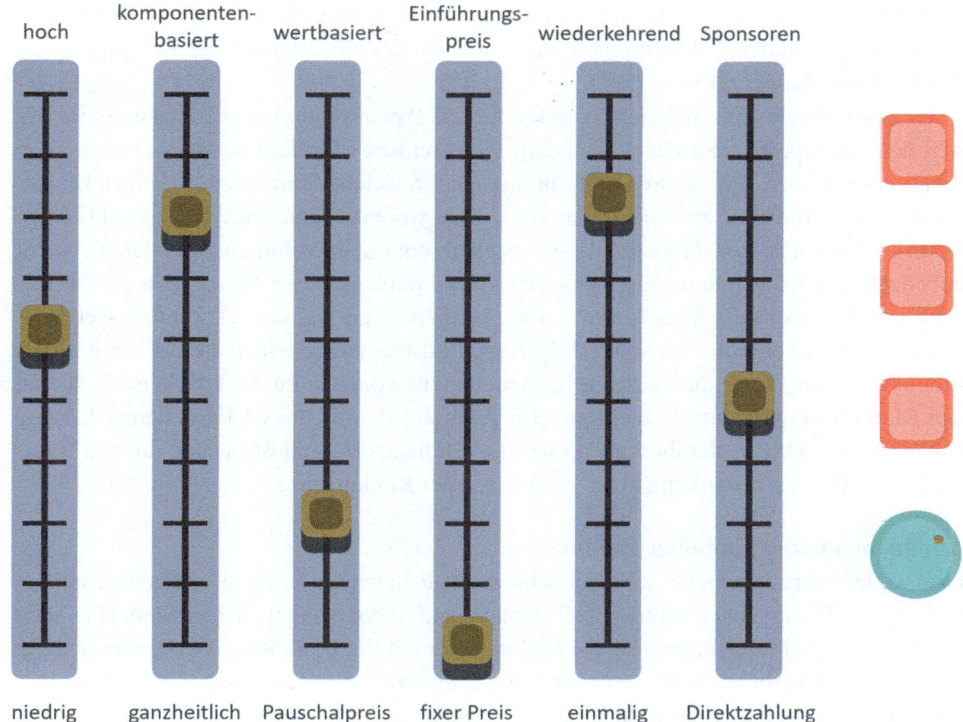

Abb. 7.4 Sechs Möglichkeiten der Preisgestaltung deines Produkts oder deiner Dienstleistung

Du musst entscheiden, ob du einen niedrigen oder hohen Preis festlegen oder ob du auf dem gleichen Preisniveau wie deine Konkurrenten sein möchtest. Darüber hinaus musst du auch entscheiden, ob du ein Abonnement oder eine Einmalzahlung, eine Direktzahlung oder eine gesponserte Finanzierung anbieten möchtest und ob du einen Pauschalpreis berechnen oder den Preis davon abhängig machen solltest, wie oft die Lösung genutzt wird. Du musst festlegen, ob du einen Gesamtpreis für das vollständige Produkt oder die komplette Dienstleistung oder ob du die einzelnen Komponenten, aus denen die Lösung besteht, in Rechnung stellen möchtest. Zuletzt musst du entscheiden, ob du eine Art Einführungs- oder Testpreis verlangen oder ob du den Preis über die Zeit stabil halten möchtest. Auf diese sechs Fragen möchten wir nun näher eingehen:

Hoher oder niedriger Preis?
Eines der wichtigeren Elemente im Geschäftsmodell ist das Preisniveau, für das du dich entscheidest. Es ist wichtig, den strategisch richtigen Preis für die Lösung zu finden. Wenn deine Kontaktperson die Entscheidung treffen kann, das Produkt oder die Dienstleistung zu kaufen, ohne eine Reihe von „politischen" Prozessen im Unternehmen durchlaufen zu müssen, steigen die Chancen eines Verkaufs extrem. Häufig gibt es eine

Preisschwelle, bei der die Kontaktperson davon abhängig ist, ob sie von ihrem Vorgesetzten oder anderen Abteilungen akzeptiert wird. Preise deine Lösung knapp unter diesem Schwellenwert ein.

Es gibt mehrere Entscheidungskriterien für das Preisniveau. Am einfachsten ist es oft, sich den Marktpreis anzusehen: Wenn ein vergleichbares Produkt zu einem bestimmten Preis verkauft wird, gibt es strenge Richtlinien dafür, welche Summe du verlangen kannst. Es besteht die Tendenz, zu hohe Preise ansetzen zu wollen. Wenn deine Produktionskosten niedrig sind, sollte das Hauptziel darin bestehen, ein hohes Volumen zu erzielen – nicht unbedingt den höchstmöglichen Preis. Der Grund dafür ist, dass Neukunden oft die Lösung mit der höchsten Anzahl an relevanten Referenzen wählen. Es kann besser sein, 10 Cent pro Einheit mit einer sehr erfolgreichen Lösung zu verdienen als 100 € mit einem Produkt, das nie durch die Decke geht. Andererseits könntest du die falschen Signale an den Markt senden, wenn du dich ausschließlich auf den niedrigen Preis deiner Lösung konzentrierst. Denke darüber nach, welche Signale du sendest, wenn du den Preis „drückst". Ist dein Produkt nicht so gut wie das der Konkurrenz?

Abonnement oder einmalige Zahlung?
Eine weitere wirklich wichtige Entscheidung ist, ob du bei Lieferung die gesamte Zahlung verlangen oder versuchen solltest, die Einnahmen als Abonnement einzurichten. Dies setzt voraus, dass du in der Lage bist, die Lieferung durch die beständige Weiterentwicklung der Lösung zu verbessern. Wenn es dir gelingt, im Laufe der Zeit einen Mehrwert zu bieten, kannst du ein Abonnementmodell rechtfertigen.

Der traditionelle Weg, Software oder Inhalte zu verkaufen, war früher ein einmaliger Kauf, bei dem der Kunde im Voraus für das Recht bezahlte, die Lösung für immer nutzen zu dürfen. In den letzten dreißig Jahren haben die Anbieter außerdem damit begonnen, kleine Beträge für Wartung (das Recht auf ein Upgrade auf neue Versionen der Software) und Support (Hilfe und Support bei der Nutzung der Lösung) zu verlangen. Da in unserem Jahrtausend viele „Software-as-a-Service-Lösungen" eingeführt worden sind, hat sich das bevorzugte Zahlungsmodell zu Abonnements geändert. Der Kunde zahlt für das Recht, den Dienst über einen längeren Zeitraum zu nutzen, während der Anbieter kontinuierlich in die Verbesserung der Lösung investiert. Der Erwerb eines dauerhaften Nutzungsrechts über eine Einmalzahlung ist heute eher die Ausnahme als die Regel, wenn es um IT-Lösungen geht. Diese Tendenz sieht man auch bei physischen Produkten. Breitbandanbieter haben ihr Modell dahingehend geändert, dass man jetzt Router und Receiver auf monatlicher Basis mietet, während man diese Geräte früher gekauft und besessen hat.

Ein Modell, das auf wiederkehrenden Einnahmen basiert, erhöht häufig die Verkaufschancen, indem die Anfangsinvestition des Kunden reduziert wird und gleichzeitig über einen längeren Zeitraum höhere Einkünfte sichergestellt werden. Die Einnahmen aus einem Abonnement schaffen eine Vorhersehbarkeit, die es dir ermöglicht, mehr in die Anpassung deines Projekts zu investieren. Es ist jedoch ein anspruchsvolles Modell. Die Verteilung der Vorauszahlung über mehrere Monate erfordert einen beträchtlichen Cashflow. Das ist besonders in Fällen relevant, in denen die Lösung aus teuren physischen

7.6 Preismodell: Wie solltest du kalkulieren?

Komponenten besteht. Es gibt auch intermediäre Lösungen zwischen reiner Abonnementzahlung und bloßer Einmalzahlung. Eine solche Kombination könnte darin bestehen, alle physischen Komponenten im Voraus zu berechnen und gleichzeitig einen Abonnementpreis für die Wissens- und Inhaltskomponenten zu etablieren.

Wiederkehrende Einnahmen werden oft pro Monat angegeben – und für drei, sechs oder zwölf Monate im Voraus bezahlt. Du musst auch entscheiden, ob du dem Kunden eine Sperrfrist auferlegen möchtest. Wir würden dies nicht empfehlen, da es tendenziell den Verkaufsprozess verzögern kann. Wenn der Kunde mit der Lösung nicht zufrieden ist, wird es wahrscheinlich nicht vorteilhaft sein, ihn zum Bleiben zu zwingen. Wenn er zufrieden ist, wird er weiterhin zahlen, unabhängig davon, ob es eine Sperrfrist gibt oder nicht.

In einigen Fällen ist der Käufer an verschiedene Formen von Erwerbsvorschriften gebunden. Der öffentliche Sektor ist verpflichtet, bei bestimmten Beschaffungen über einen Zeitraum von drei oder vier Jahren das Angebot mit den niedrigsten Gesamtkosten auszuwählen. In solchen Fällen muss der Preis der Lösung innerhalb des Zeitraums taktisch festgelegt werden.

Direktzahlung oder Sponsorenfinanzierung?
Hier stellt sich die Frage, ob du den Kunden direkt belasten oder versuchen solltest, eine Alternative zu finden. Ein interessantes Modell stellt der Versuch dar, jemand anderen als den Nutzer zur Bezahlung zu bewegen. Anbieter von Inhalten wie Spotify und Dienstleister wie Google und Facebook nutzen die Tatsache, dass der Traffic auf ihrer Website für Werbetreibende attraktiv ist, und stützen ihr Umsatzmodell teilweise auf den Verkauf von Anzeigen.

Pauschalpreis oder nutzungsabhängiger Preis?
Solltest du dich für einen Pauschalpreis entscheiden oder versuchen, den Preis davon abhängig zu machen, welchen Wert deine Lösung schafft? Beispiele für solche wertabhängigen Kosten können eine Zahlung für jede einzelne Nutzung der Lösung, eine Gewinnbeteiligung oder eine Zahlung pro Benutzer oder Abteilung sein.

Pauschalpreis bedeutet, dass du den gleichen Betrag verlangst, egal wie oft der Kunde die Lösung nutzt und welchen Mehrwert er daraus zieht. Dies hat den Vorteil, dass es sowohl für den Nutzer als auch für den Verkäufer einfach und vorhersehbar ist und geringe Verwaltungskosten verursacht. Der Nachteil ist, dass es schwierig wird, einen Preis zu finden, der für alle Kunden geeignet ist. Der kleine Tante-Emma-Laden müsste dasselbe bezahlen wie große Unternehmen. Ein Ausweg besteht natürlich darin, für jeden Kunden eine subjektive Berechnung durchzuführen, bei der du eine Schätzung des „richtigen" Preises vornimmst und diesen dann anbietest. Ein Pauschalpreismodell kann dort naturbedingt sein, wo die Lösung ein physisches Produkt ist.

Benutzerlizenzen sind ein Modell, das die Größe des Unternehmens berücksichtigt. Du berechnest für jeden Benutzer einen bestimmten Preis. Unternehmen mit vielen Benutzern werden viel mehr bezahlen als Firmen mit wenigen Anwendern. Hier gibt es viele Spielarten. Bei einigen zählen gleichzeitige Benutzer, bei anderen alle User, die Zugriff haben.

Um den Preis für Unternehmen mit vielen Benutzern nicht unverhältnismäßig zu erhöhen, kannst du Preismatrizen verwenden, die einen stufenweise ansteigenden Rabatt bieten, je mehr Nutzer hinzukommen.

Mit „Tick-Pricing" kannst du die Gewinne des Kunden durch die Anwendung der Lösung teilen oder eine Gebühr erheben, je nachdem, wie aktiv jeder Benutzer die Lösung nutzt. Bekannte Beispiele hierfür sind Telefonabonnements, bei denen man pro Minute oder Megabyte bezahlt, und Stromabonnements, bei denen pro Kilowattstunde bezahlt wird. Ein weiteres klassisches Beispiel sind Unternehmen, die Billardtische, Spielautomaten oder Kaffeemaschinen in Restaurants aufstellen – und einen Prozentsatz des Umsatzes aus den Automaten einnehmen. Dieses Vorgehen wird zunehmend auch von IT-Anbietern verwendet: zum Beispiel durch ein Passagiersystem, bei dem man pro Passagier ein paar Cent verlangt, oder ein Zugangssystem, bei dem man pro produzierter Zugangskarte abrechnet. Es ist natürlich ein recht schwer zu handhabendes Modell, da man eine gute Möglichkeit finden muss, die Verwendung zu messen. Der Vorteil ist, dass die Kaufentscheidung für den Kunden relativ einfach wird. Der Anbieter teilt das Risiko mit dem Anwender. Wenn die Lösung keinen Mehrwert generiert, verursacht sie auch keinerlei Kosten für den Kunden. Darüber hinaus weist ein solches Modell eine enorme Skalierbarkeit auf. Wenn die auf der Lösung basierende Wertschöpfung hoch ist, kann man letztendlich sehr gutes Geld verdienen. Eine Frage ist natürlich, ob der Kunde neu verhandeln will, wenn die Wertschöpfung sich erhöht. Das ist möglich, aber die Erfahrung zeigt, dass man in guten Zeiten dazu neigt, etwas höhere Kosten zu akzeptieren – während man sehr kostenbewusst wird, wenn es nicht so gut läuft. Hier ist diese Logik in das Modell eingebaut.

Komponentenpreise oder Gesamtpreise?
Wenn du ein Produkt verkaufst, das aus mehreren Unterkomponenten besteht, musst du entscheiden, ob jede der Komponenten einen Preis haben soll oder ob du einen Gesamtpreis für die komplette Lösung berechnen möchtest. Die zusätzlichen Kosten dafür, alle Funktionen einzubeziehen, sind oftmals gering. Daher stellt sich ganz einfach die Frage, ob du langfristig höhere Einnahmen erzielen kannst, wenn du zunächst einen Teil der Funktionalität verkaufst und dann, wenn die Lösung ihren Wert zu zeigen beginnt, Upselling einsetzt.

Was du versuchen solltest zu vermeiden, sind Situationen, in denen der Kunde zusätzliche Lösungen von anderen Anbietern kauft, durch die er Funktionen erhält, die von dir hätten integriert werden können. Wenn dies geschieht, riskierst du, dass der Mehrwert deiner Lösung gemindert wird und dass ein Konkurrent beim Kunden Fuß fassen kann. Darüber hinaus musst du möglicherweise Integrationen für diese Produkte erstellen.

Einführungspreis oder fixer Preis?
Ein letztes Modell, das du überdenken musst, ist das des Einführungspreises. Du kannst dich für eine strategische Einführungspreisgestaltung entscheiden, bei der du einen extrem niedrigen Preis für die erste Nutzung verlangst (oder sogar gar nichts) und diesen dann zu

7.6 Preismodell: Wie solltest du kalkulieren?

einem späteren Zeitpunkt in Rechnung stellst. Fast kostenlose Smartphones und die „billigen" Kaffeemaschinen von Nespresso sind solche Beispiele. Die Nutzung von Projectplace.com ist für bis zu drei Benutzer kostenlos. Sie setzen darauf, dass die Verwendung des Dienstes zunehmen und ein großer Teil der Kunden letztendlich mehr als drei Benutzerlizenzen benötigen wird. Der Zweck besteht natürlich darin, ein wesentlicher Bestandteil der Arbeitsweise des potenziellen Kunden zu werden und einen Mehrwert zu beweisen – damit er irgendwann in der Zukunft bereitwillig zahlt.

In jedem Fall kann der Einsatz von Einführungspreisen hilfreich dabei sein, Wachstum zu schaffen. Diese Strategie ist umso relevanter in Fällen, in denen der Traffic innerhalb der Lösung einen Wert für den Benutzer generiert. Auf einer Auktions-Website hängt der Nutzen für die Verkäufer beispielsweise davon ab, wie viele potenzielle Kunden sich auf der Website befinden. Hier kann es sinnvoll sein, den Preis niedrig anzusetzen, um Traffic aufzubauen, bevor man ihn schließlich erhöht.

> **Beispiel: Casa Maria**
>
> Schließlich müssen Maria und Tom noch besprechen, wie sie die Bezahlung regeln möchten:
>
> „Karte oder Bargeld", schlägt Tom vor.
>
> „Ja, aber hier stellt sich die Frage, wie wir unser Mittagsmenü bepreisen sollen. Ich schlage vor, dass wir 15 € für die Vorspeise und das Hauptgericht berechnen."
>
> „Tolle Idee. Und schlagen wir für jede Flasche Wein 12 € drauf. Einfach und klar. Dann müssen wir nur noch die Preise für Kaffee, Kuchen, Bier, Wein im Glas und Mineralwasser festlegen."

◀

7.7 Lösungs-Interview: Glauben deine Kunden, dass du das Problem lösen kannst?

Im vorigen Kapitel hast du deine Geschäftsidee getestet, indem du gefragt hast: „Gibt es ein Problem, das es wert ist, gelöst zu werden?" In diesem Kapitel musst du das Geschäftsmodell testen, indem du die Frage stellst: „Löst du das Problem?" Das fragst du deine Co-Creators (Abb. 7.5) (Moore 1995).

Es ist wichtig, dass wir alle relevanten Fragen aus dem Geschäftsmodell testen. Das „Lösen der Probleme" hat nicht nur mit der Qualität der Lösung zu tun. Ein gutes Preis-Leistungs-Verhältnis und gute Produkteigenschaften werden nicht viel nützen, wenn du falsch verkaufst und vermarktest oder ein katastrophales Preismodell hast.

Es gibt zwei primäre Methoden, die du verwenden kannst, um eine Antwort auf diese Frage zu erhalten. Du kannst Kunden fragen, ob ihre Probleme gelöst wurden, oder sie beobachten, während du die Verwendung der Lösung simulierst. Es gibt eine dritte Methode, die wir nicht empfehlen würden: zu glauben, dass du die Probleme und Bedürfnisse des Kunden so gut kennst, dass du nicht fragen musst. Dies nennt man Selbstprojektion und es ist leider ein bekanntes Phänomen. „Ich will es, also will es mein Kunde" ist oft ein Rezept für Misserfolg!

Frag den Kunden
Das ist die einfachste Methode, aber du kannst nicht sicher sein, dass die Konsumenten die Wahrheit sagen. Sie könnten dir absichtlich eine ungenaue Antwort geben, entweder, weil sie höflich sind (gut erzogene Menschen können hier ein Problem darstellen) oder weil sie ein anderes Motiv haben. Es ist wahrscheinlicher, dass sie dich unwissentlich falsch informieren. Sie denken vielleicht, dass ihr Problem gelöst wurde, obwohl das nicht der Fall ist. Wenn der Kunde die Lösung dann ausprobiert, wird diese Diskrepanz deutlich, und er

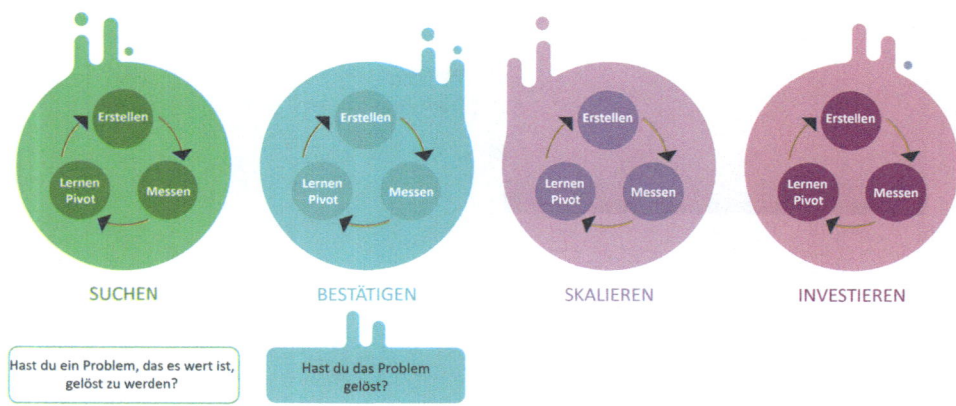

Abb. 7.5 Das Lösungs-Interview (In Anlehnung an Steve Blank 2007)

7.7 Lösungs-Interview: Glauben deine Kunden, dass du das Problem lösen kannst?

wird sich gegen den Kauf entscheiden. Es ist nicht ungewöhnlich, dass wir uns mit Notlügen umgeben. Aus diesem Grund antworten 38 % der Befragten, dass sie Bio-Gemüse kaufen möchten, obwohl nur 7 % dies tun. Nur unser Handeln zeigt wirklich, wer und was wir sind.

Ein Kundengespräch ist der einfachste Weg, um die Tests durchzuführen. Du kontaktierst ein paar potenzielle Kunden und führst kurze Interviews durch, um herauszufinden, was sie über deine Lösung, Verkaufsmethode und Preisgestaltung denken. Wir empfehlen, dass du die Befragung damit beginnst, aufzuzeigen, wie du ihr Problem lösen möchtest. Da du keine fertige Lösung vorweisen können wirst, musst du versuchen, dem Kunden deine Vorstellung verständlich zu machen. Wenn du ein MVP hast, kannst du es dem Kunden vorführen. Wenn du keines hast, kannst du ein Modell des Produkts, eine PowerPoint-Präsentation oder ein Video erstellen, die oder das dein Produkt beschreiben. Wenn nichts anderes möglich ist, erklärst du dem Kunden einfach, was du herstellen möchtest.

Sobald der Interessent eine Vorstellung von der Lösung hat, kannst du alle Funktionen beschreiben, die du einbeziehen möchtest, und den Kunden bitten, sie als interessant oder uninteressant einzustufen. Auf die gleiche Weise kannst du ihn veranlassen, die verschiedenen Verkaufs- und Preisgestaltungsmethoden, die du anwenden möchtest, in eine Rangfolge zu bringen. Lass die Kunden ihre Sortierung sorgfältig ausarbeiten und eigene Funktionen, Verkaufsmethoden und auch eine eigene Preisgestaltung vorschlagen. Versuche immer, die Kunden zum Kommentieren zu bewegen.

Beobachte den Kunden
Wenn du Zweifel hast, ob eine direkte Frage funktioniert, könntest du eine Form der Problemlösung simulieren. Wenn du dich fragst, ob diejenigen, die an einer bestimmten Straßenecke unterwegs sind, gern einen Kaffee hätten, könntest du in einem leeren Geschäft eine improvisierte Kaffeebar einrichten oder dort für ein paar Tage einen mobilen Kaffeewagen parken. Wenn du dort einen anständigen Umsatz erzielst, ist es wahrscheinlich, dass es einen Markt für ein dauerhaftes Café gibt. Es gibt viele gute Beispiele dafür, wie man solche Simulationen durchführen kann:

Wenn du deine Lösung über das Internet vermarktest, kann eine Landingpage Antworten darauf geben, ob du die Probleme des Kunden lösen kannst und die richtige Zielgruppe ausgewählt hast. Das wohl bekannteste Beispiel ist der Speicherdienst DropBox. Die Gründer von DropBox stellten sich vor, dass Menschen eine Möglichkeit brauchten, ihre Daten online zu speichern und auszutauschen. Sie wollten jedoch nicht viel Geld für die Erstellung einer Lösung ausgeben, bis sie getestet hatten, welche Funktionen die Kunden wirklich wollten. Deshalb verbreiteten sie ein Video, das den Dienst online simulierte, und verlinkten eine Seite, auf der man sein Interesse anmelden konnte. Dann haben sie gemessen, wie viele Personen diese Seite besuchten. Diese Methode erfordert die Fähigkeit, den Traffic auf die Landingpage zu lenken, zum Beispiel mit Google AdWords- oder

Facebook-Anzeigen. Wenn du bereits eine E-Mail-Liste mit potenziellen Kunden hast, kannst du diese verwenden.

Wenn du viel Traffic auf deiner Landingpage generierst, kannst du deine Befragten in verschiedene Gruppen einteilen und beispielsweise unterschiedliche Preismodelle für jede Gruppe testen. Diese Tests werden als A/B-Tests bezeichnet, da Gruppe A das eine Preismodell und Gruppe B ein anderes präsentiert wird. Die Unterschiede im Umsatzvolumen der verschiedenen Preismodelle können dir viel darüber vermitteln, wie du eine Lösung bepreisen solltest.

Crowdfunding ist ein weiterer Test dafür, ob du das Problem löst. Crowdfunding bedeutet, dass potenzielle Kunden dein Produkt bereits kaufen können, bevor es produziert wird (vielleicht sogar bevor es entworfen wird). Wenn du genügend Bestellungen erhältst, produzierst du das Produkt und diejenigen, die bestellt haben, sind die ersten, die es bekommen. Wenn nicht genug Bestellungen eingehen, erstattest du das Geld zurück und keiner deiner Kunden hat etwas verloren. Wenn du dich fragst, ob jemand eine Armbanduhr kaufen möchte, die Smartphone-Apps ausführen kann, könntest du sie auf der Website kickstarter.com zum Verkauf anbieten, ohne einen Prototyp hergestellt zu haben. Viele Menschen akzeptieren, dass das Produkt nur dann gebaut wird, wenn genügend Leute es bestellen. Dieser Service wurde geschaffen, um zu testen, ob es eine Herausforderung gibt, die es wert ist, dass man sich ihr stellt. Crowdfunding eignet sich gut, um herauszufinden, ob das Problem, das du lösen möchtest, da draußen wirklich existiert. Du kannst mithilfe eines solchen Tests auch viel über dein Geschäftsmodell lernen.

Damit es funktioniert, ist jedoch ein ziemlicher Aufwand erforderlich. Du musst dein MVP sehr klar skizzieren. Ein Bild und Beschreibungen des Produkts sind ein absolutes Minimum. Noch besser ist es, ein Video zu erstellen. Ein solcher Test kann dir helfen, festzustellen, ob deine Lösung die Probleme löst und ob der Markt bereit ist, dafür zu bezahlen. Da das Produkt geliefert werden muss, wenn du genügend Bestellungen erhältst, kannst du auch Produktionspartner und Kostenniveaus aus dem Geschäftsmodell testen. Die Kunden, mit denen du durch Crowdfunding in Kontakt trittst, sind oft sehr engagiert und können dir nützliches Feedback zu den Produktmerkmalen und auch zum Preis geben.

Der bekannte Begriff „Concierge" bezeichnet die Rolle der Person in einem Hotel, die alles arrangiert, was für einen unvergesslichen Aufenthalt notwendig ist. Sie kann Theaterkarten, Tickets für Fußballspiele und alles andere Nützliche besorgen. Sie tut all dies als persönlichen Service für jeden einzelnen Gast. Wenn du einen Concierge-Test durchführst, machst du etwas Ähnliches. Du simulierst einen automatisierten Service, indem du die Arbeit manuell ausführst. Das bekannteste Beispiel ist wohl das internetbasierte Schuhgeschäft Zappos. Da sie 1999, als sie ihr Konzept testeten, nicht wussten, ob jemand in Erwägung ziehen würde, Schuhe online zu kaufen, erstellten sie eine sehr einfache Website, auf der Kunden Schuhe bestellen konnten. Um Lagerbestände zu vermeiden, beinhaltete die Website Fotos von Schuhen, die der Firmengründer in einem physischen Schuhgeschäft in der Nachbarschaft aufgenommen hatte. Wenn jemand ein Paar Schuhe bestellte, rannte er hinunter zum Schuhgeschäft, kaufte die Schuhe und schickte sie dem Kunden. So gelang es Zappos, einen sehr realitätsnahen Test durchzuführen. Es wurden echte Schuhe gekauft und echtes Geld dafür bezahlt. Es gelang ihnen, dies zu tun, ohne in einen echten Laden oder in irgendeine Art von Warenbestand investieren zu müssen.

Mit einem Concierge-Test kannst du sowohl herausfinden, ob du die richtigen Kunden gefunden hast, als auch, ob du die richtige Lösung erstellt hast, den richtigen Preis verlangst und ob du die richtigen Partner hast. Du wirst auch eine ziemlich gute Vorstellung davon bekommen, wie viel Geld du voraussichtlich ausgeben musst, um das Produkt auf den Markt zu bringen.

Beispiel: Casa Maria

Maria und Tom schauen auf einen langen Tisch, den sie im Restaurant aufgestellt haben. Sie haben etwa zwanzig Teller mit den möglichen Gerichten für das Menü zusammengestellt. Bald wird eine Gruppe von speziell eingeladenen Gästen, die für die Ölgesellschaft und die Slow Food Organisation arbeiten, eintreffen. Jeder von ihnen wird gebeten, jede Speise zu bewerten, mitzuteilen, was er dafür zu zahlen bereit wäre und Vorschläge für den Namen des Gerichts zu machen. Darüber hinaus werden sie gebeten, sich zu überlegen, wie viele Speiseangebote ein typisches Mittagsmenü enthalten sollte und ihre Meinung zur Inneneinrichtung des Restaurants zu äußern. „Wie Sie sehen können, sind wir noch nicht fertig", sagt Tom, „trotzdem wären wir froh zu hören, was Ihnen an dem, was Sie bereits sehen können, gefällt und was nicht."

Die 15–16 Gäste gaben alle ein klares Feedback. Es wurden nicht nur Marias Überlegungen bestätigt, welche Gerichte auf der Speisekarte stehen sollten, sondern sie erhielten auch eine klare Bestätigung, dass ein kleines, hochwertiges Menü und ein rustikales Interieur der richtige Weg wären. Es deutete auch nichts darauf hin, dass sie das Preisniveau falsch angesetzt hatten.

Der allererste Entwurf des Geschäftsmodells sieht also wie in Abb. 7.6 dargestellt aus. ◄

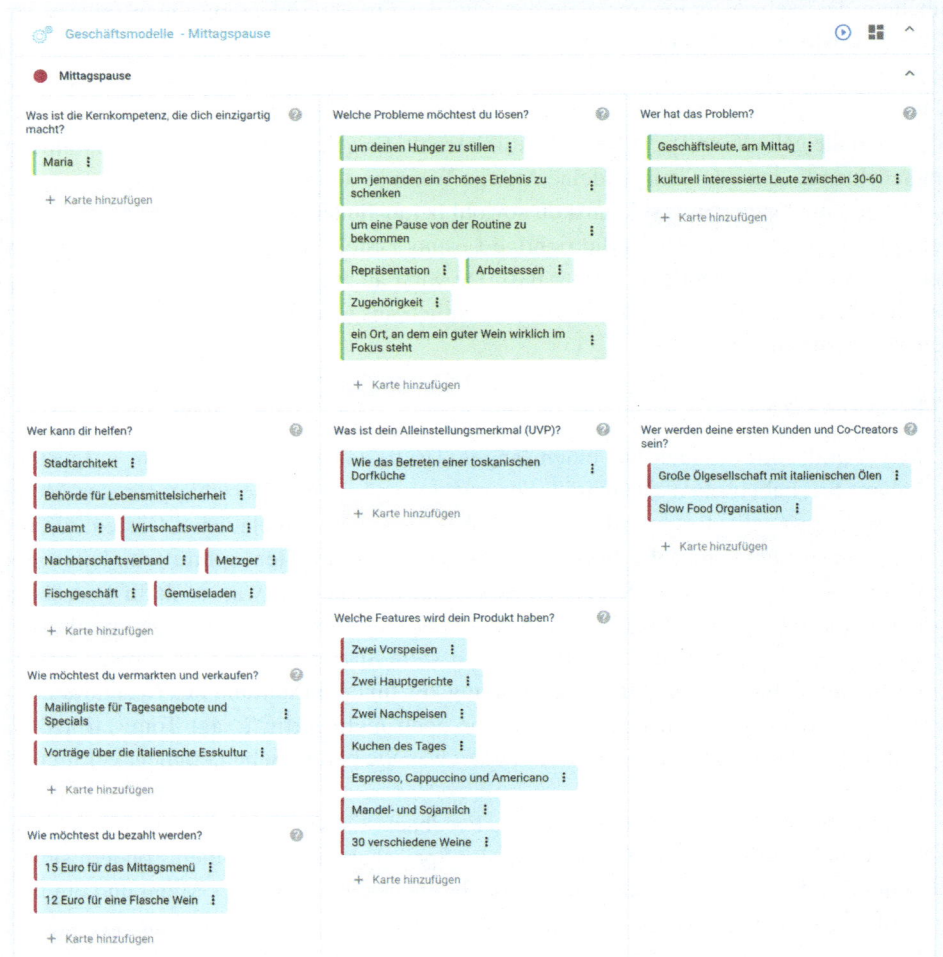

Abb. 7.6 Entwurf eines Geschäftsmodells

Literatur

Amit R. und Zott C., „Value creation in E-business", *Strateg. Manag. J.*, Bd. 22, Nr. 6–7, S. 493–520, Jun. 2001, https://doi.org/10.1002/smj.187

Blank S., Four Steps to the Epiphany: Successful Strategies for Products that Win, 3. Aufl. Kalifornien: S. G. Blank, 2007.

Dahle Y., Anh N. D., Reuther K., Steinert M. und Toscher B., „An analysis of Core Competence and Unique Value Proposition as normative entrepreneurship elements", vorgestellt auf der ICE 2019, Sophie Antipolis, 2019.

Keeley L., Walters H., Pikkel R. und Quinn B., *Ten Types of Innovation: The Discipline of Building Breakthroughs*. John Wiley & Sons, 2013.
Maurya A., *Running Lean*. Sebastopol, Kalifornien: O'Reilly, 2012.
Moore G. A., *Crossing the chasm*. New York, NY, USA: HarperCollins Publishers, 1995.
Rowley J., „Understanding digital content marketing", *J. Mark. Manag.*, Bd. 24, Nr. 5–6, S. 517–540, 2008.
Zott und Amit (2010) Zott C. und Amit R., „Business Model Design: An Activity System Perspective", Long Range Planning, Bd. 43, Nr. 2–3, S. 216-226, April–June. 2010, https://doi.org/10.1016/j.lrp.2009.07.004

Ziele 8

> **Zusammenfassung**
>
> Kap. 8 setzt die vorangegangenen Planungsschritte der *Systemischen Methode Unternehmerischer Aktivitäten (S-E-A-M)* in konkrete Zielstellungen um. Diese Ziele werden in fünf Bereiche kategorisiert: 1) Ziele bezüglich der Kompetenzen und Fähigkeiten des Gründungsteams, 2) Ziele bezüglich der Entwicklung von Produkten und Dienstleistungen, 3) Marketing- und Vertriebsziele, 4) Nachhaltigkeitsziele, sowie 5) finanzielle Ziele. Zudem werden innerhalb der Kategorien drei Arten von Zielen unterschieden: Meilensteine, die innerhalb eines bestimmten Zeitrahmes erreicht werden, quantifizierbare Ziele wie das Einstellen einer bestimmten Anzahl von Mitarbeitern sowie finanzielle Ziele.

Lass uns für einen Moment innehalten und darüber nachdenken, worüber wir gesprochen haben und wie weit du dein Projekt bereits entwickelt hast, während du das Buch bis hierher durchgegangen bist: In Teil I diskutierten wir eine Auswahl moderner Theorien, die sich mit Entrepreneurship und sieben Schritten befassen, die du bei der Entwicklung oder Verbesserung deines Projekts durchführen kannst und solltest. Bisher sind wir in Teil II durch vier Kapitel gegangen. In Kap. 4 hast du Sinn und Zweck deines Vorhabens definiert und in Kap. 5 beschrieben, welche Ressourcen dir zur Verfügung stehen.

In Kap. 6 hast du deine Geschäftsidee formuliert. Du hast deine einzigartige Kompetenz als Ausgangspunkt verwendet und entschieden, welches Problem du versuchen solltest für welche Zielgruppe zu lösen. Auf dieser Grundlage hast du in Kap. 7 dein Geschäftsmodell entwickelt. Anschließend hast du festgelegt, wie du die erkannten Probleme lösen solltest. Nebenbei hast du die Geschäftsidee und das Geschäftsmodell im Markt

© Der/die Autor(en), exklusiv lizenziert durch Springer Fachmedien Wiesbaden GmbH, ein Teil von Springer Nature 2022
Y. Dahle, K. Reuther, *Praxisratgeber Entrepreneurship*,
https://doi.org/10.1007/978-3-658-36711-4_8

getestet und aufgrund des Feedbacks, das du erhalten hast, verbessert. Was du in den Kap. 4, 5, 6 und 7 getan hast, kann als Strategieentwicklung bezeichnet werden (Porter 2008). Du hast einen umfassenden Weg gefunden, wie du die dir zur Verfügung stehenden Ressourcen (Kap. 5) nutzen kannst, um den für dein Projekt festgelegten Zweck (Kap. 4) zu erfüllen. Das hast du getan, indem du entschieden hast, was zu tun ist (die Geschäftsidee – Kap. 6) und wie es zu tun ist (das Geschäftsmodell – Kap. 7). Die Durchführung dieser Aktivitäten kommt der Strategiedefinition aus dem Lehrbuch sehr nahe. Vielleicht musstest du bereits zurückgehen und den Zweck und die Motivation, die Ressourcen, die Idee und das Modell ändern, weil sich die Dinge anders entwickelt haben, als du ursprünglich dachtest.

Es ist jedoch die eine Sache, zu planen, was zu tun ist. Eine ganz andere Sache ist es, weiterzugehen und es tatsächlich zu tun. Wenn du Investoren und Risikokapitalgeber fragst, was ein gutes Projekt wirklich auszeichnet, ist eine der Aussagen, die du am häufigsten hören wirst, „die Fähigkeit zur Ausführung". Die letzten drei Kapitel dieses Buches betreffen diese Fähigkeit zur Ausführung. In diesem Kapitel werden wir darüber sprechen, welche detaillierten Ziele du dir setzen solltest. In Kap. 9 werden wir aufzeigen, welche Aufgaben du und deine Kollegen ausführen müssen, um diese detaillierten Ziele zu erreichen, und im letzten Kapitel werden wir darüber reden, wie wir eine Prognose erstellen können, die die finanziellen Auswirkungen dieser Ziele und Aufgaben wiedergibt. Zusammen bilden diese drei Dinge ab, wie du dein Projekt durchführst.

Während dieses Prozesses musst du bereit sein, zurückzugehen und den Zweck, die Ressourcen, die Idee und das Modell zu verändern und zu verbessern. Das liegt in der Natur des Entrepreneurship. Die wichtigste Eigenschaft eines qualifizierten Entrepreneurs ist die Fähigkeit, belastbar zu sein und sich an ändernde Umstände anzupassen, indem er sein Projekt ständig verbessert, ohne Energie und Motivation zu verlieren.

In diesem Kapitel musst du, wie bereits erwähnt, Ziele für dein Projekt festlegen. Sie haben viel mit den Key Performance Indicators oder KPIs (Kaplan und Norton 1996) gemeinsam. Wenn du also diesen Begriff hörst, weißt du, dass er in etwa dasselbe beschreibt wie die Ziele. Wenn du eine Zielvorgabe definierst, beschreibst du einfach, was du zu einem bestimmten Zeitpunkt erreicht haben möchtest, und zwar so, dass du genau weißt, ob du es erreicht hast oder nicht, wenn du an den jeweiligen Punkt kommst. Das bedeutet, dass ein Ziel sowohl messbar als auch zeitspezifisch sein muss.

Darüber hinaus müssen Ziele dynamisch sein. Eine „schlanke" Arbeitsweise (*lean*) (Maurya 2012; Ries 2011; Blank 2007), wie wir sie in Abschn. 2.6 erörtert haben, bedeutet, immer bereit zu sein, die gesetzten Ziele zu überdenken. Vielleicht ändert sich die Realität oder vielleicht waren die ursprünglich festgelegten Zielvorgaben, einfach unrealistisch.

Messbar bedeutet, dass es glasklar ist, ob du das Ziel erreicht hast oder nicht. Man kann zum Beispiel nicht als Vorgabe formulieren: „Wir wollen, dass alle unsere Kunden bis Dezember zufrieden sind." Wenn es Dezember ist, wird es dir nicht möglich sein, zweifelsfrei festzustellen, ob die Kunden zufrieden sind oder nicht. Andererseits kannst du dir beispielsweise als Ziel setzen: „Im Dezember muss der Kundenzufriedenheitsindex min-

Abb. 8.1 Messbar, zeitspezifisch und dynamisch

destens 108,2 betragen." Eine Zielsetzung auf diese Art ist wichtig, wenn du versuchst, dein Projekt voranzutreiben (Abb. 8.1).

Die Tatsache, dass die Ziele zeitspezifisch sind, bedeutet lediglich, dass du weißt, wann sie erreicht werden sollten. Die Aussage: „Der Kundenzufriedenheitsindex muss mindestens 108,2 betragen." ergibt natürlich keinen Sinn, wenn du nicht weißt, *wann* dies geschehen wird. Stelle sicher, dass du immer angibst, in welchem Monat jedes Ziel erreicht werden soll.

Wenn es darum geht, dynamisch mit deinen Zielen zu arbeiten, haben wir drei einfache Empfehlungen:

Arbeite mit einer relativ kurzen Entwicklungszeit
Setze keine Ziele für jeweils mehr als ein paar Monate. Ziele für einen Zeitraum weit im Voraus festzulegen, ist schwierig und ressourcenintensiv, bringt aber wenig Nutzen. Drei bis sechs Monate sind oft perfekt.

Verwende fortlaufende Ziele
Das bedeutet, dass du beim Übergang in einen neuen Monat am Ende deiner Entwicklungsperiode den nächsten Monat hinzufügst. Auf diese Weise gibt es für dich immer Ziele für die nächsten drei bis sechs Monate.

Verwalten nach „bester Schätzung"
Das heißt, dass du immer die tatsächlich erreichten Zahlen für die zurückliegenden Monate anpasst und für die kommenden Monate auf die bestmögliche Schätzung aktualisierst, die du vornehmen kannst.

Genau wie im übrigen Verlauf des Prozesses ist es nützlich, wenn die gesamte Firma an der Formulierung der Ziele beteiligt werden kann. Auf diese Weise schaffst du Motivation und Eigenverantwortung. Manche sagen, dass die Ziele allen Mitarbeitern mitgeteilt werden müssen, um Motivation zu schaffen. Unserer Meinung nach reicht das nicht aus. Du erreichst die beste Eigenverantwortung für die Zielvorgaben, an deren Festlegung du beteiligt warst. Verwirklichte Ziele sollten markiert und gefeiert werden. Wenn du erkennst, dass das Ziel unrealistisch ist, musst du die Konsequenz akzeptieren und es weniger ehrgeizig formulieren. Wenn du jedoch feststellst, dass du es leicht erreichen wirst, solltest du dir ein neues und ambitionierteres Ziel setzen. Abschließend kannst du fragen: Wie viele

Ziele sollte ein typisches Projekt haben? Die Antwort ist, dass kein Projekt genau wie ein anders ist. Sie sind sehr unterschiedlich. Wenn du aber mehr als zehn bis zwölf Ziele festgelegt hast, kann es etwas schwierig werden, sie im Auge zu behalten. Dann sind wahrscheinlich einige der Zielvorgaben Unterziele zu den Hauptzielen.

▶ In *S-E-A-M* arbeiten wir mit drei Hauptarten von Zielen: Meilensteine, quantifizierbare Ziele und finanzielle Ziele.

Meilensteine sind Ziele, die innerhalb eines bestimmten Zeitrahmens erreicht werden müssen. Beispielsweise werden wir noch vor Juli einen neuen Marketingleiter einstellen oder bis August ein Anwenderforum organisieren. Quantifizierbare Ziele sind Ziele, die durch eine Zahl beschrieben werden. Der Verkauf von 18 Baggern pro Monat oder 400 Likes auf Facebook bis Dezember können Beispiele für quantifizierbare Ziele sein. Finanzielle Ziele können in Euro, Dollar oder einer anderen Währung gemessen werden. Beispiele für finanzielle Ziele wären, dass du im ersten Quartal einen Umsatz von zwei Millionen Dollar erzielst, dass die Abonnementeinnahmen für unsere App um 3000 € pro Monat steigen oder dass wir eine halbe Million Schweizer Franken an neuem Eigenkapital erhalten.

Es ist immer von Vorteil, die Ziele in Geldwerten auszudrücken. Dann wird es einfach sein, die Finanzprognosen auf diese Vorgaben zu stützen. Sagen wir beispielsweise, dass du einen Gebrauchtwagenladen eröffnen wirst. Dann könnte ein logisches Etappenziel sein: „Wir werden im Februar mit dem Verkauf von Gebrauchtwagen beginnen." Du kannst dem Ziel jedoch noch weitere Informationen hinzufügen, wenn du es in ein quantifizierbares Ziel umdefinierst: „Wir werden im Februar zehn Autos verkaufen." Wenn du zehn Autos verkaufen möchtest, musst du natürlich mit dem Verkauf begonnen haben – dann wird das Meilensteinziel überflüssig. Schließlich kannst du noch weitere Informationen ergänzen, indem du davon ausgehst, dass jedes Auto durchschnittlich 10.000 € kosten wird. Dann kannst du das finanzielle Ziel definieren: „Wir werden im Februar Autos für 100.000 € verkaufen." Dieses Ziel macht sowohl den Meilenstein als auch das quantifizierbare Ziel überflüssig. Auf diese Weise kannst du problemlos ein Ziel festlegen – das, wenn es in die Prognose in Kap. 10 übernommen wird, die Grundlage für die Berechnung deiner Einnahmen bildet.

Schließlich werden wir in dieser (ziemlich langen) Einführung erläutern, warum *S-E-A-M* mit fünf verschiedenen Messelementen arbeitet, nämlich mit Kompetenz- und Kapazitätszielen, Produktzielen, Marketing- und Vertriebszielen, Nachhaltigkeitszielen und finanziellen Zielen.

Viele Unternehmen beschränken sich auf finanzielle Ziele. Sie verbringen viel Zeit damit, historische Wirtschaftszahlen zu analysieren und Abweichungen von dem Budget, das sie aufgestellt haben, zu diskutieren. Das Problem, wenn man sich nur darauf konzentriert, besteht darin, dass das Erreichen der finanziellen Ziele weitestgehend nur eine Folge von der guten Arbeit, die in den Bereichen Kompetenzentwicklung, Produktentwicklung, Vertrieb und Nachhaltigkeit geleistet wurde, ist. Wir haben dies in Abb. 3.6 (Dahle et al.

2013) im Abschn. 3.6 gesehen. Ein attraktiver Arbeitgeber zu sein, gewährleistet gute Kompetenzen, was wiederum gute Produkte und Prozesse hervorbringt. Gute Produkte und Prozesse ermöglichen professionelle Vertriebsarbeit und ein gutes Kostenmanagement, was wiederum gute finanzielle Ergebnisse erzeugt und sich positiv auf die Gesellschaft auswirken kann. Wenn wir nur die finanziellen Resultate messen, ohne diese zugrunde liegenden Ziele zu messen, besteht die Gefahr, dass wir die Kontrolle über die Aktivitäten verlieren, die wir tatsächlich beeinflussen können. Wir beginnen mit der grundlegendsten Frage: Welche Ziele kannst du dir setzen, um das Wissen und die Kapazität deines Projekts zu erhöhen? Wir nennen sie die Kompetenz- und Kapazitätsziele.

8.1 Kompetenzen und Fähigkeiten

Die wichtigsten Voraussetzungen dafür, Nutzen zu stiften, sind die Kompetenz, Kultur und Struktur, die du innerhalb und zwischen den Mitarbeitern deines Projekts aufbauen kannst (Prahalad und Hamel 1990). Jedes finanzielle Ergebnis, das du erzielst, basiert auf dieser Kompetenz. Daher ist es selbstverständlich, mit den Kompetenz- und Kapazitätszielen zu beginnen. Von Zeit zu Zeit wirst du entscheiden müssen, ob du neue Mitarbeiter einstellst (also neue Fähigkeiten einbringst). Auf die gleiche Weise solltest du Ziele dafür definieren, wie du die Fähigkeiten der Personen, die bereits in der Firma sind, weiterentwickeln könntest. Hier kannst du sowohl informelle als auch formelle Kompetenz in Form von akademischen Abschlüssen oder Zertifizierungen beschreiben. „Bis zum Jahreswechsel wird mein Unternehmen vier neue Ingenieure mit NS-EN 3834-Zertifizierung von DNV-GL haben."

Die Kompetenzziele müssen nach den Kompetenzbedürfnissen ausgerichtet sein, die sich aus der Geschäftsidee und dem Geschäftsmodell ergeben. Man braucht nicht so viel Kompetenz wie möglich, sondern die richtige Kompetenz für das, was man erreichen will.

Du solltest auch Ziele für die Struktur deines Projekts und effektive Routinen definieren. Wenn du in einem neuen Markt vertreten sein musst, solltest du wissen, wann du dort anfängst und auf welche organisatorische und operative Weise. Wenn du neue Routinen für das Testen von Produkten oder für die Berichterstattung deiner Kennzahlen einführen wirst, sollte das ebenfalls als Zielstellung definiert werden.

> **Beispiel: Casa Maria**
>
> Das Projekt „Casa Maria" hat den Sommer erreicht, und das Bauprojekt ist in vollem Gange. Maria und Tom haben sich an ihren Tisch in der Kaffeebar gesetzt, um ihre Ziele zu entwickeln.
>
> Sie beginnen mit den Kompetenzzielen. Sie möchten bis September zwei Mitarbeiter im Einsatz haben: einen Hilfskoch und eine Servicekraft in Teilzeit, die Geschirr spült und gelegentlich auch beim Servieren helfen kann.

Sie haben zwei Kompetenzziele: ‚Einen Koch einstellen' und ‚Eine Spülhilfe einstellen'.

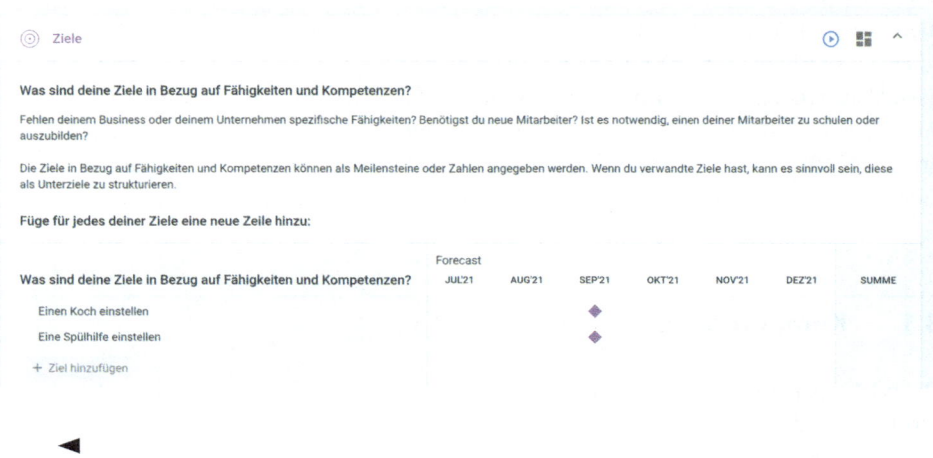

8.2 Ziele der Produktentwicklung

Basierend auf dem Fachwissen, der Struktur und den Routinen deines Unternehmens kannst du ein Produkt oder mehrere Produkte oder Dienstleistungen entwickeln. Häufig wird die Lösung, die du entwickelst, sowohl physische Komponenten als auch Servicekomponenten enthalten. Unabhängig davon, ob du brandneue Produkte entwickelst oder bereits vorhandene Produkte weiterentwickelst, musst du genau beschreiben, was du entwickeln wirst und wann das geschehen soll. Dabei beschreibst du auch, was entwickelt und wie die Lösung verpackt, präsentiert, dokumentiert und geliefert werden soll. Definiere auch klare Qualitätskriterien, sodass am Ende des Zeitraums klar ist, ob du die Ziele erreicht hast oder nicht. Ähnlich wie bei den Kompetenzzielen müssen die Produktziele mit dem Geschäftsmodell verknüpft sein, damit du sicher sein kannst, dass die Lösung das Problem der Zielgruppe löst.

Beispiel: Casa Maria

Dann definieren die beiden die Produktziele. Spätestens im September muss das Restaurant bezugsfertig sein, damit sie Zeit haben, den Umgang mit allen Geräten zu erlernen.

Das bedeutet, dass die gesamte Ausrüstung bis Juli bestellt werden und die Speisekarte bis August fertig sein muss.

Sie haben drei Produktziele: ‚Vervollständigung der Inneneinrichtung des Restaurants', ‚Bestellen der Küchenausstattung' und ‚Vervollständigung des Menüs'.

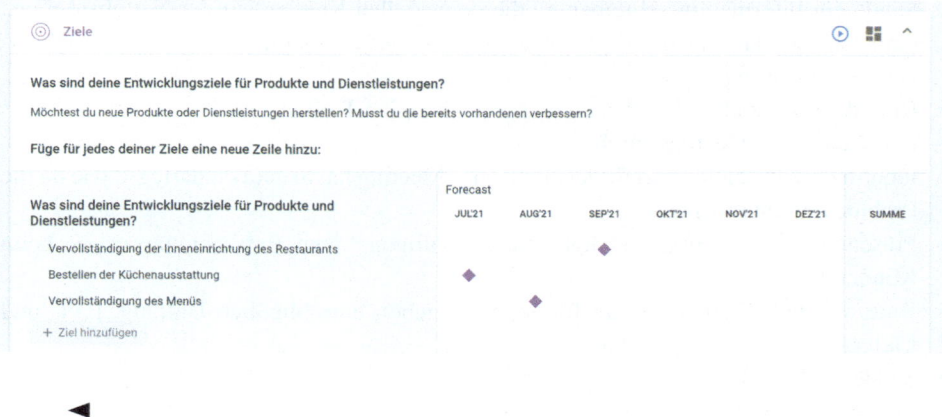

8.3 Marketing- und Vertriebsziele

Es ist an der Zeit, den Grundstein für die Vertriebs- und Marketingarbeit zu legen. Du beginnst damit, Ziele für dein Marketing zu setzen. Wenn du beim Verkauf erfolgreich sein möchtest, ist es ein großer Vorteil, wenn deine Zielgruppe weiß, wer du und wie du ihre Probleme löst, und wenn sie eine klare Vorstellung davon bekommen, welche Vorteile die Wahl deiner Lösung hat.

Ein Beispiel für ein solches Marketingziel kann das Markenwissen der Zielgruppe sein. Das heißt, wie viel Prozent der Interessenten kennen den Namen der Firma oder des Produkts? Ein relevanteres Messkriterium ist, welcher Anteil der Zielgruppe über deine Unique Value Proposition (UVP) Bescheid weiß. Wenn sie nicht nur den Namen deiner Firma kennen, sondern auch die Vorteile davon, sich für dich zu entscheiden, wird alles leichter zu erreichen sein – vom ersten Treffen mit dem Kunden bis zum Vertragsabschluss. Die Messung der Kundenzufriedenheit von Bestandskunden ebenfalls von großer Bedeutung.

Darüber hinaus kannst du gern weitere operative Ziele für die Marketingarbeit beschreiben. Du könntest beispielsweise Folgendes anstreben: „Wir werden bis zum 31. Juli eine neue Website eingerichtet haben", „Bis zum Ende des dritten Quartals werden wir die neue Markenidentität einführen" oder „Bis zum Beginn des neuen Jahres werden wir 100 neue Abonnenten für unseren Newsletter haben".

Wenn du deine Vertriebsziele festlegst, möchtest du vielleicht damit beginnen, deinen Verkaufsprozess zu beschreiben. Wenn du für jeden Schritt in diesem Prozess Ziele festlegen kannst, wird es viel einfacher, festzustellen, ob du mit dem Verkauf Erfolg haben wirst oder nicht. Die wichtigsten Schritte in einem Verkaufsprozess können die folgenden sein:

- Liste dein Brutto an potenziellen Kunden vollständig auf und übertrage die vielversprechendsten Kunden in eine „Nettoliste".

- Sende ein Informationsschreiben an die potenziellen Kunden auf der Nettoliste. Lege dein Angebot dar. Mache sie gleichzeitig darauf aufmerksam, dass du sie innerhalb einer Woche anrufen wirst.
- Rufe die potenziellen Kunden an und vereinbare ein Treffen.
- Führe das erste Meeting durch.
- Identifiziere Probleme und fordere ein neues Meeting an, in dem du darlegst, wie du die Probleme lösen möchtest.
- Präsentiere die Lösung und hole die Einwilligung vom Entscheidungsträger beim Kunden ein.
- Bitte um die Möglichkeit, ein formelles Angebot, einschließlich Umfang, Preis und Lieferzeitplan, zu unterbreiten.
- Sende das Angebot.
- Verhandle über das Angebot.
- Unterschreibe den Vertrag.

Der oben beschriebene Prozess ist ein imaginäres Beispiel. Du musst herausfinden, welcher Ansatz zu deinem Unternehmen passt. Sobald du den Ablauf kennst, kannst du dir Ziele setzen. Du kannst zum Beispiel festlegen, wie viele potenzielle Kunden du kontaktieren solltest, wie viele Meetings du in einem bestimmten Zeitraum haben oder wie viele Angebote du verschicken solltest. Besonders wichtig ist es, ein Ziel für die Anzahl der Neukunden zu definieren, die du gewinnen möchtest. Basierend darauf, wie viele Neukunden du erwartest, kannst du planen, wie viele Mitarbeiter du benötigen wirst.

In einer frühen Phase des Projekts kann es auch notwendig sein, wichtige Leistungsindikatoren für Verkäufe zu messen, die zu einem späteren Zeitpunkt zustande kommen könnten. Als wir 2006 anfingen, mit dem digitalen Musikvertriebsunternehmen Phonofile zusammenzuarbeiten, gab es in dieser Branche einfach keinen Umsatz. Niemand hatte bisher digitale Musik gekauft. Daher war es wichtig, einige Ziele festzulegen, die anzeigen könnten, dass das Unternehmen sich positiv entwickelte, obwohl es keinen Umsatz erzielte. Die Lösung bestand darin, die Zahl der Verträge mit Plattenfirmen und Plattenläden zu bestimmen. Dies waren zwei Kriterien, von denen wir zu Recht annahmen, dass sie für die Positionierung wichtig sein würden, wenn die Nachfrage nach digital vertriebener Musik endlich käme. Die wichtigsten KPIs werden vom Management des Unternehmens definiert, besessen und verwaltet. Sie sind leistungsstarke Tools, um die Firma auf die gewünschten Ziele auszurichten. Unsere Erfahrung zeigt, dass das, was gemessen wird, auch geliefert wird, und das, was nicht gemessen wird, auch nicht geliefert wird.

Beispiel: Casa Maria

„Dann gibt es da noch die Marketing- und Vertriebsziele. Die Website sowie die Facebook- und Instagram-Seite müssen vor Ende Juli fertig sein. Wir können dies als das Hauptziel ‚Marketingmaterial' mit drei daraus folgenden Unterzielen festlegen.

Der wichtigste Meilenstein ist, wann wir tatsächlich unsere Türen öffnen", sagt Tom. „Wir werden noch drei Monate brauchen, bis wir eröffnen können – und damit wären wir im Oktober. Und – das heißt, nur wenn Gott, die Behörde für Lebensmittelsicherheit und das Bauamt es wollen. Und dann müssen wir die Mailingliste aller Unternehmen in der Region und das System für die Kommunikation mit ihnen fertigstellen. Sagen wir mal, wir haben im August 500 Namen und im September kommen weitere 500 Namen hinzu."

Sie haben drei Marketing- und Vertriebsziele: ‚Marketingmaterialien', ‚Das Restaurant eröffnen' und ‚Mailingliste erstellen'.

8.4 Nachhaltigkeitsziele

Dieses Element ist die letzte Ergänzung in *S-E-A-M* – und es könnte sich auf lange Sicht als das wichtigste herausstellen. Die Einbindung von Nachhaltigkeitszielen ist von der Vorgabe der Vereinten Nationen: „Niemanden zurücklassen" (*Leaving no one behind*) inspiriert. Die Festlegung von Nachhaltigkeitszielen basiert also einfach darauf, dass jedes Entrepreneurship-Projekt eine Verantwortung gegenüber seiner Umgebung trägt. Bestenfalls kann ein Projekt sein Umfeld positiv beeinflussen. Etwa 26 % aller Projekte geben an, dass ihre wichtigste Motivation darin besteht, der Gesellschaft etwas zurückzugeben (Toscher et al. 2019). Dies ist ein deutliches Signal dafür, dass weit mehr Entrepreneure diese Einstellung haben als nur diejenigen, die dem Label „Social Entrepreneurship" zugeordnet werden. In jedem Fall musst du sicherstellen, dass dein Projekt dein Umfeld nicht negativ beeinflusst. Beides tust du, indem du zuerst deine Nachhaltigkeitsziele festlegst und dann dafür sorgst, dass du sie erreichst.

Du kannst die Nachhaltigkeitsziele in vier Kategorien einteilen:

- Die erste Kategorie besteht aus den Umweltzielen. Das bedeutet, dass du sicherstellst, dass dein Unternehmen positive oder zumindest neutrale Auswirkungen auf die Natur und die physische Umwelt um dich herum hat. Dazu gehört natürlich auch, dass du dir das Ziel setzt, deine Umgebung so wenig wie möglich zu verschmutzen, aber auch, dass du vermeidest, knappe Ressourcen unnötig zu verbrauchen. Musst du wirklich nach Kopenhagen fliegen, um ein Meeting abzuhalten? Wäre es möglich, stattdessen Microsoft Teams zu verwenden? Gibt es eine Möglichkeit, wie du deine Lösung mit weniger Ressourcenverbrauch entwickeln kannst? Bist du sicher, dass deine Lieferanten umweltfreundlich handeln? Konkrete Ziele können hier sein, dass du auf die notwendigen Umweltzertifizierungen für dich und diejenigen, mit denen du zusammenarbeitest, achtest. Du kannst auch deine eigenen Anforderungen dafür festlegen, wie man umweltfreundlich arbeiten könnte. Viele Unternehmen setzen sich spezifische Ziele, wie sie die Umwelt verbessern möchten.
- Die zweite Kategorie ist die Schaffung von Arbeitsplätzen. In vielen Teilen der Welt ist die Arbeitslosigkeit extrem hoch. Vor allem junge Menschen können sich oft nicht vorstellen, dass sie jemals eine zukunftsfähige und würdige Beschäftigung finden werden. Du als Entrepreneur bist erfinderisch! Wir hoffen, du siehst das als Privileg, aber auch als Verantwortung. Kannst du dir ein Ziel dafür setzen, wie viele Arbeitsplätze du schaffen wirst und von welcher Qualität sie sein werden? Noch besser ist es, wenn du Arbeitsplätze für Menschen schaffen könntest, die sonst Schwierigkeiten haben, eine sinnvolle Beschäftigung zu finden.
- Dass diese Arbeitsplätze würdig und zukunftsfähig sein sollten, fällt unter die Kategorie der Mitarbeiterfürsorge. Wenn du so weit bist, dass du Mitarbeiter einstellst, übernimmst du eine große Verantwortung. Du musst sicher sein, dass du ein angemessenes Gehalt zahlen kannst, du musst ihnen sinnvolle Aufgaben übertragen und für ein gutes Arbeitsumfeld sorgen. Das mag offensichtlich klingen, aber im manchmal doch harten Leben eines Entrepreneurs kann es anstrengend sein, Zeit und Energie dafür aufzubringen, die Bedürfnisse deiner Mitarbeiter zu erkennen. Deshalb solltest du dir auch in diesem Bereich spezifische Ziele setzen. Führe eine regelmäßige Umfrage durch, bei der die Mitarbeiter ein Feedback darüber geben, wie sie sich wirklich fühlen und Verbesserungsvorschläge machen können. Nimm dieses Feedback dann sehr ernst. Denke daran, dass die personellen Ressourcen für den Erfolg deines Projekts am wichtigsten sind und dass du auch eine persönliche Verantwortung dafür trägst, dass jeder einzelne deiner Mitarbeiter erfolgreich ist und sich weiterentwickelt.
- Die vierte und letzte Kategorie ist die soziale Verantwortung. Sie beschreibt, wie du als Entrepreneur andere Menschen durch das von dir angebotene Produkt oder die von dir erbrachte Dienstleistung positiv beeinflusst. Kannst du einen Service schaffen, der das Wissen deiner Mitmenschen steigert? Kannst du ein Produkt entwickeln, das das Leben für jemanden, der wirklich darauf angewiesen ist, ein wenig leichter macht? Die Hauptsache ist, dass alle Entrepreneure das Ziel haben *sollten*, etwas Gutes zu tun. Kannst du ein konkretes Ziel für das festlegen, was du im Bereich der sozialen Verantwortung erreichen möchtest?

8.4 Nachhaltigkeitsziele

- „Social Entrepreneurship" hat einen hohen Stellenwert. Die norwegische Regierung erklärt (Kraugerud Ertzaas 2019): „Beim ‚Social Entrepreneurship' geht es um die Entwicklung und Umsetzung neuer Lösungen für soziale und gesellschaftliche Probleme. Es geht um die Entwicklung neuer Netzwerke über Disziplinen und Geschäftsmodelle hinweg und um neue Wege der Zusammenarbeit. Durch unternehmerisches Wissen, praktische Erfahrung und ihre eigenen Netzwerke können ‚Social Entrepreneurs' gegenüber traditionellen Lösungen im Vorteil sein." Wir hoffen, dass der Begriff „Social Entrepreneurship" langfristig überflüssig wird. Wir neigen dazu, etwas scherzhaft zu sagen, dass wir hoffen, die meisten unternehmerischen Projekte würden ein soziales Element haben und bezeichnen stattdessen den kleinen Prozentsatz, der dem nicht gerecht wird, als „Unsocial Entrepreneurship".

> **Beispiel: Casa Maria**
>
> Maria und Tom setzen sich zusammen, um die Nachhaltigkeitsziele zu besprechen (vgl. Abb. 8.2). „Das ist unglaublich wichtig", sagt Maria, „auch wenn wir nicht viele Ressourcen haben, müssen wir versuchen, unser Projekt für unsere Umgebung positiv zu gestalten."

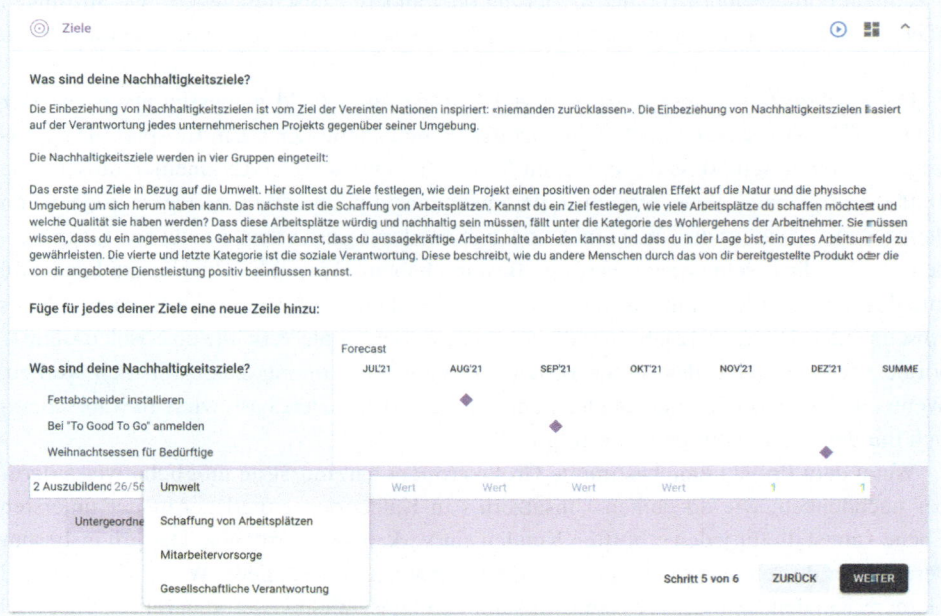

Abb. 8.2 Nachhaltigkeitsziele

„Ja, wir müssen zumindest dafür sorgen, dass wir nichts verschmutzen", sagt Tom. „Ich habe den Fettabscheider bestellt, der absolut alle Partikel aus unserem Abwasser entfernt. Er liegt weit über der Mindestanforderung, aber er funktioniert!"

„Wie wäre es, wenn wir uns bei ‚To Good To Go' anmelden? Dann wird das Essen, das am Ende des Tages übrigbleibt, den Menschen gegeben, die es brauchen."

„Tolle Idee. Und die örtliche Kirche arrangiert auch ein Weihnachtsessen für diejenigen, die es brauchen. Können wir nicht das Essen dafür spenden?"

„Gut. Ich stimme vollkommen zu. Und – abschließend hat uns die Hotelfachschule gebeten, zwei Auszubildende aufzunehmen. Lass uns eine Regelung für sie finden, durch die wir beide ihnen hervorragende Sachkenntnis vermitteln und eine Vorlage erstellen können, wie wir später eigene Lehrlinge ausbilden könnten." ◀

8.5 Finanzielle Ziele

Abschließend gibt es noch die finanziellen Ziele. Dies sind die Ziele, die die meisten Entrepreneure in der Regel recht klar definiert haben. Es gibt drei Hauptkategorien von finanziellen Zielen: Die erste Kategorie sind Einnahmen und Zuschüsse. Hier führst du all das Geld auf, das du durch den Verkauf von Waren und Dienstleistungen erwartest und was du an Fördergeldern von der Regierung oder anderen Zuschussgebern wie Stiftungen oder gemeinnützigen Organisationen erhalten kannst, ohne es später zurückzahlen zu müssen.

Das wichtigste Ertragsziel ist, wie viel Umsatz du in Geld gemessen erwartest. Der Umsatzerlös ist wahrscheinlich dein wichtigstes finanzielles Ziel. Ein Beispiel für ein Ertragsziel könnte sein, dass du im letzten Monat des Jahres einen Abonnementumsatz von 18.000 € erreichst. Solche Verkaufsziele können auch in Unterziele zerlegt werden, wenn du mehr Details wünschst. Wie viel Kundenabwanderung erwartest du und wie lange werden die von dir geschlossenen Verträge Bestand haben? Wie viel mehr Umsatz kannst du mit den bestehenden Kunden erzielen? Erinnere dich an die „Customer Factory" aus Abschn. 3.5 (Maurya 2012). Kannst du messen, wie viele virale Verkäufe du erzielen kannst? Virale Verkäufe heißt, dass deine Bestandskunden mehr Interessenten für dich werben. Wenn du klare, motivierende und leicht messbare Vertriebsziele hast, wirst du wahrscheinlich mit deiner Marketingarbeit erfolgreich sein.

Wenn dein Projekt eine bestimmte Größe erreicht hat, musst du möglicherweise darüber nachdenken, wie du deinen Umsatzerlös in Kategorien einteilst. Auf der untersten Ebene kannst du für jeden erhofften Kunden ein Verkaufsziel festlegen. Das gilt insbesondere, wenn du relativ große Aufträge mit Unternehmen abschließt. Wenn du mehr und kleinere Kunden hast, kann es sinnvoll sein, den Umsatz entweder geografisch (wie viel verkaufen wir in Europa, Amerika und Afrika) oder nach Produkt oder Dienstleistung (wie viel Umsatz erzielen Maria und Tom mit Lebensmitteln und wie viel mit Wein) aufzugliedern.

8.5 Finanzielle Ziele

Die zweite Kategorie sind Eigenkapitalziele. Manchmal ist es notwendig, Geld zu beschaffen, um den Betrieb deines Unternehmens zu finanzieren. Die Beschaffung von neuem Eigenkapital kann also eine Zielvorgabe sein. Oft ist es notwendig, diese Ziele festzulegen, wenn du Investitionen vornehmen musst, bevor die Einnahmen eingehen. Wenn sich herausstellt, dass du eine Million Euro ausgeben musst, um deine Lösung fertigzustellen, bevor du mit dem Verkauf beginnen kannst, kann das Finanzierungsziel lauten: „Wir werden bis zum 1. Juni eine Million neues Eigenkapital beschaffen."

Die letzte Kategorie sind Darlehen und Kredite. Wenn du Kapital für dein Unternehmen benötigst, aber dein Eigentum nicht verwenden möchtest, kannst du in Betracht ziehen, Geld zu leihen. Du kannst bei deiner Bank einen Kredit aufnehmen, aber es ist oft realistischer, ein Darlehen von einem bestimmten Förderprogramm zu erhalten. Der Unterschied zwischen einem Darlehen und einem Kredit besteht darin, dass das Darlehen zu einem bestimmten Zeitpunkt zurückgezahlt werden muss, während *du* entscheidest, wann der Kredit zurückgezahlt wird. Die gebräuchlichste Form eines Kredits sind Kontoüberziehungen bei deiner Bank.

Wenn du bereit bist, dein Projekt zu finanzieren, steht dir eine Kombination aus Eigenkapital und Darlehen oder Krediten zur Verfügung. Darlehen und Kredite sind am besten geeignet, wenn du Inventar, eine Maschine oder etwas anderes finanzieren musst, das die Bank verpfänden könnte. Eigenkapital ist normalerweise am besten geeignet, wenn du den Betrieb deines Unternehmens oder die Entwicklung einer Lösung finanzieren oder Geld für das Marketing aufbringen musst. In diesen Fällen werden die Geldmittel nicht für etwas Physisches verwendet, das die Bank verpfänden könnte.

Beispiel: Casa Maria

„Dann also die Einnahmen", sagt Tom. „Im *EMS* wird angeboten, die Ersparnisse und die kommunalen Fördermittel aus den Ressourcen zu importieren. Dazu sagen wir ‚Ja'. Dann wird beides als Ziel eingetragen. Das einzige andere finanzielle Ziel, das ich sehe, ist der tatsächliche Umsatz des Restaurants. Was ist, wenn wir Einnahmen aus dem Mittagsservice in Höhe von 16.000, 20.000 und 27.000 € für den Oktober, November und Dezember kalkulieren? Hier haben wir Produktkosten von 30 %."

Schließlich haben sie drei finanzielle Ziele: ‚Eigenkapital', ‚Kommunale Zuschüsse' und ‚Einnahmen des Restaurants'.

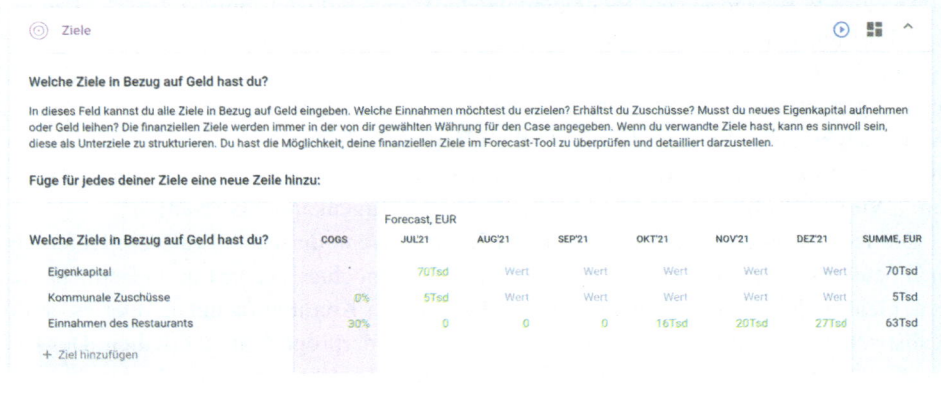

Literatur

Blank S., Four Steps to the Epiphany: Successful Strategies for Products that Win, 3. Aufl. Kalifornien: S. G. Blank, 2007.

Dahle Y., Dagestad S., Bang-Abelsen E., Alskog G., Solberg E. und Frønsdal P., *Lean Business*. Oslo: Universitetsforlaget, 2013.

Kaplan R. S. und Norton D. P., „Using the balanced scorecard as a strategic management system", *Harv. Bus. Rev.*, S. 14, 1996.

Kraugerud Ertzaas N., „Sosialt entreprenørskap", *Regjeringen.no*, 2019. https://www.regjeringen.no/no/tema/arbeidsliv/arbeidsmarked-og-sysselsetting/innsikt/sosialt-entreprenorskap/id2009201/

Maurya A., *Running Lean*. Sebastopol, Kalifornien: O'Reilly, 2012.

Porter M., „The five competitive forces that shape strategy", *Harv. Bus. Rev.*, 2008.

Prahalad C. und Hamel G., „The core competence of the corporation", *Harv. Bus. Rev.*, S. 17, 1990.

Ries E., *Lean Startup*. Stanford, Kalifornien: Crown Business, 2011.

Toscher B., Dahle Y. und Steinert M.: „Get Give Give Make Live: An empirical comparative study of motivations for technology, youth, and arts entrepreneurship", *Soc. Enterp. J. Press*, 2019.

Aufgaben

9

> **Zusammenfassung**
>
> Kap. 9 stellt den sechsten Schritt der *Systemischen Methode Unternehmerischer Aktivitäten (S-E-A-M)* vor, das Anlegen der abzuarbeitenden Aufgaben im Zuge entrepreneurialer Projekte. Dieses Kapitel beinhaltet Verfahrensweisen und Praxisbeispiele, wie Aufgaben erfasst, koordiniert und organisiert werden können, um Entrepreneure zu unterstützen, ihre unternehmerischen Ziele zu erreichen.

Die Aufgabenplanung ist nicht schwieriger als die übliche Auflistung der täglichen Aufgaben, die die meisten von uns jeden Morgen erledigen. Gemeint ist damit der Teil des Tages, wenn wir uns hinsetzen und eine Liste schreiben, was wir an diesem Tag alles erledigen möchten. Wir haben alle unterschiedliche Wege, dies zu tun. Wenn wir herumgereist sind und darüber referiert haben, wurde uns von Hunderten verschiedenen Methoden berichtet. Der eine legt Aufgaben im Kalender oder als Liste in seinem Smartphone oder E-Mail-System an. Andere benutzen elektronische Hilfsmittel wie Trello oder Slack. Yngve nutzt beispielsweise seit etwa dreißig Jahren die gleiche antiquierte Methode:

Wenn er morgens aufsteht, kocht Yngve Kaffee mit einer alten Bialetti-Moka-Espressokanne. Dann nimmt er ein A3-Blatt aus dem Drucker und schreibt mit einem Kalligrafiestift eine gewissenhafte Liste. Dieses Ritual endet in der Regel mit etwa 25 bis 30 Aufgaben, die er an diesem Tag erledigen möchte. Dann geht er zur Arbeit und beginnt, die Liste abzuarbeiten. Wenn der Tag vorbei ist, hat er in der Regel zwischen drei und sieben der Aufgaben erledigt. Die restlichen Aufgaben nimmt Yngve mit nach Hause und überträgt sie auf das morgige A3-Blatt.

Bei diesem Vorgehen gibt es allerdings zwei Probleme. Zum einen ist man gestresst, wenn eine Aufgabe nicht auf dieser Liste steht. Dann läuft man herum und versucht die ganze Zeit, sich daran zu erinnern. Wenn man die Aufgabe auf die Liste schreibt, müsste man zumindest keine Energie dafür aufwenden, sie sich zu merken. Andererseits ist man auch gestresst, weil man anscheinend nie mehr als ein Viertel seiner Aufgaben erledigen kann. Was wir daher wirklich brauchen, sind zwei Listen: Eine mit allen Aufgaben, die wir irgendwann einmal und eine (viel kürzere) mit denen, die wir heute erledigen müssen.

Die herkömmliche Projektplanung löst dieses Problem, indem alle Aufgaben, die du hast, übernommen und nach ihrer Wichtigkeit und Dringlichkeit priorisiert werden. Wichtigkeit und Dringlichkeit müssen nicht dasselbe sein. Eine Sache kann sehr wichtig sein, aber nicht dringend. Zum Beispiel ist es sehr wichtig, dass du die Buchhaltungsunterlagen deines Unternehmens vorlegst, aber du musst das nicht vor August nächsten Jahres tun. Ebenso kann eine Sache sehr dringend, aber nicht sehr wichtig sein. Es hat beispielsweise keinen Sinn, einen Geburtstagsgruß via Facebook an Peter zu senden, wenn du es nicht heute tust (da sein Geburtstag tatsächlich heute ist), aber letztendlich wird die Welt vermutlich nicht untergehen, selbst wenn er keinen Geburtstagsgruß erhält. Wenn alle Aufgaben nach Priorität geordnet wurden, gibst du sie in eine Art Zeitleiste ein. Die gebräuchlichste Methode ist das sogenannte Gantt-Diagramm. Abb. 9.1 zeigt, wie verschiedene Aufgaben in ein solches Diagramm mit einem festgelegten Start- und Enddatum eingegeben werden:

Das Problem bei der Anwendung dieser Methode im Entrepreneurship besteht darin, dass alle unternehmerischen Projekte mit Unsicherheiten behaftet sind. Eine detaillierte Übersicht über alle Aufgaben zu erstellen, die in den nächsten sechs Monaten zu erledigen sind, ist möglich, wenn du eine Brücke bauen oder eine andere Art von Projekt durchführen willst, das du schon viele Male zuvor organisiert hast. Bei einem Entrepreneurship-Projekt ist es eher die Regel als die Ausnahme, dass nichts so abläuft, wie man erwartet hat. Kunden, Lieferanten und alle anderen Stakeholder werden sich meist anders verhalten, als wir angenommen haben. Deshalb können wir oft keine verlässlichen Vorher-

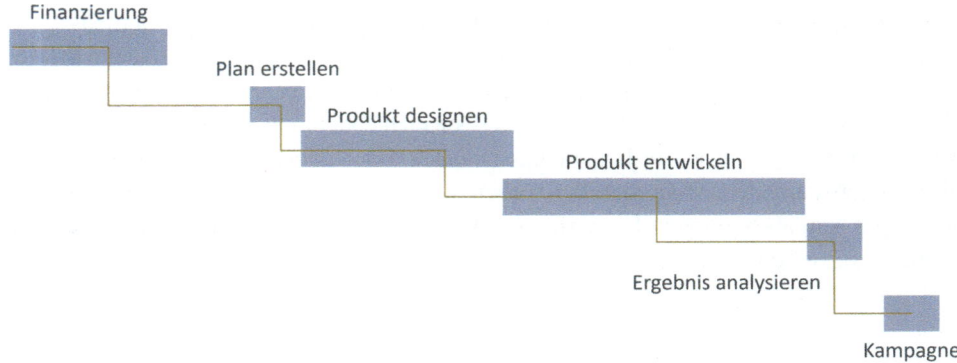

Abb. 9.1 Gantt-Diagramm

sagen mehr als ein paar Tage im Voraus darüber machen, was wir tun müssen, ganz zu schweigen von sechs bis zwölf Monaten. Die herkömmliche Art der Projektplanung funktioniert bei unternehmerischen Vorhaben schlecht. Wir brauchen eine viel dynamischere Methode, bei der wir kontinuierlich Prioritäten zu den Aufgaben hinzufügen, löschen und ändern können.

Bereits in den 1940er-Jahren entwickelte der Toyota-Ingenieur Taiichi Ōno eine mögliche Lösung für dieses Problem. Er nannte seine Methode Kanban (Abb. 9.2). Dieser Name geht auf zwei japanische Wörter zurück: „Can" (看) bedeutet Zeichen, und „Ban" (板) bedeutet Karte oder Plakat. Kanban besteht aus drei Stapeln von Karten mit kurzen Anweisungen. Wir markieren den ersten Stapel mit „zu erledigen", das heißt, es ist eine Gesamtliste aller Aufgaben, von denen du weißt, dass du sie erfüllen musst. Dabei wird nicht berücksichtigt, ob die Aufgaben wichtig oder unwichtig sind. Das kann sich von Tag zu Tag ändern. Eine Aufgabe, die gestern nicht dringend war, kann heute plötzlich dringlich geworden sein, wenn der Kunde angerufen und gesagt hat, dass die Arbeit bis zum Geschäftsschluss dieses Tages erledigt werden *muss*. Das Einzige, was du über die Aufgaben auf dem „zu erledigen"-Stapel weißt, ist, dass sie irgendwann in der Zukunft erledigt werden sollen.

Der zweite Stapel ist mit „in Arbeit" gekennzeichnet. Dieser Stapel besteht aus den Aufgaben, an denen du *gerade* arbeitest. Die wichtigste Regel für Kanban ist, dass sich auf diesem Stapel niemals mehr als fünf Karten gleichzeitig befinden dürfen. Du kannst also maximal fünf Aufgaben vom „zu erledigen"-Stapel auf den „in Arbeit"-Stapel übertragen. Der letzte Kartenstoß ist als „erledigt" gekennzeichnet. Dieser Stapel besteht aus Aufgaben, die du vollendet hast. In dem Moment, in dem du eine Aufgabe abgeschlossen hast und die große Zufriedenheit dieser Übertragung auf den „erledigt"-Stapel spürst, kannst du eine neue Aufgabe von „zu erledigen" auf „in Arbeit" versetzen. Aber denke daran – es dürfen nie mehr als fünf Aufgaben auf dem „in Arbeit"-Stapel sein.

Auf diese Weise brauchst du dich nicht damit belasten, dass es einige Aufgaben gibt, die nicht auf einer Karte stehen. Gleichzeitig musst du nicht dasitzen und dir 30 ungelöste

Abb. 9.2 Ein Beispiel für Kanban

Aufgaben ansehen. Auf dem „in Arbeit"-Stapel befinden sich jeweils nur fünf Aufgaben gleichzeitig – und das ist überschaubar. Der letzte Vorteil ist, dass du ständig beurteilst, ob die Aufgaben dringend oder wichtig sind. Du kannst die ganze Zeit priorisieren und neu priorisieren, indem du entscheidest, welche fünf Tätigkeiten auf dem „in Arbeit"-Stapel liegen sollen. Dies ermöglicht die Art der dynamischen Planung, die wir für ein unternehmerisches Projekt benötigen.

Kannst du nun erraten, was du tun musst, wenn ein Kunde anruft und darauf besteht, dass du sofort eine Aufgabe erledigst, die auf keinem deiner Stapel liegt? Ganz richtig: Du erfasst diese Aufgabe auf einer Karte, legst die Karte auf den „in Arbeit"-Stapel und beginnst mit der Aufgabe. Gleichzeitig musst du aber auch eine der anderen fünf Karten aus dem „in Arbeit"-Stapel nehmen und sie wieder auf den „zu erledigen"-Haufen legen, damit sich trotzdem nicht mehr als fünf Aufgaben auf dem „in Arbeit"-Stapel befinden.

Die Entscheidung, welche Aufgaben priorisiert werden sollen, ist ein wichtiger Teil deiner Geschäftsentwicklung. Wir schlagen vor, dass du diese Arbeit in drei Teilen durchführst: Zuerst musst du entscheiden, wer an der Definition der Aufgaben beteiligt sein wird, und sie zu einem Workshop einladen. Wenn du ein paar Mitarbeiter oder Helfer hast, schlagen wir vor, dass du sie alle versammelst. Wenn deine Firma bereits so groß geworden ist, dass sie in einzelne Abteilungen aufgeteilt ist, ist es vielleicht am besten, wenn du dich nur mit den Abteilungsleitern triffst. Wichtig ist, dass diejenigen, die dafür verantwortlich sind, dass die Aufgaben ausgeführt werden, diese auch definieren dürfen. Wenn du allein an deinem Projekt arbeitest, ist es sehr einfach. Dann ist es ratsam, dass du dich hinsetzt und deine Aufgaben definierst.

Was die Durchführung des Workshops betrifft, so haben wir gute Erfahrungen damit gemacht, jeden der Teilnehmenden an seinem Computer sitzen und die Ziele durchgehen zu lassen. Weise jeden Teilnehmenden an, sich jede Zielvorgabe anzusehen und sich zu fragen: „Was muss ich tun, damit wir dieses Ziel erreichen?" Bitte sie dann, kurze Keywords aufzuschreiben, die jede Aufgabe wiedergeben. Wenn eine Aufgabe auftaucht, von der sie meinen, dass jemand anderes sie erledigen sollte, können sie sie dieser Person zuweisen. Hier kann es sehr hilfreich sein, die Übersicht über alle Aufgaben, die eingegeben werden, auf einem großen Bildschirm anzuzeigen, den alle Teilnehmenden sehen können. Dadurch wird es leichter zu vermeiden, dass mehrere Teilnehmende die gleichen Aufgaben anlegen.

Der zweite Schritt folgt, wenn jeder alle Aufgaben eingegeben hat, die er ausführen möchte. Dann musst du alle Karten durchsehen und koordinieren. Du solltest darauf achten, dass nicht zwei Personen planen, die gleiche Aufgabe zu erledigen, und dass keine wichtigen Tätigkeiten vergessen wurden. Darüber hinaus kannst du dafür sorgen, dass die Reihenfolge der Aufgaben sinnvoll ist. Wenn dein Verkäufer ein neues Produkt vorführen möchte, muss der Entwickler es zuerst fertigstellen. Solche Abhängigkeiten zwischen verschiedenen Aufgaben sollten zwischen den beteiligten Mitarbeitern besprochen werden. Wieder einmal: Wenn du dein Projekt allein ausführst, wird diese ganze Koordination sehr leicht in die Tat umzusetzen sein.

Jetzt hast du auch die Gelegenheit, zu beurteilen, ob die Summe der von dir gesetzten Ziele realistisch ist. Wenn du zu viele Aufgaben ausführen musst, um deine Ziele zu erreichen, muss das Niveau deiner Ambitionen eventuell gesenkt werden, was auch in Ordnung ist. Wenn du feststellst, dass dir noch Zeit zur Verfügung steht, könntest du in der Lage sein, dir vielleicht noch umfassendere und produktivere Ziele zu setzen.

Der dritte und wichtigste Schritt ist das tägliche Überprüfen aller Aufgaben. Es reicht nicht aus, dir in Form eines Kanban-Setups einen Überblick über alle Aufgaben zu verschaffen, die du (oder das Team) hast (habt). Die Übersicht muss auch jeden einzelnen Tag weiterbearbeitet werden. Jeder Mitarbeiter muss jeden Tag die Ziele durchgehen und sich die gleiche Frage stellen: „Gibt es etwas Neues, von dem ich weiß, dass ich es tun muss, damit wir dieses Ziel erreichen?" Dann muss er kontrollieren, ob irgendwelche der bestehenden Aufgaben irrelevant geworden sind und gelöscht werden können. Schließlich muss er priorisieren, welche fünf Aufgaben auf seinem „in Arbeit"-Stapel liegen sollten. Dein Job ist es, dafür zu sorgen, dass deine Mitarbeiter immer koordiniert sind und somit an ihren jeweiligen Aufgaben arbeiten. In unserem Unternehmen machen wir das normalerweise jeden Morgen mit einer kurzen 15-minütigen Videokonferenz, in der jeder das, was er auf seinem „in Arbeit"-Stapel hat, und möglicherweise neue oder gelöschte Aufgaben präsentiert. Andere Unternehmen, die wir kennen, bevorzugen ein etwas längeres Meeting einmal pro Woche. Der wichtigste Punkt dabei ist, dass die von den verschiedenen Mitarbeitern ausgeführten Aufgaben gut koordiniert werden.

Stelle vor allem sicher, dass Aufgaben nur dann ausgeführt werden, wenn sie dir helfen, die von dir gesetzten Ziele zu erreichen und letztendlich das von dir gewählte Geschäftsmodell unterstützen. Man sollte meinen, dies sei offensichtlich, aber in vielen Unternehmen besteht leider kaum ein Zusammenhang zwischen Strategie, Zielen und Aufgaben. Diejenigen, die die Aufgaben erfüllen, waren möglicherweise nicht an der Festlegung der Ziele beteiligt. Vielleicht gehen die Tage so schnell vorbei, dass jeder, der im Betrieb arbeitet, nicht richtig über die Strategie informiert wurde. Eventuell wurden alte Routinen nicht entfernt, als die Ziele, die sie unterstützen sollten, eingestellt wurden. Deshalb ist es so wichtig, dass du alles, was im Rahmen deines Projekts getan wird, sorgfältig überprüfst, sodass du deine Zeit nur für die Aufgaben aufwendest, die dir helfen, dich in die richtige Richtung zu bewegen.

Manchmal ist es nicht leicht zu wissen, wo die Grenze zwischen einem Ziel und einer Aufgabe verläuft. Am besten kann man es so veranschaulichen: Ein Ziel ist etwas, das du erreichst, während eine Aufgabe etwas ist, das du ausführst. Das heißt, wenn du die Frage „Ist das etwas, was ich erreichen sollte?" mit „Ja" beantworten kannst, ist es wahrscheinlich ein Ziel. Kannst du die Frage „Ist das etwas, was ich tun sollte?" mit „Ja" beantworten, ist es eine Aufgabe.

Eine andere Denkweise geht davon aus, dass du dir nicht mehr als acht bis zwölf Hauptziele setzen solltest. Dann kannst du Unterziele hinzufügen – und diese dann um Aufgaben erweitern. Wenn du also zu viele Ziele erhältst, könnten einige davon eigentlich Aufgaben sein.

> **Beispiel: Casa Maria**

Maria und Tom kommen gut voran. Sie mussten die Eröffnung um weitere zwei Wochen verschieben. Die neueste Auflage der Behörde für Lebensmittelsicherheit besagte, dass sie die Küche umbauen müssen. Das war in Ordnung. Aber – dann hat sich der Denkmalschutz gegen diesen Umbau ausgesprochen, weil dadurch die Fassade verändert worden wäre. Es ist nicht einfach, ein Restaurant in einem alten Haus einzurichten. Sie beschließen, sich eines der elf von ihnen definierten Ziele vorzunehmen und zu sehen, welche Aufgaben erfüllt werden müssen, um sie zu erreichen. Diesen Vorgang wiederholen sie für jedes Ziel.

Sie geben an, dass sie zwei Kompetenzziele haben: ‚Einen Koch einstellen' und ‚Eine Spülhilfe einstellen', drei Produktziele: ‚Vervollständigung der Inneneinrichtung des Restaurants', ‚Bestellen der Küchenausstattung' und ‚Vervollständigung der Speisekarte', drei Marketing- und Vertriebsziele: ‚das Restaurant eröffnen', ‚Marketingmaterialien' und ‚Mailingliste' sowie drei finanzielle Ziele: ‚Eigenkapital', ‚kommunale Zuschüsse' und ‚Einnahmen des Restaurants'. „Okay – dann müssen wir mit dem ersten Ziel beginnen und sehen, welche Aufgaben wir hinzufügen müssen", sagt Maria. „Wir werden im September einen Hilfskoch und eine Teilzeitkraft einstellen, die den Abwasch erledigt. Was müssen wir tun, damit das gelingt? Wie wäre es, wenn wir zunächst unser Netzwerk überprüfen und eine Anzeige bei einer Online-Jobbörse schalten würden?"

„Das ist eine gute Idee. Dann ordnen wir beides mir zu", sagt Tom, „und dann sollten wir prüfen, ob wir einen Lohnkostenzuschuss für die Teilzeitstelle bekommen können. Wir tragen ‚Prüfung auf mögliche Lohnkostenzuschüsse' für mich ein. Das nächste Ziel ist die Fertigstellung des Restaurantgebäudes. Die Handwerker sind damit bereits beschäftigt und alle Einrichtungsgegenstände sind angefordert. Ich werde auch alle Küchenutensilien bestellen. Ich werde drei verschiedene Lieferanten bitten, uns ein Angebot zu unterbreiten. Um die Erstellung der Speisekarte abzuschließen, musst du sie noch fertig schreiben und das Manuskript an die Druckerei schicken."

„Ich werde das in Ordnung bringen", sagt Maria. „Die Web- sowie Instagram- und Facebook-Seite müssen auch eingerichtet werden. Sollen wir das die Jungs gleich die Straße runter wie besprochen machen lassen? Ich werde mit ihnen darüber reden. Und das schließt auch das Layout der Mailingliste ein, sodass es nicht nötig ist, irgendetwas für dieses Ziel einzutragen."

„Das nächste Ziel ist die Eröffnung des Restaurants. Hier müssen wir die Eröffnungsfeier vorbereiten. Ich mache die Gästeliste!"

„Brillant. Dann haben wir nur noch die finanziellen Ziele. Und die beinhalten keine Aufgaben." Sie schauen sich die Aufgabenliste an und sehen, dass sie bisher nur acht Aufgaben haben, fünf für Tom und drei für Maria. Weitere Aufgaben werden wahrscheinlich bald dazukommen.

9 Aufgaben

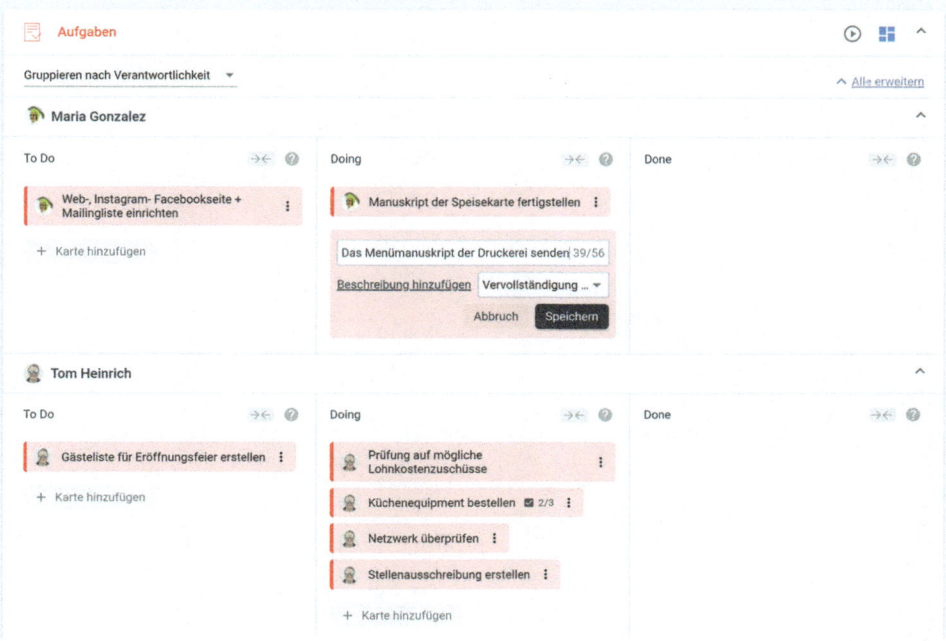

Abb. 9.3 Aufgaben

Dann fangen sie an, einige von ihnen in die ‚in Arbeit'-Spalte zu setzen. „Für mich sollten ‚Überprüfe das Netzwerk', ‚Stellenausschreibung', ‚Prüfe auf mögliche Lohnkostenzuschüsse' und ‚Bestellungen für die Küche' in der ‚in Arbeit'-Spalte stehen", sagt Tom. „Für mich werden ‚Schreib die Speisekarte fertig' und ‚Schick die Speisekarte an die Druckerei' dort hineingeschoben", sagt Maria (Abb. 9.3). ◄

Forecast – Prognose der Geschäftsentwicklung 10

Zusammenfassung

Kap. 10 befasst sich mit dem Forecast, dem siebten Schritt der *Systemischen Methode Unternehmerischer Aktivitäten (S-E-A-M)*. Hier wird eine Möglichkeit der finanziellen Prognose zur Entwicklung entrepreneurialer Projekte vorstellt. Das Kapitel beschreibt relevante Begriffe und hat den Zweck aufzuzeigen, wie ein Forecast im Einzelnen aufgebaut ist. Mithilfe von konkreten Beispielen wird so gezeigt, welche Aktivitäten notwendig sind, um einen Forecast zu entwickeln.

Nun sind wir also bei dem Teil des Buches angelangt, den du vielleicht gefürchtet hast. Wir werden uns in Einnahmen und Kosten vertiefen. Du wirst die finanziellen Voraussetzungen für dein Projekt eingeben. Dann werden wir sehen, ob du mit Gewinn oder Verlust rechnen kannst und – was noch wichtiger ist – wie dein Bankkonto in Zukunft aussehen wird. Kurzum, wir werden eine Finanzprognose für dein Entrepreneurship-Projekt erstellen!

Wenn der erste Versuch und die Überprüfung ein schlechteres Ergebnis zeigen als du erwartet hast, solltest du dir keine Sorgen machen. Wenn das passiert, musst du einfach nachprüfen, ob deine Annahmen für Einnahmen und Ausgaben angepasst werden können. Gibt es eine Möglichkeit, wie du mehr Geld verdienen kannst, indem du dir ehrgeizigere (aber dennoch realistische) Ziele setzt? Kannst du etwas tun, um Kosten zu reduzieren oder aufzuschieben? Vielleicht musst du den ganzen Weg zurück zur Geschäftsidee und zum Geschäftsmodell gehen und einige grundlegende Änderungen an deinem Projekt vornehmen. Das Wichtigste ist, dass du nicht aufgibst. Selbst wenn die Dinge nicht wie geplant verlaufen, bedeutet das nicht, dass du dein Projekt nicht fortsetzen kannst. Du musst dazulernen und iterieren! Es kann sein, dass es nicht so aussieht, wie du es dir ursprünglich vorgestellt hast, aber genau diese Fähigkeit zur Anpassung und Improvisation ist eine der wichtigsten Voraussetzungen für Entrepreneurship.

Du hast die Grundlage für die Prognose geschaffen, während du mit den vorherigen Kapiteln gearbeitet hast. Basierend auf deinem Zweck und deinen Ressourcen hast du (mindestens) eine Geschäftsidee erstellt und zu einem Geschäftsmodell erweitert. Du hast Ziele definiert, die das Geschäftsmodell unterstützen, und Aufgaben, die die Ziele fördern. In diesem Kapitel wirst du sehen, dass deine Einnahmen direkt von den Zielen und ein Teil der Kosten durch die Aufgaben verursacht werden können. Wenn du darüber nachdenkst, ist das völlig normal. Kannst du dir ein Unternehmen vorstellen, das Umsatz erwirtschaftet, ohne zuvor das Ziel, diesen Umsatz zu erzeugen, zu definieren? Außerdem – stimmt es nicht, dass die Kosten deines Projekts oft mit den Aufgaben zusammenhängen, die du ausführst? Was du erleben wirst, wenn du *S-E-A-M* nutzt, ist, dass all diese wichtigen Dinge plötzlich miteinander verbunden sind. Das ist einer der Gründe, warum wir genau diesen Begriff gewählt haben. Die Methode stellt eine Nahtstelle *(seam)* zwischen den verschiedenen Aktivitäten in deinem Projekt her.

In diesem Kapitel kannst du jederzeit eine Prognose zu deinem Finanzergebnis und deinem Cashflow einsehen. Die Gewinn-/Verlustprognose gibt einen Überblick darüber, ob du Geld verdienen oder verlieren wirst. Diese Zahlen sind diejenigen, die letztendlich deinen offiziellen Jahresabschluss darstellen werden.

Der *Cashflow* gibt eine Übersicht darüber, wie viel Geld du zu einem bestimmten Zeitpunkt auf deinem Bankkonto haben wirst. Der Grund, warum du einen Unterschied zwischen der Gewinn-/Verlustprognose und dem Cashflow feststellen wirst, liegt darin, dass du deine Rechnungen nicht immer zur gleichen Zeit bezahlst, wenn die Kosten anfallen. Ebenso zahlen deine Kunden nicht immer genau dann, wenn du die Verkäufe als Umsatz vermerkst. Bei einem Entrepreneurship-Projekt kann es große Diskrepanzen zwischen diesen beiden Übersichten geben. Das Wichtigere für dich wird immer der Cashflow sein. Liquide Mittel zur Verfügung zu haben, ist ein entscheidender Faktor bei der Entwicklung deines Projekts.

Du fragst dich vielleicht, was mit dem *Budget* ist? Tatsächlich empfehlen wir nicht, überhaupt ein traditionelles Budget zu erstellen. Üblicherweise führen Unternehmen ihre Finanzplanung aus, indem sie jedes Jahr vor dem Jahreswechsel ein detailliertes Zwölf-Monats-Budget aufstellen (und einige erstellen sogar Dreijahres- und Fünfjahresbudgets). Danach berichten sie jeden Monat über Abweichungen von diesem Etat. Wenn sie zum Beispiel erwarteten, im November für eine halbe Million Euro an Adidas zu verkaufen, und dieser Verkauf niemals zustande kam, musste der Entrepreneur den langen Weg zum Vorstand gehen und eine negative Abweichung von 500.000 € melden. Was, wenn sie bereits im Februar wussten, dass dieser Verkauf nicht zustande kommen würde? Dann mussten sie bis November abwarten, bevor sie die Abweichung melden konnten. Es wurde noch schlimmer, wenn die Dinge in all den Monaten nicht wie erwartet verliefen. Nehmen wir beispielsweise an, dass sie einen großen Vertrag mit einem Kunden hatten, der monatlich einen festen Umsatz erzielte, und dieser Kunde musste Ende Januar Insolvenz anmelden. Dann mussten sie das ganze Jahr über für jeden einzelnen Monat Abweichungen melden.

In solch extremen Fällen hätten sie ein „alternatives Budget" entwickeln können, das diese Änderung berücksichtigte. Dieses traditionelle Modell hat bei Unternehmen, die große und dramatische Veränderungen erlebt haben, nie sehr gut funktioniert.

Was wir jedoch gelernt haben, ist, dass ein solches traditionelles Budget/Abweichungsmodell in Situationen, in denen es von Jahr zu Jahr nur kleine Veränderungen gibt, gut funktioniert, weil sowohl die Einnahmen als auch die Kosten recht vorhersehbar werden. Wenn du einen Tabakkiosk betreibst, an dem du Jahr für Jahr die gleichen Waren auf die gleiche Art an dieselben Kunden verkaufst, wird es relativ einfach sein, das Budget recht gut zu treffen. Leider sind die meisten unternehmerischen Projekte das Gegenteil davon. Möglicherweise befindest du dich so früh in deinem Projekt, dass du noch keine fertigen Produkte oder bestehenden Kunden hast. Dann ist es nicht einfach, sich einen detaillierten Überblick darüber zu verschaffen, welche Einnahmen und Ausgaben du in den kommenden zwölf Monaten erhalten wirst. Unserer Meinung nach ist es sowieso weder interessant noch verlockend, sich auf eine Schätzung zu konzentrieren, die du schon vor vielen Monaten aufgestellt hast. Die Bedingungen haben sich seither sicherlich geändert und dein Projekt ist wahrscheinlich von ständiger Unsicherheit und Veränderung geprägt. Das Business ist ein Experiment des ständigen Versuchens und Scheiterns. Wir empfehlen daher, das gesamte Budget fallen zu lassen und stattdessen eine *bestmögliche Schätzung* für deinen Planungszeitraum vorzunehmen. Diese Schätzung kombiniert die Zahlen, die du in den vergangenen Monaten *tatsächlich* erreicht hast, mit der besten Kalkulation, die du für die kommenden Monate treffen kannst. Das bedeutet, dass du immer eine Schätzung des wahrscheinlichsten Ergebnisses für die Planungsperiode hast. In dem Moment, in dem du weißt, dass der große Vertrag über den Verkauf von Autos an die Polizei von Mai auf Juli verschoben wird, musst du die Einnahmen aus dem Verkauf verschieben. Auf diese Weise kannst du gut planen.

Wenn die Prognose zeigt, dass du dich in die falsche Richtung bewegst, musst du sofort handeln. Die Konsequenz der von dir vorgenommenen Änderungen wird sofort sichtbar.

Du kannst dies mit einer Autofahrt von Bremen nach München vergleichen. Dein Navi empfiehlt dir möglicherweise, auf der A7 zu fahren. Wenn du dich unterwegs entscheidest, lieber die A9 zu nehmen, passt sich das Navi an und gibt die bestmögliche Empfehlung basierend auf deiner neuen Route. Auf die gleiche Weise musst du zu jedem beliebigen Zeitpunkt den Weg evaluieren, den du eingeschlagen hast, und dich, wenn es nötig sein sollte, an die neue Route anpassen.

10.1 Einnahmen und Fördergelder

Einnahmen sind Gelder, die deine Kunden dir für die Bereitstellung von Waren und/oder Dienstleistungen zahlen. Sie vergüten dich im Voraus, nachträglich oder in monatlichen Raten. Sie können einen hohen oder niedrigen Preis bezahlen. Kurz gesagt, die Bezahlung ist auf all die verschiedenen Arten möglich, die wir in Abschn. 7.6 bezüglich des Preismodells erörtert haben.

Zuschüsse sind auch Gelder, die dir ausgezahlt werden. Ein Zuschuss besteht jedoch aus Mitteln, die dir normalerweise aus einem Förderprogramm zur Verfügung gestellt werden, das eingeführt wurde, um dir als Entrepreneur zu helfen. Für Fördergelder ist es im Normalfall nicht erforderlich, dass du Waren oder Dienstleistungen an den Zuschussgeber liefern musst, sondern sie werden meist für einen speziellen Zweck, wie zum Beispiel für Forschung und Entwicklung, für Innovationsprojekte oder manchmal auch als Hilfe für die Unternehmensgründung zuerkannt.

Du wirst Fördergelder beantragen müssen und oft gibt es ein wettbewerbsorientiertes Verfahren mit anderen Antragstellern. In der Regel wird es erforderlich sein, dass du berichtest und beschreibst, wie das Geld, das du erhalten hast, verwendet wurde. Welche Ergebnisse konnten dadurch erreicht werden, dass du diese finanziellen Mittel ausgegeben hast? Beispiele hierfür können Fördergelder sein, die von deinen nationalen, kommunalen oder städtischen Behörden zur Verfügung gestellt werden. Es gibt eine Fülle von Forschungs- und Innovationsbeihilfen, die beispielsweise im Rahmen der verschiedenen EU-Förderprogramme verfügbar sind.

Die Kosten für Güter sind der Anteil der Einnahmen oder der Zuschüsse, den du direkt an einen Subunternehmer zurückzahlen musst, der einen Teil der Waren oder Dienstleistungen liefert oder einen Teil der Fördergelder erhalten soll. Wenn du beispielsweise eine Ledertasche für 40 € aus China kaufst und sie für 100 € verkaufst, beträgt der Warenwert 40 %. Solltest du eine App verkaufen und 30 % der Verkaufsprovision an Apple zahlen müssen, sind dies deine Warenkosten. Wenn du einen Lehrgang für 5000 € anbietest und 500 € an einen Gastdozenten zahlst, hast du einen Warenwert von 10 %. Dasselbe gilt, wenn du im Zusammenhang mit deinem Antrag für Fördergelder oder für ein Forschungsprojekt bei der EU einen Berater in Anspruch genommen hast. Die Gebühr, die er verlangt, sollte als *Warenwert* aufgeführt werden.

Möglicherweise findest du es angebracht, ein Ziel für den maximalen Prozentsatz deiner Warenkosten festzulegen. Viele Branchen haben „Best Practice"-Zahlen für die Warenkosten eingeführt. Laut Visma benötigt eine mittelgroße Tankstelle für diesen Posten durchschnittlich 60,3 % (Dagligvarehandelen 2008). Wenn du eine solche Tankstelle betreibst, könnte es für dich selbstverständlich sein, Warenkosten anzustreben, die niedriger sind als das.

Einnahmen zu erzielen oder Zuschüssen zu beantragen, sind vielleicht die naheliegendsten Ziele für ein Entrepreneurship-Projekt. Wenn du einen Entrepreneur fragst, wie sein Projekt läuft, ist der erste Schlüsselindikator (KPI), der erwähnt werden könnte, die Höhe des Umsatzes, den er erzeugt hat. Die zweite Kennzahl wird wahrscheinlich der Gewinn sein, den er erzielt hat. Da der Gewinn einfach als Einnahmen abzüglich der Kosten definiert wird, ist er auch eng mit den Einnahmen verbunden. Aus diesem Grund konntest du im Kapitel über Ziele die Einkünfte und Zuschüsse definieren, die du anstrebst.

Als nächstes solltest du also deine Umsatzziele überprüfen und beurteilen, ob du noch an sie glaubst. Hast du mögliche Einnahmen vergessen? Gibt es irgendwelche Umsatzziele, an die du nicht mehr glaubst? Wenn ja, solltest du diese ändern und anpassen.

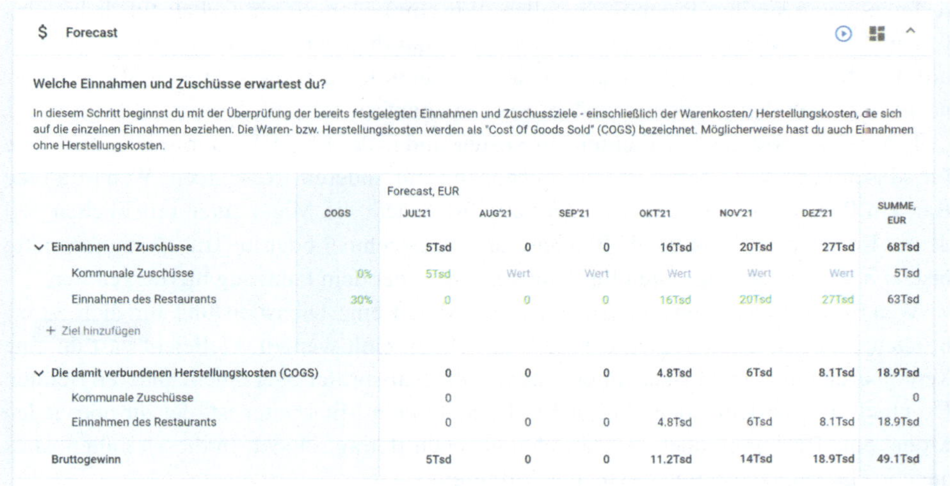

$ Forecast

Welche Einnahmen und Zuschüsse erwartest du?

In diesem Schritt beginnst du mit der Überprüfung der bereits festgelegten Einnahmen und Zuschussziele - einschließlich der Warenkosten/ Herstellungskosten, die sich auf die einzelnen Einnahmen beziehen. Die Waren- bzw. Herstellungskosten werden als "Cost Of Goods Sold" (COGS) bezeichnet. Möglicherweise hast du auch Einnahmen ohne Herstellungskosten.

	COGS	Forecast, EUR JUL'21	AUG'21	SEP'21	OKT'21	NOV'21	DEZ'21	SUMME, EUR
Einnahmen und Zuschüsse		5Tsd	0	0	16Tsd	20Tsd	27Tsd	68Tsd
Kommunale Zuschüsse	0%	5Tsd	Wert	Wert	Wert	Wert	Wert	5Tsd
Einnahmen des Restaurants	30%	0	0	0	16Tsd	20Tsd	27Tsd	63Tsd
+ Ziel hinzufügen								
Die damit verbundenen Herstellungskosten (COGS)		0	0	0	4.8Tsd	6Tsd	8.1Tsd	18.9Tsd
Kommunale Zuschüsse		0						0
Einnahmen des Restaurants		0	0	0	4.8Tsd	6Tsd	8.1Tsd	18.9Tsd
Bruttogewinn		5Tsd	0	0	11.2Tsd	14Tsd	18.9Tsd	49.1Tsd

Abb. 10.1 Forecast Einnahmen und Zuschüsse

Am Ende bleiben hoffentlich die Umsatz- und Finanzierungsprognosen übrig, an die du wirklich glaubst. Sieht es gut aus? Solltest du vielleicht genauer über dein Geschäftsmodell nachdenken? Verkaufst du richtig? Wirst du auf die richtige Weise bezahlt? Ist es an der Zeit, zum Geschäftsmodell zurückzugehen und Verbesserungen vorzunehmen?

Beispiel: Casa Maria

„Nun, mein Schatz – nun kommt der Moment, den wir gefürchtet haben. Schauen wir uns doch mal an, wie die Prognose aussieht, oder?“ fragt Tom.

„Okay, ich glaube nicht, dass es so schlimm sein wird. Ich habe verstanden, dass wir nur systematisch fünf Schritte durchlaufen müssen. Beginnen wir mit der Überprüfung der Einnahmen und Zuschüsse. Der Zuschuss der Gemeinde beträgt 5000 €. Der Umsatzerlös beträgt 16.000, 20.000 und 27.000 € im Oktober, November und Dezember. Hier haben wir Produktkosten von 30 %. Es gibt hier nichts, das geändert werden muss“ (vgl. Abb. 10.1). ◄

10.2 Wiederkehrende Kosten

Die wiederkehrenden Kosten sind genau das, wonach sie sich anhören – jene Kosten, die jeden einzelnen Monat anfallen werden. Sie müssen nicht jeden Monat gleich hoch sein, aber diese Kosten fallen monatlich an.

Die wichtigsten wiederkehrenden Kosten sind die Gehälter. Viele Entrepreneure täuschen sich selbst, indem sie keinen oder nur einen sehr niedrigen Lohn für sich selbst berechnen, wenn sie ihre Prognose erstellen. Wir empfehlen dir ein Gehalt für dich selbst festzulegen, das nicht verschwenderisch ist, aber das dich versorgt. Wenn sich das Projekt mit der Höhe eines solchen Gehalts nicht realisieren lässt, solltest du sorgfältig darüber nachdenken, ob du irgendetwas anders machen könntest.

Die zweithöchsten wiederkehrenden Kosten sind in der Regel die Büromiete, die Miete für Maschinen oder Kosten im Zusammenhang mit anderen Ressourcen. Wenn du eine Bar, ein Restaurant oder einen Laden betreibst, macht die Miete einen erheblichen Teil deiner Kosten aus. Wenn du als Baumaschinenunternehmer oder im Transportwesen tätig bist, *können* die Leasingkosten für deinen Bagger oder dein Fahrzeug hierhergehören.

Wenn du jemanden engagierst, um jeden Monat eine Dienstleistung für dich zu erbringen, sollte dies als wiederkehrende Ausgabe gezählt werden. Vielleicht hast du eine Vereinbarung mit einem Buchhalter, einem Wirtschaftsprüfer oder einem anderen Berater. Eventuell hast du jemanden eingestellt, der nicht dein Mitarbeiter ist, der dir aber jeden Monat eine Rechnung über ungefähr den gleichen Betrag schickt. In diesen Fällen ist es angebracht, auch diese Beträge hier aufzuführen.

Zuletzt möchtest du vielleicht eine Kostenposition für alle kleinen Ausgaben einrichten, von denen du weißt, dass sie jeden Monat anfallen werden. Möglicherweise hast du eine Mobilfunkrechnung und musst für einen Breitbandanschluss bezahlen. Vielleicht nutzt du eine Sicherheitsfirma oder weißt, dass du eine Stromrechnung erhalten wirst. Führe diese kleinen Beträge zusammen und füge sie in deine Prognose ein. Es kann ärgerlich sein, von diesen Rechnungen überrascht zu werden.

Es kann uns ein ziemlich genaues Bild von der Zukunft eines unternehmerischen Projekts vermitteln, wenn wir uns nur die Einnahmen, Warenkosten und wiederkehrenden Kosten ansehen. Nur diese drei Punkte zu betrachten, kann es dir ermöglichen, mit bis zu 95 % Sicherheit den Verlauf deines Projekts abzuschätzen. Jetzt gibt es also die erste Möglichkeit, dir einen groben Überblick über die Finanzen deines Projekts zu verschaffen. Schaue dir sowohl das Geschäftsergebnis als auch deine Cashflow-Prognose an. Sieht es gut aus?

Beispiel: Casa Maria

Dann gibt es die wiederkehrenden Kosten. Das System erinnert Maria und Tom an das, was sie unter ‚Ressourcen' angegeben haben. Sie importieren das Gehalt von Maria. Darüber hinaus importieren sie die Mietkosten für das Restaurant.

„Dann können wir ab Juli 3500 € als Gehalt für dich eintragen und bis jetzt kein Gehalt für mich", sagt Tom. „Als nächstes tragen wir die Miete von 900 € bei den ‚Büro- und Mietkosten' ein. Wir werden diese Kosten während des gesamten Zeitraums haben."

Maria ist nicht der Meinung, dass ihr Ehemann, der Wirtschaftsprüfer, die Ehre haben sollte, die Prognose ganz allein zu erstellen: „Dann müssen wir ab Oktober 1100 € Gehalt für die Spülhilfe und 3100 € für den neuen Hilfskoch hinzufügen. Das alles tragen wir unter ‚Gehälter und Personalkosten' ein. Dann geben wir die Leasingkosten für die Küchenausstattung und das Mobiliar an, die 1700 € pro Monat betragen.

10.3 Aufgabenkosten

	Forecast, EUR						SUMME, EUR
	JUL'21	AUG'21	SEP'21	OKT'21	NOV'21	DEZ'21	
Welche wiederkehrenden Gehalts-, Miet-, Berater- und IT-Kosten erwartest du?	6.8Tsd	6.8Tsd	6.8Tsd	11.6Tsd	11.6Tsd	11.6Tsd	55.1Tsd
∨ Gehälter	4Tsd	4Tsd	4Tsd	8.8Tsd	8.8Tsd	8.8Tsd	38.3Tsd
Maria	3.5Tsd	3.5Tsd	3.5Tsd	3.5Tsd	3.5Tsd	3.5Tsd	21Tsd
Gehalt Spülhilfe	Wert	Wert	Wert	1.1Tsd	1.1Tsd	1.1Tsd	3.3Tsd
Gehalt Hilfskoch	Wert	Wert	Wert	3.1Tsd	3.1Tsd	3.1Tsd	9.3Tsd
Steuern und Sozialkosten	493	493	493	1.1Tsd	1.1Tsd	1.1Tsd	4.7Tsd
∨ Büro und Vermietung	2.8Tsd	2.8Tsd	2.8Tsd	2.8Tsd	2.8Tsd	2.8Tsd	16.8Tsd
Das Gebäude	900	900	900	900	900	900	5.4Tsd
Leasingkosten Küchenequipment	1.7Tsd	1.7Tsd	1.7Tsd	1.7Tsd	1.7Tsd	1.7Tsd	10.2Tsd
Telefon, Internet etc.	200	200	200	200	200	200	1.2Tsd

Abb. 10.2 Forecast wiederkehrende Kosten

Diese fügen wir ab September hinzu und tragen sie unter ‚Büro- und Mietkosten' ein. Schließlich fügen wir noch 200 € als Gesamtausgaben für Telefon, Netzwerk und andere sonstige Kosten hinzu. Dies sind im Grunde dann alle wiederkehrenden Kosten, nicht wahr?" (Abb. 10.2). ◄

10.3 Aufgabenkosten

Wenn du alles unter Kontrolle hast und die Einnahmen, Warenkosten und wiederkehrenden Kosten überprüft hast, dann sind das, was übrig bleibt die Ausgaben, die direkt von den Aufgaben abhängen, die du erledigen musst. Solche Unkosten, die in einem direkten Zusammenhang mit einer bestimmten Aufgabe stehen, nennen wir einfach *Aufgabenkosten*. Du kannst Aufgabenkosten erkennen, indem du die Frage stellst: „Werden die Kosten verschwinden, wenn wir diese Aufgabe streichen?".

Der entscheidende Punkt ist, ob die Aufgaben entweder erledigt werden oder nicht und ob die Kosten somit anfallen oder nicht – dies bildet eine dynamische Beziehung. Angenommen, du erstellst eine Reise zu einer Messe als Aufgabe und berechnest die Gesamtkosten für die Fahrt, Unterkunft und Messegebühr. Zunächst einmal ist es wichtig, dass diese Kosten in der Prognose enthalten sind, damit du weißt, dass du dieses Geld für nichts anderes ausgeben kannst. Zweitens ist es wichtig, dass diese Ausgaben nicht in der Prognose verbleiben, wenn du den Messebesuch absagst. Dann wird das Geld für andere wichtige Aufgaben freigegeben. Das solltest du wissen, damit du das dir zur Verfügung stehende Geld so effizient wie möglich verwalten kannst.

Es gibt sieben verschiedene Kostengruppen oder -kategorien bei den Aufgabenkosten: Die ersten drei sind Gehälter, externe Dienstleistungen sowie Büro- und Mietkosten. Du wirst dich aus dem vorigen Abschnitt daran erinnern, dass du diese als wiederkehrende Kosten auflisten kannst, wenn sie wiederholt jeden Monat anfallen.

Wenn sie dagegen nicht jeden Monat entstehen, sondern von einer Aufgabe abhängen, kannst du sie als Aufgabenkosten auflisten. Angenommen, die Aufgabe besteht darin, eine Excel-Liste all deiner potenziellen Kunden zu erstellen und du stellst deinen Sohn für drei Tage ein, um das während der Herbstferien zu erledigen. Das Gehalt, auf das du dich mit ihm geeinigt hast, kannst du hier als Aufgabenkosten eintragen. Dasselbe gilt, wenn du für eine Woche eine Pop-up-Location mietest. Dann kannst du die Miete für den Raum ebenfalls als Aufgabenkosten eingeben.

Die nächsten beiden Kategorien von Aufgabenkosten sind „Marketing- und sonstige Betriebskosten". Das Marketing besteht normalerweise aus einer Art von Kampagne, für deren Durchführung du dich entschieden hast. Vielleicht planst du, Anzeigen in einer Zeitung zu schalten, Adwords bei Google zu kaufen oder eine Kampagne in Hubspot zu erstellen. Finde heraus, was das kosten wird und füge es der Prognose hinzu. „Andere Betriebskosten" sind die Kategorie, die du verwendest, wenn eine Ausgabe in keine der anderen sechs Kategorien passt.

Einer der häufigsten Aufgabenkostenpunkte sind Reisekosten. In einem traditionellen Budget weisen viele Unternehmen einen festen jährlichen Betrag zur Deckung dieser Kosten zu. Dies führt jedoch nicht dazu, dass der Nutzen jeder einzelnen Reise bewertet wird. Du solltest jede Reise als Aufgabe einrichten und sicherstellen, dass diese mit einem Ziel verknüpft ist. So wird klar, zur Erfüllung von welchem Ziel diese Fahrt beitragen wird. Wenn du Ausgaben für die Reise hinzufügst, kannst du prüfen, ob du der Meinung bist, dass sie einen so entscheidenden Teil zum Erreichen des Ziels beitragen wird, dass die Kosten gerechtfertigt werden können.

Zuletzt haben wir die aufgabenbezogenen „Kosten für Güter" und „Investitionen". Wenn du zum Beispiel zu einem festgelegten Zeitpunkt 1000 Ledertaschen in China produzieren lässt, kann es sinnvoll sein, den Einkauf als Ausgabe innerhalb der Kostengruppe „Warenkosten" einzurichten. Wenn du die Taschen dann verkaufst, setzt du die Warenkosten des Verkaufs auf 0 %. Der Vorteil dieser Vorgehensweise besteht darin, dass du dir leichter einen Überblick über deinen Cashflow verschaffen kannst. Auf die gleiche Weise könntest du das Geld zuordnen, mit dem du die Brauausrüstung kaufst, die für die Herstellung von Craft Beer für dein Restaurant nötig ist. Wenn du so viel Geld ausgeben musst, dass du die Kosten über mehrere Jahre verteilen möchtest, weise sie der „Investitions"-Kategorie zu.

Nun solltest du dir deine Prognose noch einmal ansehen. Sieht es immer noch gut aus? Steht dir genug Geld zur Verfügung? Kostet eine der Aufgaben so viel, dass sie fallengelassen werden sollte? Kannst du eine davon verschieben?

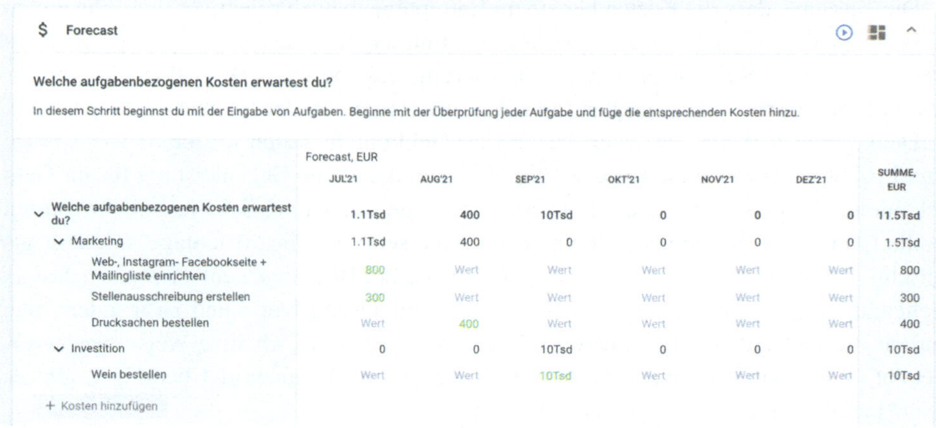
$ Forecast
Welche aufgabenbezogenen Kosten erwartest du?
In diesem Schritt beginnst du mit der Eingabe von Aufgaben. Beginne mit der Überprüfung jeder Aufgabe und füge die entsprechenden Kosten hinzu.
Forecast, EUR
JUL'21
AUG'21
SEP'21
OKT'21
NOV'21
DEZ'21
SUMME, EUR
Welche aufgabenbezogenen Kosten erwartest du? 1.1Tsd 400 10Tsd 0 0 0 11.5Tsd
Marketing 1.1Tsd 400 0 0 0 0 1.5Tsd
Web-, Instagram- Facebookseite + Mailingliste einrichten 800 Wert Wert Wert Wert Wert 800
Stellenausschreibung erstellen 300 Wert Wert Wert Wert Wert 300
Drucksachen bestellen Wert 400 Wert Wert Wert Wert 400
Investition 0 0 10Tsd 0 0 0 10Tsd
Wein bestellen Wert Wert 10Tsd Wert Wert Wert 10Tsd
+ Kosten hinzufügen

Abb. 10.3 Forecast Aufgabenkosten

Beispiel: Casa Maria

Maria und Tom beschließen, mit den Aufgabekosten anzufangen. Sie importieren die drei Aufgaben, die mit Kosten verbunden sind: ‚Stellenanzeige aufgeben', ‚Drucksachen bestellen' und ‚Web- und Facebook-Seite und Mailingliste erstellen'. Sie klassifizieren sie alle als ‚7'.

Die Aufgaben ‚Das Netzwerk überprüfen', ‚Lohnkostenzuschüsse von lokalen Behörden überprüfen', ‚Die Küchenausstattung bestellen' und ‚Erstellung der Gästeliste' kosten nichts. Das brauchen sie also nicht zu importieren.

„‚Stellenausschreibung erstellen' legen wir für den Juli mit einem Kostenpunkt von 300 € an. Das Layout der Website, die Facebookseite und die Mailingliste kosten 800 € und ‚Drucksachen bestellen' kostet uns im August 400 €."

„Außerdem müssen wir Wein für 10.000 € kaufen. Fügen wir diese Maßnahme hinzu, was sagen Sie dazu, Herr Sommelier? Ist das dein Job? Lass uns das als eine ‚Investition' angeben" (Abb. 10.3). ◄

10.4 Finanzierung

Auch wenn sich deine Prognose momentan in den „roten Zahlen" befindet, ist noch nicht alles verloren. Die Tatsache, dass du eine negative Cashflow-Prognose hast, ist ganz normal. Insbesondere wenn sich dein Projekt in der Entwicklungsphase befindet, musst du möglicherweise noch eine ganze Weile Geld für die Entwicklung und Produktion von Produkten ausgeben, bevor du irgendwelche Umsatzerlöse erzielst. Auch Verkaufskapazitäten zu schaffen oder dafür zu sorgen, dass deine Kunden von deiner Arbeit erfahren, könnte Geld kosten.

Die Tatsache, dass die Kosten bei einem Entrepreneurship-Projekt vor den Einnahmen entstehen, ist der Grund, warum es sowohl für Entrepreneure als auch Förderprogramme wichtig ist, dass eine ausreichende Finanzierung gesichert ist. Das „Pitchen" vor Investoren zu erlernen, ist ein großer Teil des „Curriculums" vieler Inkubationsprogramme.

Denke jedoch daran, dass der Zugang zu Geldmitteln selten kostenlos ist. Sowohl Kreditgeber als auch Investoren erwarten, dass sie irgendeine Gegenleistung für ihr Geld bekommen. Manchmal bedauern Entrepreneure es am Ende bitterlich, dass sie Investoren an ihrem Projekt beteiligt haben. Es könnte ratsam sein, sich die „Bricolage"-Theorie aus Abschn. 2.4 in Erinnerung zu rufen. Die Denkweise der Bricolage geht davon aus, dass es vielleicht besser vermieden werden sollte, viel Geld auszugeben – und zwar indem man gut auf die vorhandenen Ressourcen achtet und sie auf neue, kreative Weise wiederverwendet und kombiniert. Wenn du entscheidest, dass du Finanzmittel benötigst, gibt es zwei Haupttypen: Eigenkapital und Darlehen.

Eigenkapital ist Geld, das nicht zurückgezahlt werden soll, aber die Investition wird im Austausch gegen eine Eigentumsbeteiligung am Projekt getätigt.

Wenn du hingegen Geld leihst, musst du es irgendwann zurückzahlen. Du musst jedoch keine Anteile an deinem Projekt verschenken. Die beiden wichtigsten Formen der Darlehensfinanzierung sind regelmäßige Darlehen (die zu einem oder mehreren bestimmten Zeitpunkt/en zurückgezahlt werden müssen) und Kredite (die nicht nach einem festen Plan zurückgezahlt werden müssen). Überziehungskredite sind die gängigste Kreditform. Ein Überziehungskredit ist das Limit, um wie viel du dein Konto überziehen kannst. Es wird dir von deiner Bank gewährt.

Ob Eigenkapital oder Darlehen für dich am besten geeignet sind, hängt von verschiedenen Faktoren ab. Erstens: Wie sehr glaubst du an dein Projekt? Wenn du weißt, dass sich dein Projekt rentieren wird und dass du ein Darlehen leicht zurückzahlen kannst, ist es vielleicht besser, Geld zu leihen, als Anteile herzugeben.

Zweitens hängt es davon ab, wie es sich anfühlt, wenn andere Personen Teile deines Projekts besitzen. Denkst du, dass es schön wäre, jemanden zu haben, mit dem man die Verantwortung teilen kann oder hast du etwas dagegen, dass noch jemand in den Entscheidungsprozess involviert ist? Gibt es „smartes Geld", das heißt, Investoren mit Fähigkeiten, die du nicht hast, die praktisch gesehen etwas zum Projekt beitragen können? Ist es möglich, dass einige deiner potenziellen Helfer (Abschn. 7.4) einen Teil deines Projekts besitzen möchten?

Abschließend: Ist es überhaupt möglich, Geld zu leihen? Die meisten Banken stehen normalerweise nicht Schlange, um neuen Unternehmen oder Entrepreneuren mit unerprobten Geschäftsmodellen etwas zu leihen. Häufig muss man persönliche Bürgschaften oder Hypotheken für Häuser oder Wohnungen bereitstellen. Bist du dazu bereit? Hast du deiner Partnerin oder deinem Partner darüber gesprochen, was sie oder er über diese Idee denkt?

Du musst deine Prognose überprüfen und feststellen, ob du eine Finanzierung benötigst oder nicht. Wenn die Antwort auf diese Frage „Ja" lautet, dann wirst du entscheiden müssen, ob du versuchst, Kapital zu leihen oder Investoren zu finden. Vielleicht hast du selbst

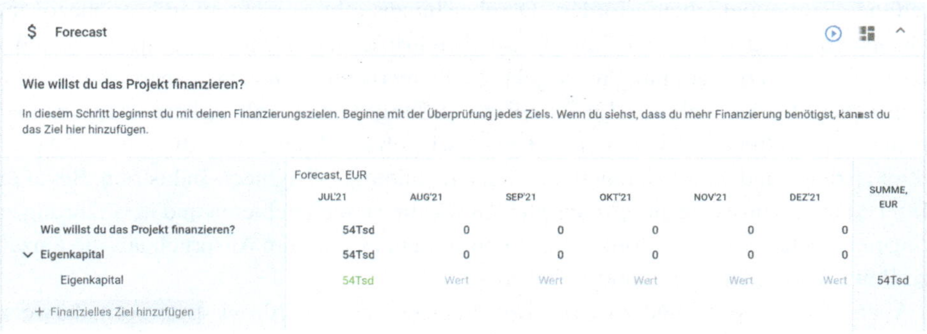

10.5 Regeln und Vorschriften

	Forecast, EUR						SUMME, EUR
	JUL'21	AUG'21	SEP'21	OKT'21	NOV'21	DEZ'21	
Wie willst du das Projekt finanzieren?	54Tsd	0	0	0	0	0	
∨ Eigenkapital	54Tsd	0	0	0	0	0	
Eigenkapital	54Tsd	Wert	Wert	Wert	Wert	Wert	54Tsd

Abb. 10.4 Forecast Finanzierung

Zugang zu etwas Geld? Oder vielleicht solltest du einige Schritte zurückgehen und sehen, ob du die Geschäftsidee, das Geschäftsmodell, die Ziele oder Aufgaben so anpassen kannst, dass der Kapitalbedarf geringer wird?

> **Beispiel: Casa Maria**
>
> Jetzt sind wir bei der Finanzierung angelangt. Maria und Tom importieren das ursprünglich in den ‚Ressourcen' aufgeführte Eigenkapital. Sie haben bereits 16.000 € der Ersparnisse verwendet, sodass noch 54.000 € übrig sind. Das fügen sie als ‚Eigenkapital' hinzu (Abb. 10.4). ◄

10.5 Regeln und Vorschriften

Entrepreneure schaffen Aktivität und Arbeitsplätze. Das ist wertvoll für die Gesellschaft und deshalb wurde ein ganzer Apparat organisiert, um dir als Entrepreneur Beratung, Orientierungshilfe und finanzielle Unterstützung anzubieten. Viele kommunale Behörden und Stadtverwaltungen bieten Support-Programme für Entrepreneure an und in deiner Region gibt es höchstwahrscheinlich *Wissenschafts- oder Wissensparks* und *Business-Inkubatoren*, die sowohl Hilfe bei anwendungsorientierten Fragen als auch fachkundige Beratung bereitstellen. Es gibt auch verschiedene Programme, bei denen du Unterstützung und Finanzierung für dein Projekt beantragen kannst. Es kann städtische, kommunale oder nationale Finanzmittel geben, um die man sich bewerben könnte. In vielen Ländern gibt es eine nationale „Institution für Innovationen", die normalerweise etliche Programme hat, die auf innovative Projekte, bestimmte Branchen, manchmal auch geografische Gebiete – oder auch eine Kombination davon – ausgerichtet sind. Es gibt nationale „Forschungsräte", die meistens gute Fördermaßnahmen anbieten, wenn du dabei bist, ein Forschungs- und Entwicklungsprojekt in Angriff zu nehmen. Die EU hat viele Programme und Initiativen, insbesondere im Zusammenhang mit Forschung, die eine länderübergreifende Zusammenarbeit erfordert. Darüber hinaus gibt es mehrere industriebezogene Organisationen oder Räte, wie zum Beispiel Industrie- und Handelskammern, die möglicherweise Förderprogramme für Projekte und Unternehmen in deiner Sparte haben. Beispielsweise gibt es in mehreren Ländern Räte, Stiftungen und Wohltätigkeitsorganisationen für die Entwicklung der Kultur- und Kreativwirtschaft, Programme, die auf den Agrarsektor abzielen und natürlich innerhalb vieler Technologie-/Hightech-Industrien. Bevor du Mittel oder Zuschüsse beantragst, empfehlen wir dir, zu recherchieren und in Erfahrung zu bringen, welche Art von Anforderungen und Regeln es gibt, um Anspruch auf die einzelnen Beihilfen/Förderprogramme zu haben.

Auch wenn es von Land zu Land Unterschiede geben wird, wirst du normalerweise professionelle Hilfe und Beratung von Organisationen wie dem zuständigen Finanzamt, der Behörde für Lebensmittelsicherheit, den Datenschutzbehörden usw. erhalten können. Sie haben den Überblick über die Gesetze, Regeln und Vorschriften, die in ihrem Bereich gelten und können dir klare Empfehlungen geben, wie du vorgehen solltest. In bestimmten Fällen ist Regulierung ein Weg, wie Innovationen florieren können, wenn dadurch mögliche Hindernisse und Chancen, sie zu umgehen, identifiziert werden können. Die britische Financial Conduct Authority verfügt über einen solchen „behördlichen Sandkasten", der es Entrepreneuren ermöglicht, neue Geschäftsideen unter der Leitung von politischen Beratern zu entwickeln und auszuprobieren. Dadurch soll das Risiko bei der Markteinführung neuer Finanzprodukte und -dienstleistungen minimiert werden (FCA 2021). Um ein anderes Beispiel zu nennen, haben die Vereinigten Arabischen Emirate das „RegLab", das einen Schritt zur Veränderung der Gestaltung von Regulierungsinnovationen auf Regierungsebene darstellt. Nicht der Entrepreneur stellt die traditionelle Frage: „Wie können wir die Regierung dazu bringen, mit dem unglaublichen Tempo des Wandels Schritt zu halten, das uns durch die neuen Technologien auferlegt wird?", sondern das RegLab fragt: „Wie können wir die Regierung für den Wandel gestalten?"(Regulations Lab 2021) und arbeitet mit den Entrepreneuren zusammen, um die derzeit bestehenden Barrieren zu beseitigen.

Auf der anderen Seite gibt es für dich als Entrepreneur viele Verpflichtungen und Auflagen – beachte, dass es immer in deiner Verantwortung liegen wird, diese Anforderungen zu erfüllen. Du musst die Regeln und Verpflichtungen, die für dein Projekt gelten, erlernen und dich damit vertraut machen. Die Motivation der Allgemeinheit, solche Anforderungen zu stellen, besteht darin, dass wir eine sichere und gut funktionierende Gesellschaft haben sollten. Um bei den oben genannten Beispielen zu bleiben: Der Zweck der Behörde für Lebensmittelsicherheit besteht darin, uns als Verbraucher sichere Lebensmittel und sicheres Trinkwasser zu gewährleisten.

In diesem Abschnitt werden wir erörtern, welche Gesetze und Vorschriften deine Rechte und Pflichten als Entrepreneur regulieren. Lass uns zunächst etwas darüber sagen, woran du denken solltest, wenn du entscheidest, welche Rechtsform für dich und dein Projekt am besten geeignet ist. Schließlich werden wir einige Informationen zur Buchhaltung und zuletzt darüber zur Verfügung stellen, wie du die Berichterstattung und die Zahlung der erforderlichen Gebühren und Steuern handhaben solltest.

10.5 Regeln und Vorschriften

Eine wichtige Entscheidung, die du treffen musst, wenn du so weit kommst, ein Unternehmen zu gründen, ist die Wahl zwischen einer Gesellschaft mit beschränkter Haftung oder einer Einzelinhaberschaft. Es gibt keine eindeutige Antwort, welche Unternehmensform am besten geeignet ist. Dies ist etwas, das du selbst erwägen musst. Nichtsdestotrotz werden wir einige der Vor- und Nachteile der beiden Rechtsformen hervorheben:

Einzelunternehmen sind in der Regel leicht zu registrieren und es gibt weniger formale Anforderungen als bei einer Gesellschaft mit beschränkter Haftung (GmbH). Ein Einzelunternehmen ist im Besitz einer Person (dir) und es gibt keinen Unterschied zwischen den Unternehmensfinanzen und deinen privaten Finanzen. Als Eigentümer hast du somit die uneingeschränkte persönliche Verantwortung, was mit Risiken verbunden sein kann. Du als Eigentümer kannst nicht angestellt werden und hast dann begrenzte soziale Rechte, zum Beispiel in Bezug auf Kranken- und Arbeitslosengeld. Für steuerliche Zwecke ist es auch so, dass alle Gewinne im Einzelunternehmen als Gehalt versteuert werden. Wenn das Unternehmen viel verdient, kann dies zu hohen Steuern führen.

Auf der Website des zentralen norwegischen Unternehmensregisters heißt es: *„Je höher das finanzielle Risiko, das das Unternehmen eingeht, ist, desto mehr spricht für die Wahl einer Organisationsform mit begrenzter Eigenverantwortung."*

Die Vorteile einer Gesellschaft mit beschränkter Haftung liegen darin, dass du eine begrenzte persönliche Verantwortung trägst, dass du angestellt werden kannst, durch geringere Steuern als in einem Einzelunternehmen Eigenkapital aufbauen kannst und dass es einfacher ist, die Eigentümerschaft mit anderen Inhabern zu teilen. Auf der anderen Seite gibt es mehr Formalitäten sowohl bei der Registrierung als auch bei der Verwaltung einer Gesellschaft mit beschränkter Haftung. Normalerweise gibt es für die Registrierung des Unternehmens eine Mindest-Stammkapitalanforderung und in den meisten Ländern muss das Unternehmen Gebühren oder Steuern zahlen, die auf den Gehältern der Mitarbeiter (einschließlich deinem eigenen) basieren, um öffentliche Ausgaben im Zusammenhang mit Krankenständen und anderen Sozialleistungen zu decken.

▶ Hinweis! Es gibt Unterschiede in der Art, wie dies in den verschiedenen Ländern organisiert ist, und du musst die entsprechenden Gesetze und Vorschriften in deinem Land ermitteln.

Beachte, dass du in einigen Branchen eine Zulassung oder eine Genehmigung der zuständigen Regierung benötigst, um dein eigenes Unternehmen zu leiten. Beispiele hierfür können Unternehmen im Lebensmittelbereich (Produktion, Catering, Restaurants), Finanzdienstleistungen, Reinigungsdienste, Beherbergungsstätten, Transportwesen, Bauwesen, Handwerk und Personaldienstleistungen sein.

Wir müssen auch etwas zur Buchhaltung sagen. Alle Unternehmen, das heißt jeder, der eine Firma leitet, ist verpflichtet, ordnungsgemäße Geschäftsbücher und Finanzabschlüsse zu erstellen. Im Allgemeinen verlangt dein nationales Gesetz, dass du alle Einkäufe, Verkäufe und Zahlungen in einem System in geordneter und klarer Weise registrierst (verbuchst). All diese Eintragungen müssen mit einer schriftlichen Rechnung oder Quittung für jeden getätigten Verkauf oder Einkauf dokumentiert werden. Die Buchhaltung muss dir und allen anderen Eigentümern sowie den Behörden einen Überblick über die Finanzen des Unternehmens geben. Diese Geschäftsbücher bilden außerdem die Grundlage für das, was dir an Steuern, Mehrwertsteuern und eventuell an Arbeitgeberabgaben berechnet wird. Es ist eine Grundvoraussetzung, dass du deine privaten Finanzen nicht mit den Unternehmensfinanzen vermischst – und das gilt natürlich auch für die Geschäftsbücher.

Die letzte Art von Verpflichtung, mit der du dich befassen musst, ist die Meldung und Zahlung von Steuern und Gebühren. Fangen wir mit der Mehrwertsteuer an. Dies ist eine Umsatzsteuer auf Waren und Dienstleistungen. Die Hauptregel lautet, dass alle Verkäufe mehrwertsteuerpflichtig sind. Beachte jedoch, dass es in vielen Ländern einige Ausnahmen gibt, zum Beispiel in den Bereichen Bildung, Gesundheit und Kultur. Erneut musst du nachlesen und nachprüfen, welche relevanten Regeln es in deinem Land gibt und inwiefern sie für dich und dein Unternehmen gelten. In vielen Ländern gibt es unterschiedliche Prozentsätze zur Berechnung der Mehrwertsteuer auf verschiedene Waren und Dienstleistungen. Im Großen und Ganzen berechnet und addiert das einzelne Unternehmen die ausgehenden Mehrwertsteuern für das, was es verkauft und die eingehenden Mehrwertsteuern auf das, was *für* das Unternehmen gekauft wird. Die zu zahlende Mehrwertsteuer wird dann als Differenz zwischen der Summe der ausgehenden und der eingehenden Mehrwertsteuern für einen bestimmten Zeitraum berechnet.

Es gibt verschiedene Verpflichtungen in Form von Steuern und Gebühren, die mit den Gehältern verbunden sind. Sobald du Angestellte hast, selbst wenn es nur du allein in deiner eigenen Gesellschaft mit beschränkter Haftung bist, musst du in einigen Ländern von den Gehältern der Angestellten Steuern abziehen und diese zur Zahlung an die Steuerbehörden zurückstellen – im Namen deiner Arbeitnehmer. Meistens gibt es eine Arbeitgebersteuer, die auf der Grundlage des Bruttogehalts berechnet wird und für deren Meldung und Zahlung an deine örtlichen Behörden du als Arbeitgeber verantwortlich bist. Darüber hinaus muss dein Unternehmen möglicherweise die obligatorische betriebliche Altersversorgung und möglicherweise andere erforderliche Leistungen an die Arbeitnehmer zahlen.

Als Entrepreneur musst du die Grundlagen und die wichtigsten Regeln, Vorschriften und Fristen für die Meldungen an die Behörden kennen und du solltest in der Lage sein, die Buchhaltung beziehungsweise die Rechnungsstellung selbst zu erledigen. Jedes Land hat jedoch seine spezifischen Steuergesetze und diese können recht kompliziert sein. Ein guter Ratschlag könnte also sein, dass du dir Hilfe bei der Verwaltung deiner administrativen Verpflichtungen und der Buchhaltung besorgst. Denke daran, dass es ein hoch qualifizierter Beruf ist, Buchhalter zu sein. Es gibt sogar Anwälte, die auf Mehrwertsteuern spezialisiert sind. Wenn du keine Buchhaltungskenntnisse hast, solltest du dir von einem kompetenten Experten auf diesem Gebiet helfen lassen.

10.5 Regeln und Vorschriften

Beispiel: Casa Maria

Schließlich müssen die steuerlichen Rahmenbedingungen und „Geschäftsregeln" für das „Casa Maria" festgelegt werden. Das System sieht 7 % oder 19 % Mehrwertsteuer (MwSt.) sowohl auf die Einnahmen als auch auf die Ausgaben vor.

„Das ergibt Sinn", sagt Tom. „Aber Maria – wir müssen in unserem Fall echt mit der Mehrwertsteuer aufpassen. Auf Speisen zum Beispiel beträgt die Mehrwertsteuer 7 %. Wie dem auch sei, wir können das später ändern, indem wir in die detaillierten Einstellungen gehen. Ich habe die Regeln und Vorschriften bezüglich der Gehälter recherchiert. Das ist gar nicht so einfach in der Praxis. Am besten wir schauen uns das später an."

Das System schlägt vor, dass die Zahlungsfrist sowohl für Kunden als auch Lieferanten 30 Tage betragen sollte. Das „Casa Maria" erhält Rechnungen von Lieferanten, sodass es dort korrekt ist, aber Kunden werden bar bezahlen, sodass sie die Zahlungsfrist für Kunden auf ‚Barzahlung – 0 Tage' setzen. Das wird auch ihrem Cashflow zugutekommen (Abb. 10.5).

„Das sieht eigentlich ziemlich gut aus", sagt Tom. „Wenn wir das Restaurant im Oktober eröffnen, haben wir der Prognose zufolge ein kumuliertes Gesamtdefizit von insgesamt 15.000 €" (Abb. 10.6).

„Aber ist es nicht interessanter, einen Blick auf die Prognose für die ersten drei Monate zu werfen, in denen das Restaurant geöffnet ist? Der Prognose zufolge werden wir in den ersten drei Monaten ein Ergebnis von +700, +3500 beziehungsweise +8400 € haben. Das ist ein Plus von 12.600 €. Damit sollten wir zufrieden sein, denn es bedeutet, dass wir noch profitabler sein werden, wenn wir abends öffnen."

Tom gibt einen kurzen Überblick über die Cashflow-Prognose: „Nun, wir werden 17.600 € unserer restlichen Ersparnisse und den gesamten städtischen Zuschuss verwendet haben. Gemäß dem System werden wir ca. 31.400 € als verfügbares Bargeld übrighaben, wenn wir das Restaurant eröffnen. Das bedeutet, wir werden am Silvester-

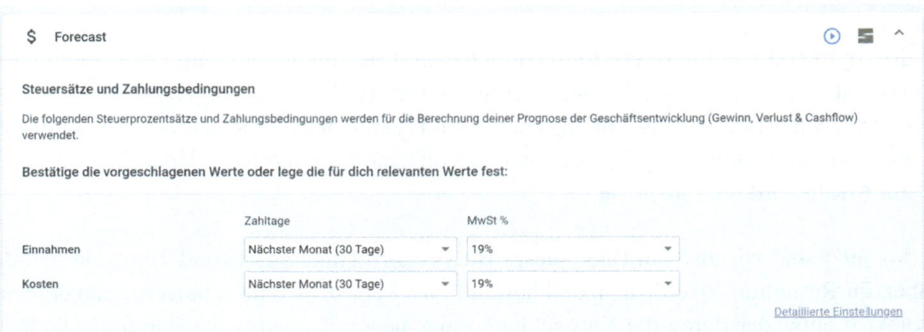

Abb. 10.5 Forecast Steuersätze und Zahlungsbedingungen

Einnahmen (netto)	COGS	Forecast, EUR JUL'21	AUG'21	SEP'21	OKT'21	NOV'21	DEZ'21	SUMME, EUR
⌄ Einnahmen und Zuschüsse		5Tsd	0	0	16Tsd	20Tsd	27Tsd	68Tsd
Kommunale Zuschüsse	0%	5Tsd	Wert	Wert	Wert	Wert	Wert	5Tsd
Einnahmen des Restaurants	30%	0	0	0	16Tsd	20Tsd	27Tsd	63Tsd
+ Ziel hinzufügen								
⌄ Die damit verbundenen Herstellungskosten (COGS)		0	0	0	4.8Tsd	6Tsd	8.1Tsd	18.9Tsd
Kommunale Zuschüsse		0						0
Einnahmen des Restaurants		0	0	0	4.8Tsd	6Tsd	8.1Tsd	18.9Tsd
Bruttogewinn		5Tsd	0	0	11.2Tsd	14Tsd	18.9Tsd	49.1Tsd

Kosten (netto)	Forecast, EUR JUL'21	AUG'21	SEP'21	OKT'21	NOV'21	DEZ'21	SUMME, EUR
⌄ Welche wiederkehrenden Gehalts-, Miet-, Berater- und IT-Kosten erwartest du?	6.3Tsd	6.3Tsd	6.3Tsd	10.5Tsd	10.5Tsd	10.5Tsd	50.4Tsd
⌄ Gehälter	3.5Tsd	3.5Tsd	3.5Tsd	7.7Tsd	7.7Tsd	7.7Tsd	33.6Tsd
Maria	3.5Tsd	3.5Tsd	3.5Tsd	3.5Tsd	3.5Tsd	3.5Tsd	21Tsd
Gehalt Spülhilfe	Wert	Wert	Wert	1.1Tsd	1.1Tsd	1.1Tsd	3.3Tsd
Gehalt Hilfskoch	Wert	Wert	Wert	3.1Tsd	3.1Tsd	3.1Tsd	9.3Tsd
Steuern und Sozialkosten	0	0	0	0	0	0	0
⌄ Büro und Vermietung	2.8Tsd	2.8Tsd	2.8Tsd	2.8Tsd	2.8Tsd	2.8Tsd	16.8Tsd
Das Gebäude	900	900	900	900	900	900	5.4Tsd
Leasingkosten Küchenequipment	1.7Tsd	1.7Tsd	1.7Tsd	1.7Tsd	1.7Tsd	1.7Tsd	10.2Tsd
Telefon, Internet etc.	200	200	200	200	200	200	1.2Tsd
+ Kosten hinzufügen							
⌄ Welche aufgabenbezogenen Kosten erwartest du?	1.1Tsd	400	0	0	0	0	1.5Tsd
⌄ Marketing	1.1Tsd	400	0	0	0	0	1.5Tsd
Web-, Instagram- Facebookseite + Mailingliste einrichten	800	Wert	Wert	Wert	Wert	Wert	800
Stellenausschreibung erstellen	300	Wert	Wert	Wert	Wert	Wert	300
Drucksachen bestellen	Wert	400	Wert	Wert	Wert	Wert	400
+ Kosten hinzufügen							
Gesamtbetriebskosten (netto)	7.4Tsd	6.7Tsd	6.3Tsd	10.5Tsd	10.5Tsd	10.5Tsd	51.9Tsd
Ergebnis der Operationen	-2.4Tsd	-6.7Tsd	-6.3Tsd	700	3.5Tsd	8.4Tsd	-2.8Tsd
Zinskosten	0	0	0	0	0	0	0
Ergebnis vor Abschreibungen und Steuern	-2.4Tsd	-6.7Tsd	-6.3Tsd	700	3.5Tsd	8.4Tsd	-2.8Tsd
Kumuliertes Ergebnis	-2.4Tsd	-9.1Tsd	-15Tsd	-15Tsd	-11Tsd	-2.8Tsd	

Abb. 10.6 Forecast Gesamtaufstellung

abend 25.100 € auf unserem Bankkonto haben. Das klingt erst einmal nach nicht viel, zeigt aber, dass wir profitabel sein werden" (Abb. 10.7).

Im *EMS* gibt es Videos, die unsere beiden Freunde und ihr Restaurantprojekt durch mehrere Entwicklungsphasen begleiten und du kannst dir ansehen, ob das „Casa Maria" ein Erfolg wird oder nicht. ◄

So, jetzt sind wir also am Ende dieses Buches angelangt. Maria und Tom sind gerade dabei, ihr Restaurant zu eröffnen, und hoffentlich arbeitest auch du schon eifrig an deinem Projekt – entweder durch die Entwicklung eines neuen Projekts oder durch die Weiterentwicklung und Verbesserung eines bestehenden Projekts.

10.5 Regeln und Vorschriften

Cash / Liquidität zu Beginn des laufenden Monats:	54000					
Cashflow (inkl. Steuern)	JUL'21	AUG'21	SEP'21	OKT'21	NOV'21	DEZ'21
Cash Anfang des Monats	0	50.5Tsd	48.1Tsd	31.4Tsd	20.9Tsd	21.6Tsd
Zahlungen von Kunden	0	6Tsd	0	0	19Tsd	23.8Tsd
MwSt.-Rückerstattung	0	0	608	532	0	0
Gesteigerte Finanzierung	54Tsd	0	0	0	0	0
Summe der eingehenden Zahlungen	54Tsd	6Tsd	608	532	19Tsd	23.8Tsd
Gehälter inkl. Lohnsteuer	3.5Tsd	3.5Tsd	3.5Tsd	7.7Tsd	7.7Tsd	7.7Tsd
Zahlungen an Lieferanten / Dienstleister	0	4.6Tsd	3.8Tsd	3.3Tsd	9Tsd	10.5Tsd
Steuerzahlungen (MwSt.)	0	209	0	0	1.6Tsd	2.1Tsd
Investition	0	0	10Tsd	0	0	0
Zahlung von Darlehen / Zinsen	0	0	0	0	0	0
Summe der ausgehenden Zahlungen	3.5Tsd	8.3Tsd	17.3Tsd	11Tsd	18.3Tsd	20.3Tsd
Cash Ende des Monats	50.5Tsd	48.1Tsd	31.4Tsd	20.9Tsd	21.6Tsd	25.1Tsd

Abb. 10.7 Cashflow

Wir hoffen, wir haben dich nicht von der Idee abgeschreckt, dein Leben als Entrepreneur zu gestalten. Wir geben zu, dass wir gesagt haben, dass es hart und schwierig ist und dass es lange dauern kann, bis du ein anständiges Gehalt erreichst. Es besteht jedoch eine gute Chance, dass die Freude, die du empfindest, wenn du etwas kreierst und der Mehrwert, den du sowohl für dich selbst als auch für dein Umfeld schaffst, all die harte Arbeit aufwiegt.

Die Frage, die wir am häufigsten von Entrepreneuren gehört haben, lautet: „Kann ich das wirklich tun?" Wir glauben, das ist die falsche Frage. Das Zitat von Peter Drucker am Anfang dieses Buches ist absolut richtig:

> Das meiste, was man über Entrepreneurship hört, ist falsch. Es ist nicht magisch, es ist nicht geheimnisvoll und es hat nichts mit Genetik zu tun. Es ist ein Fachgebiet und wie alle anderen Fachgebiete kann es erlernt werden.

Wenn es also Dinge gibt, die du heute noch nicht weißt, dann hindert dich nichts daran, sie morgen zu lernen. Wir hoffen, dass wir dir mit diesem Buch helfen konnten, mehr über Entrepreneurship zu lernen. Was aber noch wichtiger ist – hoffentlich konnten wir dazu beitragen, dass du erkannt hast, wie du dein Projekt im Laufe der Zeit weiterentwickeln und allmählich herausfinden kannst, ob dies ein Lebensstil ist, den du dir für dich selbst wünschen würdest.

Vergiss nicht die verfügbare Unterstützung für Entrepreneurship in deiner Gemeinde. Wende dich an örtliche Programme für Entrepreneure und sei ehrlich, wobei du Unterstützung benötigst – sie können dir fast immer weiterhelfen.

▶ **Wichtig** Die *richtige* Frage ist übrigens: „*Will* ich das wirklich?"
  Denn wenn du es wirklich willst, kannst du es auch tun.

Literatur

Dagligvarehandelen, „Gode marginer", *Dagligvarehandelen*, Nov. 2008.
FCA, Regulatory sandbox, https://www.fca.org.uk/firms/innovation/regulatory-sandbox. Zugegriffen: 22. November 2021.
Regulations Lab, About RegLab, https://reglab.gov.ae/en/about. Zugegriffen: 22. November 2021.

The manufacturer's authorised representative in the EU is Springer Nature Customer Service Centre GmbH, Europaplatz 3, 69115 Heidelberg, Germany. If you have any concerns regarding our products, please contact ProductSafety@springernature.com

Printed and bound by CPI Group (UK) Ltd, Croydon, CR0 4YY
25/03/2026
02078231-0008